KB073854

일본과 주변 국가들간의 영토분쟁

이동철·임성호·오동호·김정웅 공저

지식과교양

머리말

영토란 말 그대로 해석하면 영유하고 있는 땅이라는 뜻이다. 하지만 국가라고 하는 사회적 집단이 생겨나 지구의 여기저기에서 서로 제 집단끼리 뭉쳐 사는 오늘날에 있어서 영토는 국가라고 하는 한 개 사회적 집단의 주권이 미치는 영역으로 되고 있다. 그런데 이러한 사회적 집단 간의 전쟁이나 분리 독립 등으로 하여 그 주권 영역을 두고 논쟁이 벌어지는 일이 있다. 이러한 논쟁이 즉 영토 분쟁(territorial dispute)이다. 영토 분쟁의 원인으로는 인접해 있는 국가 사이의 국경을 둘러싼 분쟁, 분단된 국가 사이의 영토 주권 분쟁, 타국의 영토에 대한 강제 점령, 한 국가로부터의 분리 독립 등이 있다.

일본도 그 주변 국가들 사이에 영토 분쟁의 씨앗을 남기고 있다. 중국과는 센카쿠 열도(중국명은 '釣魚島'), 한국, 조선과의 사이에는 독도(일본에서는 "竹島"), 러시아와의 사이에는 북방 영토를 둘러싼 분쟁이다. 일본과 주변 국가들의 이러한 영토 분쟁이 이슈화된 시기는 서로 틀리나 분쟁에 개입된 국가들 간의 영유권 주장의 대립은 점점 더 격화되어 가고 있다. 하지만 오늘에 이르기까지 이들

분쟁은 아무런 해결도 보지 못하고 있으면 그러한 조짐도 보이지 않는다. 그 이유는 다음의 몇 가지로 귀결된다. 첫째로는 어느 쪽의 주장이 옳으냐 틀리냐 하는 문제를 제쳐 놓고 서로들 간에 영유권을 주장 할 충분한 근거가 있기 때문이라고 보여 진다. 둘째로는 국익이다. 즉 일본과 주변 국가들 간에 영토 분쟁이 일어나고 있는 지역들은 혹은 군사적 전략 요충지로 혹은 해저 자원이 매장되어 있기 때문에 그에 대한 포기는 자기 몸에서 살덩어리를 도려내어 상대방에게 향연을 마련해주는 것과 다름없다. 셋째로는 주권국가로서 아무런 가치가 없는 땅이라 하더라도 자기 나라의 영토는 한 치도 서로 간에 양보 할 수 없다는 자존심이다.

그렇다면 서로 충분한 근거를 가지고 자기 나라 땅이라고 주장하는 영토 분쟁의 해결책은 과연 무엇일까? 이에 대한 확답은 묘연하다. 왜냐하면 어느 시기의 무엇을 기준으로 국경을 정하는가 하는데 대한 국제적으로 명확히 규정된 법률이 거의 없기 때문이다. 따라서 근 시일 내에는 이들 분쟁은 종결되기 어려울 것으로 보인다.

오늘날까지 일본과의 영토 문제를 둘러싸고 일본에서는 물론이고 중국, 한국과 조선, 러시아 등 각 국에서 많은 저서들이 출간되고 있다. 그런데 읽어 보면 대체적으로 저자가 소속되어 있는 나라의 시각에서 쓴 책들이다. 즉 어떠한 역사적 사실을 그대로 옮겨 쓰기보다는 먼저 자기 나라라는 입장을 앞세우고 있다. 따라서 공정성과 냉정한 사고가 많이 결여되고 있다. 많은 국민들도 두 나라 사이의 영토 분쟁의 실정에 대해 잘은 모르면서 무조건 자기 나라 땅이라고 왈가왈부하는 경향이 있다.

이러한 사실에 근거하여 이 책에서는 일본과 영토 분쟁이 일고 있는 각 나라의 문헌과 학자들의 연구를 참고로 역사적 사실과 학자들의 견해를 그대로 기술하고 어느 생각이 맞고 어느 생각이 틀리느냐 하는 문제에 대해서는 독자들에게 일임하기로 했다. 이것이 이 책이 다른 저서들과 구별되는 점이라고 볼 수 있겠다.

이 책의 다른 하나의 특점은 저자들이 모두 영토 문제 연구 전문가가 아니며 중국에 거주하고 있는 조선족이라는 점이다. 또한 저자들이 모두 장, 단기간에 걸쳐 일본에 유학한 경험이 있고 러시아, 한국이나 조선에도 연수, 학술회 혹은 학위 공부로 많이 드나들고 있다. 따라서 상대적으로 편견이 없이 제 삼자의 입장에서 새로운 시각을 가지고 영토 문제를 보고 기술할 수 있다는 이 점이 지금까지의 저서에서 찾아볼 수 없는 특징이라고 여겨진다.

이 책은 중국 연변대학 교육기금회의 후원으로 2007년도에 기획되었는데 원고 집필과 출판 사정으로 오늘까지 미뤄오게 되었는데, 행운스럽게도 2012년 6월, 한국일일문학회 하기 국제심포지엄 때 우연히 인문사의 윤석산 사장님을 만나게 되어 출판하게 되었다. 윤석산 사장님께 깊은 감사를 드린다.

중국 연변대학일본학연구소

소장　이동철

목차

일본과 중국간의 영토분쟁―조어제도(釣魚諸島)[1]문제

오동호

조어제도를 둘러싼 중일 양국간의 분쟁은 양국간에 존재하는 중요하고 장기적인 문제인바 지금까지 줄곧 학계의 주목을 받아왔다. 특히 최근에 발견된 동해 대륙붕지역의 거대한 석유매장양은 이 지역으로 하여금 각 관계국들이 개냥하는 관심의 초점으로 되게 하였다. 다만 조어제도의 주권귀속문제에 관하여 중일 양국은 일관하여 자기의 주장을 펼쳐왔고 여러 가지 관련된 증거를 제출하여 왔다. 본문에서는 "객관적 사실을 존중하고 각자의 견해를 배려하는" 시각에서 조어제도의 자연 상황을 기술하고 역사적 측면에서의 중일 양국의 쟁론과정을 고찰한 기초 상에서 양국의 입장과 학자들의 관점을 밝힌다. 그리고 일본이 실제적으로 조어제도를 통제하게 된 경과와 미군이 조어제도를 통제하였던 역사적 사실을 객관적 측면

---

1) 일본에서는 센카쿠제도(尖閣諸島)라 부르고 대만에서는 조어대렬도(釣魚臺列島)라고도 부르고 있다.

에서 기술한다. 따라서 본문의 목적은 여러 측면의 객관적 사실자료를 제공함으로 하여 독자들로 하여금 조어제도분쟁이라는 독특한 국제분쟁을 이해하고 적극적으로 사고하게끔 도움을 주고자 하는데 있다.

제1절 조어제도 개황

1. 조어제도의 지리적 위치와 자연환경

조어제도의 총면적은 6.32km²이며 북위25도44분-56분, 동경123도 30분-34분 사이에 위치하고 있다. 구체적으로 5개의 작은 무인섬 (조어도釣魚島, 황미서黃尾嶼, 적미서赤尾嶼, 남소도南小島, 북소도 北小島)과 3개의 암초(충남암沖南岩, 충북암沖北岩, 비뢰飛瀬)로 구성되어 있는바 그중에서 조어도가 면적이 제일 크다(4.3km²). 이 때문에 조어제도 또는 조어렬서(釣魚列嶼)라고 불리우고 있다. 조어제도의 각 작은 섬은 중국 동해대륙붕의 동쪽변두리에 분산되어 있으며 지질구조상 대만의 대륙성 도서(島嶼)에 속한다. 중국 대만성 지룽(基隆)동북방향으로 약120해리, 중국 복건 절강성 연안에서 174해리 떨어져 있으며 동서양쪽방향으로 각기 중국 대륙 그리고 일본 오키나와 약 200해리 떨어져 있다.

부근의 수심은 100-500m에 달하며 일본 오키나와도와의 사이에는 깊이가 2000m에 달하는 해구(海溝)가 가로놓여 있다. 조어제도의 서북측은 대만성과 동일한 지질구조로 되어있으나 일본의 오키

나와열도(沖繩列島) 야에야마제도(八重山諸島)와 지질구조상 동일성
이 없다.

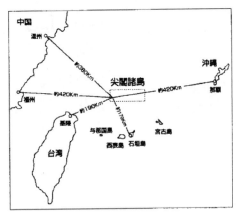

조어제도의 위치(출처: 중국국민당위원회편
〈조어대렬서문제 자료총집(匯編)〉)

조어도

조어도는 북위 25°46′, 동경 123°32′에 위치하고 있다. 대만성 지
룽(基隆) 동북쪽으로 120해리 떨어지고 조어제도 중부에서 약간 서
남쪽으로 기울어진 곳에 자리잡고 있으며 반원형을 이루고 있다.
북쪽은 호형(弧形)해안이며 길이가 약 3.8km, 넓이가 약 0.79km이
고 면적은 4.319km²인바 조어제도 중 면적이 제일 큰 섬이다. 조
어도는 구릉지형이 섬의 $\frac{3}{4}$을 점하며 지면이 울퉁불퉁 험난하고
경사도가 환만하며 최고해발은 383m이다. 섬의 북부에는 약간의
평탄한 해안이 있고 남부는 기암절벽이 $\frac{1}{4}$을 점하는바 병풍을 방
불케 한다. 서쪽에서 동쪽방향으로 9개의 산봉우리가 솟아있으며
이발모양의 산등성이를 이루고 있는바 멀리서 바라보면 마치 뾰족

한 봉우리가 솟아나 있는 것 같다. 그 최고봉은 해발 383m인바 조
어제도에서 제일 높은 곳이다.

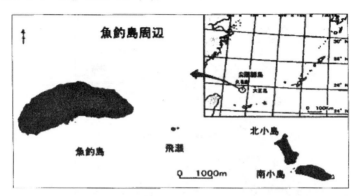

조어도 주변(출처: [일본]浦野起央, 尖閣諸島 · 琉球 · 中国,
三和書籍, 2005年, 8쪽)

황미서(黃尾嶼)

황미서는 적미서(赤尾嶼)에서 48해리, 조어도에서 동북방향으로
약 15해리 떨어진 곳에 자리 잡고 있으며 북위 25°55'33", 동경 12
3°40'30"에 위치하고 있다. 동서길이가 1.1km이고 남북넓이가 1km
이며 면적은 1.08km²로서 조어제도에서 면적이 두번째로 큰 도서
이다. 섬은 중부가 좀 높은 낮은 구릉지형으로 되어 있고 해안선의
길이가 3.4km이며 공중에서 내려다 볼 경우 불규칙적인 원형으로
나타나 있다. 화상분출로 형성된 도서로서 최고점은 해발 118m이
다. 섬주위에는 오르기가 어려운 거대한 용암이 있으며 연안의 물
깊이는 30m에 달하나 배를 댈 곳은 없다.

적미서(赤尾嶼)

적미서는 조어도의 동쪽인 북위 25°34', 동경 124°34'에 위치해 있으며 서쪽은 조어도에서 약 60해리, 동쪽은 류구의 구메야마(久米山)에서 약 140해리 떨어져 있다. 깊이가 2700m나 되는 류구해구(海溝)를 사이두고 일본의 류구제도(琉球諸島)와 마주하고 있다. 동서길이가 650m, 남북넓이가 300m이며 그 모양은 불규칙적인 삼각형으로 되어 있다. 면적은 0.154km²이고 평균해발은 81m이며 동단의 최고구릉은 84m이다. 해안선의 길이가 0.25km이며 네 변두리가 모두 오르기 힘든 가파른 절벽으로 되어 있고 배가 머무를 곳이 없다.

남소도(南小島)

남소도는 조어도 동남쪽으로 5300m 떨어진 곳에 자리 잡고 있으며 북소도(北小島)와 남북배렬을 하고 있다. 면적은 0.465km²이고 평균해발은 148m이다. 동서길이가 약 1km이고 남북넓이가 0.5km이며 해안선의 길이는 3km이다.

북소도(北小島)

북소도는 조어도 동남쪽으로 4700m 떨어진 곳에 자리 잡고 있으며 면적은 0.303km²이다. 평균해발은 129m이며 최고점은 135m이다. 남북길이가 1.2km이고 동서넓이가 약 0.21km이며 해안선의 길이가 2.25km이다. 섬의 주위가 모두 기암절벽이고 세개의 바위가 우뚝 솟아나 첨탑모양을 나타내고 있다.

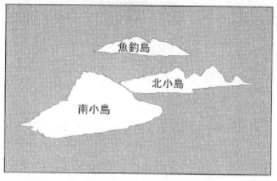

조어제도 전경((출처:原田禹雄, 〈尖閣諸島- 琉球冊封史를 읽다〉,
榕樹書林, 2006년, 14쪽)

세개의 암초

세개의 암초는 충남암(沖南岩), 충북암(沖北岩), 비뢰암(飛瀨岩)이
며 총면적이 약 0.02km²이다. 비뢰암은 조어도와의 거리가 2km도
되지 않는다. 북소도, 남소도, 충북암, 충남암과 약 15km 떨어져
있고 황미서와는 약 59km 떨어져 있으며 적미서와 약 237km 떨

어져 있다. 조어제도의 전부해역은 동서길이가 약 239km이고 남북 넓이가 약 68.5km이다.

2. 지질구조와 기후조건

조어제도는 고대 히말라야 지각변동의 산물인바 대만열도와 동시에 형성되었다. 수심, 지형, 침적, 지각, 지구물리, 고생물 등 방면에 관한 중외지질학자들의 연구결과에 따르면 고대 동해지역은 지질변화과정에 있어서 지구의 내력과 외력의 공동작용으로 하여 지각변동이 빈번하였고 바다와 육지의 변화가 잦았다고 한다. 예컨대 동해대륙붕은 예전에는 육지였었고 지질역사상 1.5-2만년의 "갱신세(更新世)"이후 동해지각은 점차 가라앉기 시작하였으며 海底에 침적된 지층은 습곡과 단열을 형성하였다. 그러다 강렬한 히말라야 지각변동에 의해 동해 해저 지층 가장자리의 산맥이 해면상에 노출되어 결국에는 조어제도를 형성하였다. 따라서 지질구조상에서 볼 때 조어제도는 대만북부 대륙붕의 확장이라 할 수 있으며 대만섬 또한 대륙의 복건, 광동대륙붕이 동으로 뻗어 해면에 노출되어 형성된 것이다.

조어제도는 남쪽으로 북회귀선과 매우 가까우며 아열대 해양성 기후에 속하는바 기온이 매우 높다. 우월한 수문기상조건은 조어제도의 아름답고 다채로운 자연풍경을 형성하였을 뿐만 아니라 풍부한 해양자원도 조성하였다. 조어제도는 대만난류가 꼭 거치는 해역인바 태평양에서 형성된 태풍의 영향을 받아 해마다 여러차례의 태풍이 여기를 경과한다. 또한 해마다 계절에 따라 규칙적으로 방향을 바꾸는 기류-계절풍의 영향을 받는바 주로는 적도부근에서 불어오는 여름철 서남풍의 영향을 크게 받는다. 조어제도의 암초형태는 계절풍과 밀접한 연관이 있으며 표층해류(表層海流)도 늘 계절성 변화와 차이를 보이고 있다. 다시 말하면 대만난류가 조어제도해역에 도달할시 풍향과 沿岸의 충격으로 서쪽에서 동남방향으로 역류하기 시작하는바 이 경우 난류가 조어제도해역에서 긴 시간 머문 후 계속하여 동북방향으로 흘러간다. 대만난류가 수온과 염도가 높은 특징을 가지고 있기에 조어제도해역의 표층수온은 하계에 약 27-30도이며 동계에도 20도를 내려가지 않는바 인근의 바다보다 수온이 5-6도나 높다. 이러한 수온환경은 조어제도해역으로 하여금 어류가 서식하고 번식하는 양호한 장소로 되게끔 하였는바 오늘날 중국 동해의 이름난 어장으로 되였으며 그 어획양은 중국해양어업 산양의 절반이상을 점하고 있다. 조어제도는 강수양이 적고 섬에 또한 하천이 없는바 담수가 결핍하여 음료수는 다른 곳에서 운수하여야 한다. 비록 토층이 엷지만 식생은 아주 무성하며 종려나무 오동나무 동백나무 선인장 등 열대 아열대 식물이 자라고 있다.

제2절 중일 조어제도분쟁의 유래

조어제도는 동해상의 몇 개의 작은 무인도에 불과하며 주목할만한 경제가치와 자원도 가지고 있지 않다. 그런데 무엇때문에 조어제도가 중일 양국의 국토분쟁의 초점으로 되였을까? 이는 동해대륙붕의 풍부한 자연자원 그리고 동해대륙붕에 있어서의 조어제도의 특수한 지리적 위치와 밀접한 관련이 있다.

1. 동해개황과 자원

동해(East China Sea)는 중국과 태평양사이에 위치하고 있다. 북쪽은 조선반도 남단을 마주하고 있고 남쪽은 중국의 대만도에 이르는 이른바 중, 일, 한 삼국영토가 에워싸고 있는 반봉폐된 해역이다. 동해의 면적은 약 77만km²이고 평균수심은 349m이며 최대의 수심은 2717m이다. 동해 대륙붕은 매우 발달하였다. 최대넓이는 640km에 달하며 세계에서 제일 넓은 대륙붕중의 하나로서 대륙붕의 면적은 해역의 약 66%를 점한다. 동해 해저의 대부분 대륙붕은 옅은 바다로서 평균 수심이 70m이며 지세는 서남쪽에서 동남방향으로 기울어져 있으며 오키나와 해구(海溝)에까지 달한다. 오키나와 해구의 남북길이는 1100km이고 면적은 약10만km²이며 북쪽이 옅고 남쪽이 깊다. 최대수심은 2719m에 달하며 그중 수심이 1000m를 넘는 곳이 총면적의 절반을 차지하고 수심이 2000m를 넘는 곳이 총면적의 5분의1을 차지한다. 오키나와 海溝는 지리상에서 동해 대륙붕과 류구제도를 가르는 천연적인 분계선으로 되어 있다.

동해대륙붕의 침적물은 생물의 유해가 포함된 사질(砂質)퇴적물이다. 그 형성원인으로 볼 때 更新世玉木水期후기 해평면의 하강으로 육상의 강줄기가 밖으로 확장하게 되였는데 황하 장강 및 중국의 기타 고대 하류가 마침 낮은 해평면을 만나 동해로 흘러들어 퇴적되었다고 보아진다. 동해의 지질구조와 침적물의 분포는 동해 대륙

봉과 주변육지사이의 밀접한 관계를 반영하고 있다. 동해대륙붕상
에서 발육한 동해 대륙붕 분지는 복합형 침적분지로서 그 지질구조
상 수평방향으로는 동서분대(東西分帶), 남북분괴(南北分塊)라는 지
질구조특징을 나타내고 있고 수직방향으로는 다층구조로 되어있다.
그 형성과정으로 보면 중국 대륙으로부터 흘러내려온 대양의 퇴적
물이 절민룽기대(浙閩隆起帶)와 대만습곡대(臺灣褶曲帶)에 가로막혀
대양으로 퇴적된 결과 두터운 퇴적층을 형성하였으며 결국은 주강
구분지(珠江口盆地), 경동남분지(瓊東南盆地), 북부만분지(北部灣盆
地) 등과 같은 오일과 가스자원이 풍부한 구조분지로 되었다.
　동해대륙붕이 각국의 관심을 불러일으킨 진정한 원인은 동해대륙
붕에 잠재되어 있는 거대한 석유 매장양이다. 일찍 1961년에 미국
Woods Hole해양연구소의 해양지질교수 Emory는 일본 동해대학
지질교수 니이노 히로시(新野弘)와 협력하여 관련자료에 대한 연구
를 진행하였으며 그 결론으로 동해 해역의 해저(Seabed)에 석유가
매장되어 있을 것이라고 암시하고 있다. 1967년 그들은 대륙붕주위
의 지질구조에 근거하여 처음으로 "중국 동해는 세계상에서 석유전
망이 제일 좋으나 아직 탐사를 거치지 않은 근해지역의 하나이다."
라고 명확히 제기하고 있다. 1968년에 유엔 아시아 및 원동경제위
원회는 탐사를 거쳐 "동해, 황해 및 발해 대륙붕에는 풍부한 석유
자원이 매장되어 있을 것이다."라고 선포하였다. 1970년 12월, 미국
해양학자 Emory등은 "동해 황해의 지질구조와 수문특징"이라는 문
장을 통하여 "중일한 대륙붕 인접지역에 세계상에서 제일 전망이
있으나 아직 탐사되지 않은 해저석유자원이 매장되어 있다."고 지
적하였으며 심지어는 이 지역을 "또 다른 페르시아만"이라 하고 있

다. 또한 "류구제도에서의 대륙붕 외곽의 넓은 지역은 금후 해저유전을 탐색할 수 있는 확률이 제일 높은 지역이다."라고 지적하고 있다. 미국 지질학가 梅耶荷夫 교수와 韦伦士 박사는 조어제도 해역의 석유매장양이 약 300-320억통에 달한다고 추산하고 있다. 그밖에 미국 MIT 해양연구소의 어느 한 권위학자는 대만분지 약 20만km²에 달하는 대륙붕에는 적어도 800억통에 달하는 석유가 매장되어 있으며 40년동안이나 채굴할 수 있다고 추산하고 있다.

거대한 잠재적 석유 매장은 하룻밤 사이에 이 해역에 대한 사람들의 관심을 불러일으켰다. 최대한 중국과 동해 대륙붕의 풍부한 천연가스자원을 나눈다는 목적하에 지도상 찾아보기 힘든 작은 섬이었던 조어제도는 일본이 극력으로 쟁취하고 통제하는 중요한 영토로 돌변되었으며 이는 또한 중일간의 수십 년에 달하는 영토분쟁을 야기하였다.

2. 동해대륙붕에 있어서의 조어제도의 특수지위

조어제도가 동해 에너지 분쟁에 있어서 그러한 중요한 지위에 처해있는 것은 다름이 아니라 동해대륙붕에 있어서의 조어제도의 특수한 지리적 위치때문이다. 조어제도는 대만의 동북, 그리고 오키나와의 서남에 자리잡고 있는바 남쪽은 지롱(基隆)으로부터 102해리 떨어져 있고 북쪽은 오키나와의 수부(首府)인 나하(那覇)로부터 230해리 떨어져 있다. 만약 조어제도내의 무명소도(無名小島)를 포함하여 계산한다면 조어제도와 제일 가까운 중국영토는 팽가서(彭佳嶼)이고 제일 가까운 일본영토는 일본의 사키시마제도(先島諸島)

인바 조어제도와 양자의 거리는 각기 약 90해리이다. 다시 말하면 이 몇 개의 작은 섬은 마침 중일 동해대륙붕의 중간선에 위치해 있다. 이러한 양국사이의 중앙위치에 있는 작은 섬은 국제법상에서 "중계도(中界島)"로 불리우는 바 구체정황에 따라 양국 분계(分界)에 있어서 효력을 가질 수도 있고 없을 수도 있다.

1982년의 "국제해양법공약"에 따르면 주권국가는 200해리의 대륙붕과 전속경제구역(專屬經濟區域)을 가질 수 있으나 중일 양국간의 동해대륙붕은 400해리가 되지 않는다. 공교롭게도 오키나와 해구의 존재로 말미암아 일본은 동해대륙붕 분계에 있어서 매우 불리한 지위에 처해 있다. 그것은 자연연장원칙에 따르면 중국의 대륙붕은 오키나와 해구까지 연장되게 되어 있으나 일본은 다만 오키나와 해구이동의 대륙붕부분만을 가질 수 있기 때문이다. 따라서 일본측은 조어제도의 주권을 취득하여야만이 오키나와 해구 이서(以西)에 있어서 중국과 대륙붕을 평분(平分)할 수 있는 기점(基点)을 점할 수 있고 더 나아가 동해대륙붕에 매장되어 있는 풍부한 석유자원을 채굴할 수 있다고 인정하고 있다. 그리고 만약 조어제도자체가 대륙붕을 가지고 있다고 가정한다면 조어제도의 주권귀속은 또한 동해상의 면적이 11700m²남짓한 대륙붕의 귀속도 의미하게 된다. 이러한 거대한 해상영토와 잠재적 경제이익의 유혹하에 일본은 모든 방법을 구사하여 조어제도의 주권을 쟁취하려 하고 있으며 일련의 수단으로 조어제도에 대한 실제 통제를 실시하고 있다.

3. 중일 양국간의 조어제도 분쟁과정

비록 중일 양국간의 조어제도 분쟁은 20세기 70년대에 시작되었지만 많은 역사문제와 연관된다. 일찍 1885년 조어제도를 대만취득의 발판으로 하기 위하여 일본 내무성(內務省)은 오키나와 현영인 니시무라(西村舍三)에게 "오키나와현과 청국(淸國) 복주간에 산재되어 있는 무인도를 조사할 것"을 명령하였다. 그러나 니시무라는 조사를 거쳐 조어제도는 청정부의 영토인바 만약 직접 강압적으로 점령한다면 청정부와의 충돌을 피면하기 어렵다는 것을 의식하고 그 일을 잠시 그만두었다. 그 후 1890년과 1893년 두 차례에 거쳐 오키나와현 지사(知事)가 조어제도를 자기의 관할하에 귀속시킬 것을 제기하였으나 모두 메이지정부에 의해 보류되었다.

그러나 그 후 얼마안되어 일본은 갑오전쟁의 승리를 앞둔 1895년 1월14일 내각회의에서 정식으로 조어제도에 국표(國標)를 건립할 것을 결정하였다. 그러나 실제상 조어제도 점령에 관하여 일본은 당시 어떠한 선포절차도 거치지 않았다.[2]

1943년12월1일 중, 미, 영 삼국은 〈카이로 선언〉을 발표하였으며 여기에서는 "만주, 대만 및 팽호렬도와 같은 일본이 청국(淸國)으로부터 훔친 모든 지역을 중국에게 반환하며 (일본이)무력 또는 탐욕에 의해 약탈한 모든 토지로부터 일본을 몰아낸다."고 규정하고 있다. 1945년7월26일 중, 미, 영 삼국은 또 〈포츠담공고〉를 발표하였다. 그중 제8조는 다음과 같이 강조하였다. "〈카이로 선언〉의 조건은 반드시 실시되어야 하며 일본의 주권은 혼슈, 혹가이도, 규슈,

---

2) 이에 관해 "일본이 조어제도가 중국의 영토임을 뻔히 알면서 갑오전쟁 패배 후 청정부가 돌볼 겨를이 없는 틈을 타서 조어제도를 훔친 것이다."라는 견해가 주장되고 있다.

시고쿠 및 삼국이 결정하는 작은 섬들에 제한된다." 동년 8월15일 일본천황은 〈포츠담공고〉를 받아들이고 무조건투항을 선포하였다. 〈카이로 선언〉은 일본이 1914년 이후 태평양상에서 빼앗거나 점령한 일체 도서를 박탈하였고 특히 〈일본이 훔친 중국의 영토(예컨대 만주, 대만, 팽호제도 등)를 중화민국에 반환한다〉고 명확히 규정하였다. 그러나 국민당정부는 대만을 회수할시 팽호제도부근의 도서에 대해 별로 개의치 않았으며 결국은 조어제도를 거두어들이지 않았다. 1945년 8월 일본이 투항한 후 일본정부는 조어도 등 도서가 오키나와현 관할에 귀속함을 핑계로 미군에 넘겨버렸다. 미국은 "서남제도(西南諸島)"(북위29도이남의 북위25도를 포함한 지구)와 조어제도를 점령하고 이에 대한 "시정권(施政權)"을 선포하여 중국 반환을 거절하였다. 이와 동시에 황미서와 적미서에 사격장을 건설하였고 오키나와제도가 미군의 주요 군사기지의 하나로 전락되었으며 조어제도의 신분도 점차 불명확하게 되어버렸다.[3]

1951년 미국과 일본은 중국이 참가하지 않은 정황하에 샌프란시스코(San Francisco)에서 "대일(對日)평화조약"(San Francisco 평화조약)을 체결하였다. 본 평화조약 제3조에서는 조어제도를 미국이 대신 관리하는 류구관할구역내에 포함시켰다. 이에 대해 중화인민공화국 외교부는 1951년8월15일 "중국정부는 샌프란시스코 평화조약의 효력을 승인하지 않는다"는 성명을 발표하였다. 그 당시 대만의 "중화민국정부"도 평화조약의 내용을 승인하지 않는다는 성명을 발표하고 동시에 발언권을 보류하였다. 동년 9월18일, 주은래 외교부장은 중국정부를 대표하여 "중화인민공화국이 샌프란시스코 평화

---

3) 이에 관한 구체적인 사실관계는 제5절에서 서술하고 있다.

조약의 준비 제정 체결과정에 참가하지 않았는바 본 평화조약은 불법이며 무효하다. 중국정부는 불법으로 체결된 샌프란시스코 평화조약을 기필코 인정하지 않는다."고 선포하였다.

1953년12월, 미국은 류구제도 민정부 장관·미국육군소장(少將)의 명의로 미국 민정부 제27호령을 발표하였다. 즉 "류구제도 지리계선(地理界線)"에 관한 게시문이다. 본 게시문은 1951년 9월 8일에 체결한 대일평화조약에 근거하여 류구제도의 지리계선을 다시 지정할 필요가 있다고 지적하고 당시 미국정부와 류구정부가 관할하고 있었던 구역을 지정하였는바 여기에는 북위24도, 동경122도 구역내의 작은 섬 암초 및 영해를 포함하고 있다.[4]

1968년 유엔의 아시아 및 원동경제위원회는 동해, 황해 및 발해의 대륙붕에 풍부한 석유가 매장되어 있음을 공개하였다. 거대한 경제이익의 유혹하에 1969년5월 일본 오키나와 지방당국은 해경(海警)과 작업대를 파견하여 조어도에 시멘트 측양대를 세웠다. 측양대의 정면에는 "야에야마센카쿠군도츠리우오시마(八重山尖閣群島釣魚島)", 반면에는 "오키나와켄 이시가키시3292번지(沖繩縣石垣市字登野城三二九二番地)", 측면에는 "이시가키시건립(石垣市建立)" 등 글자가 씌여져 있다. 이와 동시에 기타 각 도서에도 시멘트 측양대를 세워 "국표"라고 칭하였다.

---

4) 구체적인 사실관계는 제5절에서 상세히 서술한다. 이에 관해 "미국은 무리하게 조어제도를 류구의 지리선내(地理線內)에 편입시켰다."는 견해가 주장되고 있다.

일본 이시가키시가 1969년에 건립한 조어제도 표주(標柱) (출처:
浦野起央, 〈尖閣諸島·琉球·中国〉, 三和書籍, 2005年, 153쪽.)

1970년 8월 31일 일본정부는 당시 미국의 감시 관리하에 있는
류구정부 입법원을 부추겨 "센카쿠제도(尖閣諸島) 영토방위 청구에
관한 결의"를 통과시켰으며 9월10일에 "센카쿠제도의 영유권과 대
륙붕자원개발권에 관한 주장"을 공포하고 9월 17일에는 "센카쿠제
도의 영유권에 관한 성명"을 발표하였다.

1971년3월 일본 외무성은 "센카쿠제도 영유권문제에 관한 통일
견해"를 발표하였다. 이듬해 일본 외무성 정보문화국은 센카쿠제도
에 관한 소책자(小册子)를 제작하여 일본정부의 입장을 전문 선전
하고 조어도가 일본에 귀속되는 주요이유를 열거하였다. 이에 대해
중국, 일본, 동남아, 미국의 많은 학자들이 잇달아 문장을 발표하여
조어도가 명대(明代)이래 줄곧 중국의 영토였음을 주장하였다.

1971년6월17일 "샌프란시스코 조약"에 근거하여 미국은 일본과
"오키나와 반환협정"을 체결하였다. 본 협정에서 미국은 일본에 오

키나와제도 및 조어도를 포함한 부근의 도서를 건네주는데 동의하
였다. 이 기간 일본군함은 조어도 부근에서 중국 대만 어민을 위협
·억류·구축하였다. 이튿날 중국 외교부는 "일미가 결탁하여 중국
영토인 조어제도를 침략하는 행위를 견결히 반대하며 이는 중국 영
토주권에 대한 침범인바 절대로 용인할 수 없다."는 성명을 발표하
였다. 본 성명에서는 또 "조어도는 예로부터 중국의 영토인바 미국
이 조어도를 '귀환구역'에 넣은 것은 완전히 불법이다."라고 강조하
였다. 상술 협정이 체결되기 전인 1971년 3월 15일 대만당국은 미
국정부에 대해 조어도에 대한 중국의 주권을 존중하고 점령종결시
중국정부에 반환할 것을 요구하였다. 1971년 6월 대만당국은 "류구
제도와 조어도열도문제에 관한 중화민국 외교부의 성명"을 발표하
고 그중에서 "포츠담(Potsdam)공고"의 관점을 재차 천명하였으며
미국정부에 강렬한 항의를 제출하였다. 여론의 압력때문에 미국은
일본에 다만 조어도의 행정관할권만을 넘기는바 이는 주권과는 무
관하다고 선포하였다. 이에 관해 미국 참의원 외교관계위원회의 청
문회는 다음과 같은 기록을 남기고 있다. "미국이 일본으로부터 넘
겨받은 상술도서에 대한 행정권을 일본에게 돌려주는 것은 결코 주
권에 관한 여러 주장을 손해하는 것은 아니다. 미국은 일본에게 일
본이 미국에게 상술도서에 대한 행정권을 넘겨주기 전에 가지고 있
던 법적 권리를 증가 부여할 수 없을 뿐만 아니라 행정권을 일본
에 넘겨준다고 해서 (상술도서에 대한)기타 청구자의 권리를 약화
할 수도 없다. ……상술도서에 관한 모든 분쟁은 당사자간에 해결
할 사항이다."[5] 그 뜻인즉 조어도 주권귀속문제는 관련 당사자간에

---

5) 미국 참의원 외교관계위원회 청문회 제92회국회기록, 1971년10월27일-29일, 제91쪽.

협상하여 해결하여야 한다는 주장이다. 동년12월2일 대만 행정원은 조어제도를 대만성 의란현(宜蘭縣) 관할하에 편입시키는 명령을 내렸으나 지금까지 실제로 본 도서에 대한 관할권을 행사하지 못하고 있다.

1972년 5월 일본정부는 미국이 독단적으로 일본과 체결한 "오키나와 반환협정"에 근거하여 오키나와도를 "인수"함과 동시에 조어제도를 차지하였다. 이 결과는 세계적인 교민(僑民)들의 조어도 보위운동을 유발하였다. 중국정부는 즉시 성명을 발표하여 1943년 12월 1일 중미영삼국이 체결한 〈카이로 선언〉의 내용을 재확인하였다. 1972년 3월 10일 중국 대표 안치원(安致遠)은 유엔의 국가관할범위 밖의 해저를 평화롭게 이용하는 위원회(해저위원회海底委員會라고 약칭함) 회의에서 다음과 같이 지적하였다. "일본정부가 중국영토인 조어도 등의 도서를 강점하여 도서부근의 해저자원을 강탈하려 하고 있다. 이는 공공연한 침략행위이며 이에 대해 우리는 당연히 그냥 내버려둘 수 없다." 동년6월 미일양국정부는 류구제도와 대동도(大東島)에 관한 협정에서 조어제도를 소위 "귀환구역"에 편입시켰으며 일본정부는 조어제도에 대한 주권을 보유한다고 공식 표명하였다. 이에 대해 중국정부는 여러차례 엄정하게 성명을 발표하여 조어제도가 중국 대만성의 부속도서이며 중국이 소유하고 있는바 외국의 침략세력이 손을 뻗히는 것을 절대 용납할 수 없다고 지적하였다.

1972년 중일 국교 회복시 양국 지도자는 "전반적인 국면을 고려하여 조어제도 주권귀속문제를 잠시 보류해 두고 후손들에게 그 처리를 맡기자"는데 일치하게 동의하였다. 그러나 얼마되지 않아 일본 우익조직인 "일본청년사"가 조어도에 첫 등대를 건설하였다(1978년 3월). 1978년 중일 양국은 평화우호조약을 체결하고 등소평 부총리는 "조어도문제는 후일 천천히 해결할 수 있다"고 표명하였으며 양측은 조어도문제에 관한 쟁론을 계속 보류할 것을 재확인하였다. 그러나 조약 체결 후 얼마되지 않아 일본 우파가 조어도에 또 새로운 등대를 설치하였으며 이에 일본정부는 저지하지 않았을 뿐만 아니라 섬에 여러 가지의 시설을 건설하였다. 또한 중국 어민이 조어도 주위 12해리 범위 내에서 작업하는 것을 금지하고 일본이 조어도에 대한 실제통제를 실시한다고 표명하였다.

20세기 90년대 초반에 이르러 우익세력의 끊임없는 팽창과 더불어 일본정부관원도 수십차례에 거쳐 "조어도는 일본의 고유영토"임을 공개표명하였다. 이에 대하여 1990년 10월 27일 중국 외교부부부장 제회원(齊懷遠)은 성명을 발표하여 "조어도는 예로부터 중국의 영토인바 이에 대한 중국의 주권보유는 논쟁의 여지가 없다."고 지적하였다. 1992년 2월 25일 중국정부는 "중화인민공화국 영해 및 인접구역법"을 반포하여 국제법의 형식으로 조어제도에 대한 중국의 주권주장을 자세히 밝혔다. 동법 제2조제3항은 "중화인민공화국의 육지영토는 중화인민공화국 대륙 및 그 연해도서, 대만 및 조어도를 포함한 각 부속도서, 팽호렬도(澎湖列島), 동사제도(東沙諸島), 서사제도(西沙諸島), 중사제도(中沙諸島), 남사제도(南沙諸島) 및 기타 일체 중화인민공화국에 속하는 도서를 포함한다."고 규정하고 있다.

20세기 90년대 후반에 들어서서 조어제도분쟁은 다시 격화되었다. 1996년7월14일에 일본의 우익단체인 "일본청년사"가 조어제도

중의 북소도(北小島)에 높이가 5m,무게가 210kg나 되는 알루미늄 합금 등대를 건설하였다. 7월20일에 일본정부는 200해리 배타적 경제수역 (exclusive economic zone)에 조어제도를 포함한다고 선포하였다. 그 후 일본의 우익분자들은 여러 차례 섬에 올랐으며 홍콩 보조단체(保釣團體)가 섬에 꽂은 중국국기를 뽑아버리고 "태양기"를 세우기까지 했다

조어제도에 대하여 중국민간에서는 여러 차례 보조(保釣)활동을 진행하였다. 1996년9월15일 홍콩에서 일본의 조어도 점령에 항의하여 10000여명이 참가한 집회를 가졌다. 이는 "세계보조연맹(世界保釣聯盟)"이 조직한 제일 큰 행사였다. 2003년6월 중국대륙과 홍콩 등지의 보조단체들이 재차 연합하여 조어도에 올라 保釣활동을 진행하였으나 일본측의 방애로 하여 전부의 목표에는 달성하지 못했다. 2004년 3월 24일 아침 5시경 중국의 민간보조지원자 7명이 재차 조어도에 성공적으로 올랐다. 그들은 조어도에 대한 단기고찰을 진행하여 장래 관광코스를 개척하기 위한 준비를 하려하였다. 당일 저녁무렵 일본 오키나와현 경찰측은 "입국난민법"위반을 이유로 그들은 "체포"하였으며 오키나와현으로 압송하여 조사를 진행하였다. 이에 조어제도를 둘러싼 중일간의 영토분쟁은 재차 격화되었다.

제3절 중일 양측의 주장과 학설

1. 중국정부의 입장

중국정부는 1971년12월에 조어도 등 도서에 대한 영토주권을 주장하였고 그 견해는 유엔해양법위원회에서 공식적으로 제기되었다. 그리고 1971년의 오키나와반환협정에 의한 이 도서지역의 일본 "반환"은 용인할 수 없다고 하고 있다. 그 주장의 내용은 다음과 같다.

첫째, 조어도 등 도서는 예로부터 중국영토이다.

둘째, 중국은 대만에 부속하는 조어도 등 도서를 회복한다.

그 근거는 다음과 같다.

① 조어제도는 중국이 최초에 발견하였고 중국의 판도에 편입하였다.

② 조어제도는 중국이 최초에 발견한 것으로서 그것이 무주지(無主地)라 할지라도 일률로 선점(先占)의 원칙으로 점유할 수는 없다. 다시 말하면 선점을 이유로 무인지(無人地)를 무주지라고 할 수는 없다.

③ 류구책봉사(琉球册封使)의 기록으로도 조어제도와 중국의 연관을 입증할 수 있다.

④ 명조정부는 1556년에 조어제도를 중국 복건성 해안방어구역에 편입시켰다.

⑤ 1893년에 청국의 서태후(西太后)는 이 지역을 성선회(盛宣懷)에게 하사하였다.

⑥ 조어제도는 지질구조상 대만의 부속도서(附屬島嶼)이다.

⑦ 마관(馬關)조약에 의해 대만과 부속도서가 일본에게 할양되었다. 따라서 여기에 포함되는 모든 것이(당연히 조어제도를 포함) 중국에 반환되어야 한다.

경과:

1971년5월1일 『인민일보』가 「중국영토의 주권침범을 용납할 수 없다」는 논설 발표.

1971년12월30일 중국외교부가 조어제도의 주권성명을 발표.

1972년3월3일 중국유엔대표인 안치원(安致遠)이 유엔해양법위원회에서 조어제도영유권을 주장.

1972년3월12일 중국유엔대표인 안치원이 유엔해양법위원회에서 조어제도영유권을 재주장.

1972년3월30일 『인민일보』가 일본외무성에서 동년3월8일에 발표한 기본견해를 반박하는 논평을 발표.

1982년1월 『북경주보(周報)』가 「조어도 등 도서는 예로부터 중국의 영토이다」라는 논설을 발표.

1990년10월18일 중국외교부가 「조어제도는 중국영토이다」라는 성명을 발표.

1992년2월25일 중국이 영해법(領海法)을 반포.

1992년2월27일-28일 중국외교부가 「조어제도는 중국영토이다」라는 성명을 발표.

1996년5월15일 중국이 영해기선(基線)성명을 발표.

2000년4월5일 중국외교부가 「조어제도는 예로부터 중국에 속한다」는 성명를 발표.

2. 중국 학자의 견해

중국 학자의 견해는 「조어제도는 예로부터 중국의 영토이다」라는 중국정부의 입장과 완전히 일치하다. 그 논점은 다음과 같다.

① 일본의 류구합병 이전에 이미 중국과 류구국의 우호왕래의 역사가 있었고 중국이 최초로 조어도의 이름을 지었다. 1403년의 〈순풍상송(順風相送)〉에 그 기재가 있다.

② 조어제도가 예로부터 중국영토였다는 것은 류구책봉사의 기록에서도 명확하다.

③ 〈중산전신록(中山傳信錄)〉에는 야에야마제도(與那國島)가 류구의 남서경계라 하는 기록이 있다.

④ 조어제도는 대만에 부속하고 있고 류구와는 엄격하게 구별되어 있다. 그것은 〈일본일감(日本一鑑)〉에서도 명확하다.

⑤ 중국이 16세기에 조어제도를 정식으로 해방(海防)구역으로 한 것은 정약증(鄭若曾)의 〈주해도편(籌海圖編)〉에 명확히 기재되어 있다.

⑥ 1893년에 서태후는 이 지역을 성선회(盛宣懷)에게 하사하였다.

⑦ 일본측이 주장하는 무주지를 점유하였다고 하는 학설은 성립되지 않으며 "닥치는대로 빼았다"에 불과하다. 일본은 이 무주지가 중국의 영토라는 것을 알고 있었다.

⑧ 1894년-1895년의 일청교섭(日淸交涉)에서 일본은 대만의 부속도서를 합병하였는바 일본의 조어도에 대한 합병은 그 방책의 일부로 수행되었다. 따라서 일본의 1895년1월14일 내각결의에 의한 합병은 일본의 대만점령에 있어서의 그 일부였다.

⑨ 1946년1월29일의 유엔최고사령부지영 제667호에 정해진 일본의 판도(版圖), 다시 말하면 "류구제도를 포함한 약 1000개의 작은 섬"에는 조어제도가 포함되지 않는다.

⑩ 미군에 의한 조어제도의 지배는 불법침범·점거였으며 이에 의해 조어도는 결국 일본의 오키나와현에 할양되었다.

⑪ 일본은 카이로선언에 근거하여 조어제도를 중국에 반환하여야 한다.

⑫ 당연히 일본 학자가 주장하는 시효취득(時效取得)의 법리(法理)는 성립하지 않는다.

이에 대한 일본의 반론은 다음과 같다.

① 일본은 조어제도가 무주지라고 충분히 확인하고 일본영토에 편입하였다.

② 조어제도는 대만의 부속도서가 아니다.

③ 1895년의 하관(下關)조약에 따라 일본이 청국으로부터 할양받은 대만 및 팽호도(澎湖島)에는 조어제도가 포함되어 있지 않고 있다. 사실상 조어제도는 역사적으로 일관하여 일본영토인 남서제도(南西諸島)의 일부였다.

④ 조어제도는 남서제도의 일부로 미국의 시정권하(施政權下)에 처해 있었다. 그리고 현재에는 일본의 통제하에 있다.

⑤ 조어제도의 네개 섬은 국유지로부터 개인소유지로 전이하였고 현재 사유지로 관리되고 있다.

3. 일본정부의 입장

조어제도는 일본의 고유영토이며 그 사실은 역사적으로도 국제법상에서도 명확하다. 지금까지 일본은 조어제도에 대한 실효적통제를 유지하여 왔다.

1970년에 들어서서 동해에 있어서의 석유개발의 전망과 함께 대만의 매체(媒體) 등에 의한 조어제도에 대한 영유권의 주장이 보여졌고 대만당국은 1971년2월 공식적으로 조어제도에 대한 영유권을 주장하였다. 또 동년12월 이후 중화인민공화국도 조어제도는 중국영토라고 주장하였다.

일본정부는 국회답변을 통하여 그 입장을 표명하였고 1972년3월에 외무성 견해방식으로 조어제도에 대한 일본의 영유권을 명확히 하였다. 그것은 조어제도에 대하여 일본이 역사적으로 일관하여 영유권을 가지고 있음을 확인한 것으로 거기에는 조어제도가 오키나와 반환협정에 의해 일본에 시정권이 반환된 지역에 포함되어 있는 취지가 명확히 되어 있다. 조어제도 영유권에 관한 동일한 입장은 1970년9월 류구정부가 공식적으로 발표하였고 또 동년8월 류구정부 입법원(立法院)의 결의에서도 확인되었다. 일본정부의 입장을 요약하면 다음과 같다.

① 조어제도는 선점(先占)에 의해 일본영토에 편입되었으며 동제도(同諸島)는 예로부터 역사적으로 일관하여 일본영토로서 남서제도의 일부를 구성하고 있다.

② 1951년 샌프란시스코 평화조약에 있어서 조어제도는 남서제도의 일부로 미국의 시정하에 놓여졌다.

③ 이 지역은 1971년 오키나와 반환협정에 의해 일본에 시정권이 반환되었고 현재에 이르렀다.

이상 견해에 대한 경위(經緯)와 근거는 다음과 같다.

① 1879년 메이지정부는 류구번(藩)을 폐지하고 오키나와현으로 개칭하였다. 1885년 이후 재삼 오키나와현 당국을 통하는 등

의 방법으로 조어제도의 실지조사를 진행하고 조어제도에 관하여 당시 청국의 지배가 달하고 있는 증거가 없는 것을 충분히 확인한 뒤에 1895년1월14일의 내각회의결정에서 조어제도를 오키나와현의 소속으로 하고 이것을 확인하는 것으로 표고(標高)를 건설하였다.

② 일본에 정식 편입된 조어제도는 오키나와현 야에야마(八重山)郡의 일부를 형성하고 국유지로 되었다. 1884년 이후 조어제도는 이 지역에서 어업에 종사하고 있던 고가 다쓰시로(古賀辰四郞)의 국유지 차용원서에 의해 그에게 대여되었고 그는 부두, 선착장, 저수장 등을 건설하였으며 적극적인 개척에 나섰다. 1932년 센카쿠제도의 네개 섬이 그의 사자(嗣子)에 팔려 민유지(民有地)로 되었다.

③ 제2차세계대전 이후 조어제도는 샌프란시스코 평화조약 제3조에 의하여 일본영토, 남서제도의 일부로 되고 미국의 시정권 하에 들어가게 되었다.

④ 조어제도는 1972년에 발효(發效)한 오키나와반환협정에 의해 일본에 시정권이 반환된 지역에 포함되어 있으며 현재에는 이시가키시(石垣市)의 일부로 되어있다.

　"자유민주당"을 비롯한 "일본사회당", "일본공산당", "공명당" 등 어느 정당의 견해도 이 일본정부의 입장을 지지하고 확인하였다. 여기에는 이 문제에 대한 국민들 상호간의 깊은 이해가 반영되어 있다.

경과:

1970년8위31일 류구정부 입법원이 조어제도의 영토방위에 관한 요청결의 제12호 · 제13호를 채택.

동년9월1일 류구정부가 "조어제도의 영토권에 관하여"라는 성명을 발표.

동년9월10일 미국 국무성 보도관 마크로스키가 조어제도의 일본영유에 관하여 확인하는 발언.

동년9월10일 중의원(衆議院) 외무위원회에서 愛知撥一外相이 조어제도 영유에 관하여 확인.

동년9월12일 중의원 오키나와 · 북방문제 특별위원회에서 愛知撥一外相이 조어제도 영유에 관하여 재확인.

동년9월13일 〈류구신보(琉球新報)〉가 "조어제도의 영유권문제"라는 사설을 발표.

동년12월6일 〈매일신문〉이 "조어제도는 오키나와의 일부분이다"라는 사설을 발표.

1971년1월26일 중의원 본회의에서 佐藤榮作首相이 조어제도의 일본귀속에 관하여 답변.

동년6월17일 푸레이 미국 국무성 보도관이 조어제도의 일본주권귀속에 관하여 발언.

동년11월21일 정부가 중의원에 "조어제도는 일본영토이다"라는 정부답변서를 제출.

동년12월15일 중의원 본회의에서 사토우수상(佐藤首相)이 "조어제도는 일본 고유의 영토이다"라고 표명.

1972년3월3일 류구정부 입법원이 조어제도의 영토권문제에 관한 요청결의 제3호 · 제4호를 채택.

동년3월5일 〈일본경제신문〉이 "조어제도의 일본영유권주장은 당연하다"라는 사설을 발표.

동년3월6일 〈류구신보〉가 "조어제도 영유의 원결의(院決議)의 의의"라는 사설을 팔표.

동년3월7일 〈산케이신문(産經新聞)〉이 "우리나라의 영유권은 명백하다"라고 주장.

동년3월8일 중의원 오키나와 · 북방문제 특별위원회에서 福田赳夫外相이 "조어제도는 일본영토이다"라고 답변.

동년3월8일 외무성의 기본견해 "조어제도의 영유권문제에 관하여"를 福田赳夫外相이 참의원(參議院) 오키나와 · 북방문제 특별위원회에서 발표.

동년3월9일 〈매일신문〉이 "조어제도의 영유권은 명확하다"라는 사설을 발표.

동년3월10일 〈오키나와 타임스〉가 "평화외교의 시금석(試金石) 조어제도를 둘러싼 영유권문제"라는 사설을 발표.

동년3월10일 〈요미우리신문(讀賣新聞)〉이 "우리나라의 조어제도 영유권은 명확하다"라는 사설을 발표.

동년3월20일 〈아사히신문(朝日新聞)〉이 "조어제도와 우리나라의 영유권"이라는 사설을 발표.

동년3월24일 조어제도문제에 대한 "일본사회당"의 통일견해가 발표됨.

동년3월28일 조어제도문제에 관한 "자유민주당"의 공식견해가 발표됨.

동년3월30일 조어제도문제에 관한 "일본공산당"의 견해가 발표됨.

동년5월24일 中川融 유엔대사(大使)가 유엔안전보장이사회에 "조어제도는 일본영토이다"라는 서간(書簡)을 송부.

1977년5월2일 일본의 영해 및 접속수역(接續水域)에 관한 법률이 반포됨.

동년6월17일 일본의 영해 및 접속수역에 관한 법률시행영이 반포됨.

4. 일본학자의 견해

오쿠하라 토시오(奧原敏雄), 하야시 모시타카(林司宣) 등 조어제도 연구회 그룹 및 다이쥬도 카나에(太壽堂鼎), 카츠누마 토모카즈(勝沼智一), 미도리마 사카에(綠間榮), 오자키 시게요시(尾崎重義), 나카자도 죠(仲里讓), 마츠이 요시로(松井芳郎)등의 국제법학자들은 선점(先占)의 법리에 근거하여 조어제도의 일본영유론을 전개하고 있다. 거기에서는 일본정부의 입장과 동일한 견해가 제시되고 있으며 선점의 법리가 적용되고 있다.

5. 일본 역사학자 이노우에 키요시(井上淸)의 견해

조어제도는 일본영토이다라는 견해에 대하여 일본의 역사학자 이노우에 키요시(井上淸)의 기본입장은 다음과 같다. "오키나와 및 조어제도는 중국과 지리적으로 접속하고 있고 근대천황제하의 조어제도 일본영유는 류구처분과 밀접불가분한바 성립되지 않는다." "그리고 1970년대에 일본제국주의의 오키나와 재지배(再支配)에 있어서 조어제도의 재약탈(再略奪)이 있었다." 그 논점은 다음과 같다.

① 조어제도의 어느 한 섬도 류구영토였던 적은 없었다. 센카쿠제도(尖閣諸島)의 명명(命名)은 1900년 오키나와현 사범학교 교유(敎諭) 쿠로이와 히사시(黑岩恒)에 의한 것이다.

② 일본이 최초로 그 영유를 주장한 것은 1970년8월31일의 류구정부 입법원의 조어제도의 영토방위에 관한 요청결의였었다.

③ 류구책봉사의 기록으로부터 볼 때 구메지마(久米島)가 류구의 변경이며 적서(赤嶼)이서(以西)가 류구영토가 아니다라는 점은 중국인도 류구인도 명확하다. 류구정사(正史) 〈중산세감(中山世鑑)〉은 친중국파와 대립한 친일본파의 필두(筆頭) 향상현(向象賢)의 작품으로서 객관적인 역사책이라 할 수 없다. 동서(同書)에 있어서도 류구책봉사 특히는 진간(陳侃)의 기술을 받아들이고 있다.

④ 1561년에 출간된 호종헌(胡宗憲)의 〈주해도편(籌海圖編)〉에는 계룡산(鷄龍山), 조어서(釣魚嶼), 화병산(化甁山), 황미산(黃尾山), 감각산(橄攬山), 적서(赤嶼)가 복건성의 라원현(羅原縣), 녕덕현(寧德縣)의 연해의 섬으로 표시되어 있다. 이것은 상술 도서가 중국영토였음을 의미하고 있다.

⑤ 청대(淸代)의 책봉사의 기록도 적서(赤嶼)와 구메지마(久米島) 사이가 "중외의 계(界)"라 하고 있다. 〈중산전신록(中山傳信錄)〉도 적미서를 넘은 곳에서 "구(溝)"를 넘었다고 표현하고 있으며 구메지마가 "류구서남방계상진산(琉球西南方界上鎭山)"이라고 확인하였다.

⑥ 임자평(林子平)의 〈삼국통란도설(三國通覽圖說)〉은 미야코지마(宮古島) 야에야마제도(八重山諸島)까지를 류구왕국령이라 하고 있다. 이것은 〈중산전신록〉이나 아라이 하쿠세키(新井白石)의 〈류구국사략(琉球國事略)〉등에 따른 것이다.

⑦ 현대제국주의의 무주지에 대한 "선점"의 법리를 가지고 일본은 새로운 토지의 실효적지배(實效的支配)를 내세우고 있지만 이미 〈주해도편〉에 있어서 중국은 조어도를 해상방어구역으로 하였다.

⑧ 쿠로이와 히사시(黑岩恒)가 쓴 1900년8-9월 〈지학잡지(地學雜誌)〉의 기사 〈센카쿠제도 탐검기사〉를 보아도, 히가시온나 칸준(東恩納寬惇)의 〈남도풍토기(南島風土記)〉를 보아도 류구인과 조어제도의 관계는 옅었다.

⑨ 지명의 검증에서도 볼 수 있는바 이른바 센카쿠제도의 도명(島名)도 구역도 확정되어 있지 않다.

⑩ "조선강압의 성공의 기세를 타 천황정부는 어디까지나 청(淸)의 속방(屬邦)인 것을 그만두려 하지 않고 있은 류구번(藩)의 처분을 서둘렀다." 이것에 의한 오키나와현의 성립으로 "정치적으로도 단일의 일본민족국가로 통일되었다라고 해석하는 학설이 지배적이지만 나는 이 학설에는 반대이다." 다시 말하면 류구처분의 역사적 내용은 "천황제의 식민지로 되었다"라는 점에 있다고 해석된다.

⑪ 1872-1879년의 류구처분의 시기 천황제정부는 변경의 귀속문제해결의 국면에 처해 있었으며 "일본은 일청전쟁의 승리에 의해 비로소 청국의 류구에 대한 일체의 역사적 권리·권익

을 최종적으로 소멸시켰으며 일본의 류구독점을 확립하였다"
라고 할 수 있다.

⑫ 무주지인 조어제도를 청국에 대한 군사지리적 시각에서 중시
한 천황제정부는 야마가다 아리토모(山縣有朋) 내무경(內務卿)
이 이 영유를 의도하여 조사를 "내명(內命)"히였고 조어제도에
서의 고가 다쓰시로(古賀辰四郎)에 의한 개탁을 이용하여 일
본은 이 섬을 제압하였다.

⑬ 일본은 "일청전쟁에서 조어제도를 은밀히 훔치고 공공연하게
대만을 빼앗았다." "정부는 청국의 항의가 두려워 굳이 단행
할 수 없었지만 1895년1월에 정부는 청국과의 전쟁에(1월하
순-2월13일의 위해위공략작전(威海衛攻略作戰)에서) 대승한 기
세를 타서 이것을 취득할 것을 결정했다." "조어제도는 대만
처럼 강화조약에 의해 공공연히 청국으로부터 강탈한 것은
아니지만 전승을 타서 어떠한 조약에도 교섭에도 의거하지
않고 은밀하게 청국으로부터 훔치기로 한 것이다."

⑭ 조어제도의 영유는 시기적으로 일청전쟁과 겹쳐져 있을 뿐이
다라고 하지만 일본은 "이 지역을 일본령에 편입하는 것을 공
시도 하지 않았다. 따라서 청국측이 강화회의에서 조어제도를
문제로 하는 것이 불가능 하였다." "(청국은) 류구와 대만의
중간에 있는 양귀비씨와 같은 작은 섬의 영유권을 꼬치꼬치
일본과 교섭하여 확정할 여유가 없었을 것이다. 일본정부는
그것을 다행으로 여기고 류구에 관한 중국의 일체의 역사적
권리를 자연소멸시켰으며 그와 동시에 예전부터 눈독을 두어
온 조어도로부터 적미서에 이르는 중국영의 섬들을 훔친 것

이다.”

⑮ “현재 일본제국주의는 조어제도를 “센카쿠제도”라는 이름으로 다시 중국으로부터 빼앗으려 하고 있다.”“센카쿠제도 일본령 유론자가 드디어 그 제국주의적 강도의 논리를 드러내고 있다.” 일본의 1895년이후의 조치는 “일본국이 청국인으로부터 훔친 모든 지역은 중국에 반환되어야 한다라고 한 카이로선언의 실행을 규정한 포츠담선언의 효력에 어떠한 영향도 주지 않는다.”“조어제도를 계속하여 미군의 지배하에 두는 것이 규정된 것도 상술한 섬이 역사적으로 중국령이다라는 사실을 조금도 변경하지 않았다.” 그것은 역사가 증명하고 있는 점이다.

이상의 이노우에 키요시(井上淸)설의 요점은 다음과 같은 두가지 포인트에 있다.

첫째, 조어제도는 명(明)의 시대로부터 중국령으로 알려져 청대(淸代)의 기록도 중국령으로 확인하고 있다. 일본의 선각자(先覺者) 하야시 시베이(林子平)도 중국령으로 명기하고 있는바 무주지에 대한 선점의 법리는 성립되지 않는다.

둘째, 일본은 일청전쟁에서 류구의 독점을 확정하고 조어제도를 훔쳤으며 공공연히 대만을 빼앗았다. 따라서 일본의 조어제도 영유와 그 선점의 법리는 제국주의의 노출이며 국제법적으로도 무효이다.

이러한 이노우에 키요시(井上淸)의 견해에 관해서 일본에서는 일반적으로 받아들여져 있지 않고 있다.

메이지정부에 의한 류구합병은 "침략적통일"이었다라고 하는 이노우에(井上)의 견해에 대하여 "이것을 일본의 침략으로 볼 수 없다"라는 입장이 일반적이다. 이노우에(井上)의 원칙적입장은 일본현대사나 류구현대사의 연구자들 사이에서도 충분한 이해가 달성되지 않고 있다.

하나는 일본이 일청전쟁의 승리를 타서 조어제도를 영유하였다는 견해에 관해서이다. "이 영유는 이전부터 일본군국주의자 야마가다 아리토모(山縣有朋)가 도모하였던 것으로서 청국에 대하여 일방적으로 자른 것이다"라고 이노우에(井上)는 해석한다. 이노우에(井上)도 그것이 국내조치였음을 인정하고 있지만 "무인도라 할지라도 역사적으로 선점은 성립되지 않으며 그것은 류구지배와 같이 제국주의 행동일 수밖에 없다"고 주장하고 있다. 이에 대한 일반적입장은 그 제국주의적 강탈에 대해 부정적이며 "사람들의 왕래와 개척을 확인하여 정부가 행정적 편입조치를 취한 것임에 불과하다"라고 해석하고 있다. 일본학자 우라노 다츠오(浦野起央)은 이노우에의 입장에 대해 다음과 같이 분석하고 있다. "일청전쟁의 시기에는 각종의 사건이나 조치가 동시적으로 일어났다. 이것은 이 지역일대의 변경처리가 국내조치의 귀결로 진행되였음에 불과하다는 것을 의미한다. 따라서 이노우에(井上)의 견해는 역사인식의 문맥(이노우에는 반제국주의투쟁의 수단으로 조어제도 투쟁을 추진하여야 한다라는 전제에 입각하고 있다.)의 다름으로 하여 파생한 것이다."

그리고 마지막 문제는 명대(明代)이후의 역사적 검증을 가지고 현재 일본의 조어제도에 대한 실효적지배를 부정할 수 없다라는 점이다. 다시 말하면 "역사의 현재성을 낡은 역사적 기록이나 특정

이데올로기적 입장에 의해 부정할 수 없다"는 반론이다. 따라서 우라노 다츠오(浦野起央)도 "그것은 전기(前記)의 반제국주의 투쟁의 문맥에서의 의론일 수밖에 없고 그 이해는 얻을 수 없음이 명확하다."고 분석하고 있다.

한편, 이 이노우에(井上)의 역사적논거는 중국정부에 의해 지지되고 있으며 중국정부의 문서에서 많이 인용되고 있다. 그리고 그의 저작 〈센카쿠제도-조어제도의 역사적해명〉은 중국정부의 내부자료로 널리 활용되고 있다. 그 밖에 언급할 것은 1972년4월17일 荒畑寒村, 이노우에 키요시(井上淸), 羽仁五郎등에 의해 〈일제의 조어제도 저지를 위한 학회〉가 결성되고 거기에서는 이노우에(井上)학설에 따라 "조어제도는 일청전쟁에서 일본이 강탈한 것으로 역사적으로 보면 중국고유의 영토이다. 우리는 일본제국주의의 침략을 시인하고 그 침략을 긍정할 수 없다"고 주장하였다.

제4절 일본의 조어제도 영유의 경과

1. 일본의 영유의사

1859년 미리간절길산방(美里間切詰山方)의 筆者 오오시로 에이호(大城永保)가 청국으로 항해하던 도중 조어도, 황미서, 적미서에 접안(接岸)하여 섬들의 지세, 식물, 조류를 조사하였다

1884년 코가 타츠시로우(古賀辰四郎)는 조어제도를 순항하고 황미서에 상륙하였다. 그 후 그는 이시가키지마(石垣島)를 근거지로

조어제도에서 아호우도리(信天翁)의 깃털과 어류의 채집에 종사하였으며 이를 근거로 1885년에 황미서의 개척허가를 오키나와 현영에 제기하였다.

동년1월에 일본 내무성은 오키나와현에 대하여 「오키나와현과 청국 복주(福州)간에 흩어져있는 무인도」즉 조어제도를 조사할 것을 명하였고 그해 9월 오키나와현은 실지조사를 진행하였다.

동년9월6일(광서(光緒)11년7월28일)의〈신보(申報)〉의 기사〈대만경신(臺灣警信)〉은 「근간에 대만동북쪽의 섬에 일본인들이 일본기를 꽂아놓았으며 점령하려는 뜻이 보인다」고 보도하여 일본인들의 이런 행동을 폭로하였다.

동년9월22일 오키나와현영 니시무라 스테조우(西村捨三)는 내무경에게 보내는 탄원서에서 다음과 같이 지적하였다. "예로부터 오키나와에 있어서 쿠미아카지마(久米赤島, 중국에서 말하는 적미서, 아래에서도 동일함), 쿠바지마(久場島, 중국에서 말하는 황미서, 아래에서도 동일함), 우오츠리지마(魚釣島, 중국에서 말하는 조어도, 아래에서도 동일함)라고 불러온 무인도는 야에야마(八重山), 미야코(宮古) 등에 가까운 무인도로서 오키나와현에 소속시켜도 무방하다고 생각하지만 〈중산전신록〉에 기재되어있는 조어대(釣魚臺), 황미서, 적미서와 같은 것일 가능성이 있는바 국표(國標)건설도 염려되므로 실지답사이후 국표건설은 다시 지시를 받고 싶다."

이에 대해 내무경 야마가타 아리토모(山縣有朋)는 태정관회의(太政官會議)에 제출할 상신안(上申案)을 정리하여 "오키나와현 관할구역인 미야코(宮古)와 야에야마(八重山)에 접근하는 무인도서는 청나라소속이라는 증거도 없는바 오키나와현이 국표를 세우는데는 아무런 지장도 존재하지 않는다"고 하였다. 이에 관련해 외무경(外務卿) 이노우에 카오루(井上馨)는 "최근 청국 신문 등에도 우리 정부가 대만부근의 청나라 소속인 도서를 점령하고 있다라는 소문을 실어 우리나라에 대하여 의심을 품게 끔 주의 주는 자가 있는바 여기서 공공연히 국표를 건설하는 것은 청나라의 의심을 사는 일이 되므로 실지답사와 그 보고에 그치는 것이 득책(得策)이다"라고 지적하였다. 소위"청국의 의심"이란 전기(前記)의 〈신보〉 기사가 보도했던 것을 가르키는바이다.

　오키나와현는 수차례 청나라에 건너가 그 때마다 조어도, 황미서, 적미서를 實見한 오오시로 에이호(大城永保)의 견문를 청취하고 또 出雲丸에 의한 현지조사 등과 함께 국표건설의 상신서(上申書)를 제출하였지만 결국 외무경의 의견으로 국표건설까지는 이루지 못하였다.

경과:

1859년 오오시로 에이호(大城永保)가 조어도, 황미서, 적미서에 상류.

1884년3월 코가 타츠시로(古賀辰四郎)가 조어제도를 순항하고 황미서에 상륙.

1885년1월 내무성이 오키나와현에 대하여 조어제도 조사를 명령.

동년9월6일 〈신보〉 기사 〈대만경신(臺灣警信)〉.

동년9월21일 오키나와현 직원 이시자와 헤이고(石澤兵吾)가 쿠메아카지마(久米赤島=赤尾嶼), 쿠바지마(久場島=黃尾嶼), 우오츠리지마(魚釣島=釣魚島)에 대한 조사를 진행. 11월4일에 보고서를 제출.

동년9월22일 오키나와현영 니시무라 스테조우(西村捨三)가 내무경 야마가타 아리토모(山縣有朋)에게 쿠미아카지마밖의 다른 두섬에 대한 조사를 신청.

동년10월9일 내무경 야마가타 아리토모(山縣有朋)가 쿠미아카지마, 쿠메지마, 우오츠리지마의 관할소속 결정과 국표건설에 관해 태정대신(太政大臣)에게 상신(上申).

동년10월21일 오키나와현영이 出雲丸에 의한 실지조사 진행. 11월2일 보고서 제출.

동년11월30일 외무경 이노우에 카오루(井上馨)가 국표건설 연기의 견서 제출.

동년12월5일 일본정부가 오키나와현에 국표건설이 필요없다고 회답.

1890년1월13일 오키나와현 지사가 쿠미아카지마, 쿠바지마, 우오츠리지마의 오키나와현 관할소속 결정과 국표건설의 안건을 상신.

1893년11월2일 오키나와현 지사가 쿠미아카지마, 쿠메지마, 우오츠리지마의 오키나와현 관할소속 결정과 국표건설의 안건을 상신.

1894년12월27일 내무대신이 국표건설 사항에 관해 외무대신과 협의.

1895년1월22일 국표건설 사항에 대해 외무대신이 동의.

동년1월14일 내각회의는 쿠바지마,우오츠리지마의 오키나와현 관할소속 결정과 국표건설을 인정하는 안건을 결정. 1월21일 오키나와현 지사에게 지시.

1896년3월5일 칙령(勅令)에 따라 편입조치 실시.

2. 일본의 현지조사

1859년에 일본인에 의한 현지조사가 진행되었으며 1884년3월 코가 타츠시로우(古賀辰四郎)는 조어제도를 순항하면서 황미도에 상륙하였고 그 후 이시가키지마(石垣島)을 근거지로 조어제도에서의 아호우도리(信天翁)의 깃털 채집과 어류잡이에 종사하였다. 그 이듬해 코가(古賀)는 황미도의 개척허가를 오키나와 현영에게 제출하였다

동년1월 내무성은 오키나와현에 대하여 「오키나와 청국 복주사이에 산재(散在)해 있는 무인도」즉 조어제도에 대한 조사를 명하였고 10월에 현지조사를 진행하였다.

그 후에도 조어제도에 대한 조사가 계속되어 1895년1월에 국표건설이 결정되었다.

경과:

1859년 오오시로 에이호(大城永保)가 쿠미아카지마, 쿠바지마, 우오츠리지마를 탐사.

1884년3월 코가 타츠시로우(古賀辰四郎)가 永康丸에 의한 탐사조사단을 파견.

1885년10월 오키나와현이 出雲丸에 의한 조사를 진행.

1887년6월 일본군함 금강(金剛)이 미야코시마(宮古島), 야에야마시마(八重山島), 조어제도를 조사.

1891년 이자와 야키타(伊澤矢喜太)가 우오츠리지마(魚釣島=釣魚島), 쿠바지마(久場島=黃尾嶼)에서 아호우도리(信天翁)의 깃털을 채집.

1892년8월 일본군함 해문(海門)에 의한 조사.

1893년 나가이 키에몬다(永井喜右衛門太)와마츠므라 히토시스께(松村仁之助)가 황미도에서 아호우도리(信天翁)의 깃털을 채집.

1893년 이자와 야키타(伊澤矢喜太)가 우오츠리지마(魚釣島=釣魚島), 쿠바지마(久場島=黃尾嶼)에서 아호우도리(信天翁)의 깃털을 채집.

1893년 노다 마사시(野田正)가 우오츠리지마와 황미도에 상륙.

1900년5월3일부터20일까지 코가 타츠시로우(古賀辰四郎)가 永康丸을 파견, 쿠로이와 히사시(黑岩恒)와 미야시마 간의스케(宮嶋幹之助)가 학술조사를 진행.

1901년 임시 오키나와현 토지정리사무국이 담당관을 파견하여 각섬에 대한 현지측양을 진행.

1910년 츠네토우 노리타카(恒藤規隆)가 코가 타츠시로우(古賀辰四郎)의 요청에 의해 자원조사를 진행.

1914년4월 해군수로부(海軍水路部)의 측양선 関東丸에 의한 실지조사.

1914년5월 해군수로부의 측양선 能野丸에 의한 실지조사.

1917년 해군수로부가 조어제도에 대해 실지조사를 진행.

1931년 오키나와현 영림서(營林署)가 실지조사 진행.

1939년5월23일-6월4일 농림성(農林省)에서 자원조사단을 파견.

1943년9월21일-29일 기상측양소설치의 예비조사를 진행.

3. 일본의 국표건설

1885년 이후 일본의 오키나와현영과 오키나와현 지사가 쿠미아카지마, 쿠바지마, 우오츠리지마의 오키나와현소속 결정과 국표건설의 안건을 가끔 상신하여 왔지만 내각회의의 결정에 의한 국내법상의 행정조치는 1895년1월14일에 취하여졌다.

그리고 1896년3월5일 조어제도를 야에야마군(八重山郡)에 편입시키는 조치가 취하여졌다.

경과:

1885년9월21일 오키나와현 직원 이시자와 헤이고(石澤兵吾)가 쿠메아카지마, 쿠바지마, 우오츠리지마에 대한 조사를 진행. 11월4일에 보고서를 제출.

동년9월22일 오키나와현영이 쿠메아카지마, 쿠바지마, 우오츠리지마의 오키나와현 소속결정과 국표건설 탐사의 안건을 내무경에 상신.

동년10월9일 내무경 야마가타 아리토모 (山縣有朋)가 쿠미아카지마, 쿠메지마, 우오츠리지마의 관할소속 결정과 국표건설에 관해 태정대신에게 상신.

동년10월21일 오키나와현영이 出雲丸에 의한 실지조사 진행. 11월2일 보고서 제출.

동년11월30일 외무경 이노우에 카오루(井上馨)가 국표건설 연기의견서 제출.

동년12월5일 일본정부가 오키나와현에 국표건설이 필요없다고 회답.

1890년1월13일 오키나와현 지사가 쿠미아카지마, 쿠바지마, 우오츠리지마의 오키나와현 관할소속 결정과 국표건설의 안건을 상신.

1893년11월2일 오키나와현 지사가 쿠미아카지마, 쿠메지마, 우오츠리지마의 오키나와현 관할소속 결정과 국표건설의 안건을 상신.

1894년12월27일 내무대신이 국표건설 사항에 관해 외무대신과 협의.

1895년1월14일 내각회의는 쿠바지마, 우오츠리지마의 오키나와현 관할소속 결정과 국표건설을 인정하는 안건을 결정. 1월21일 오키나와현 지사에게 지시.

1896년3월5일 칙령13호에 의해 군제(郡制)의 오키나와현을 공포. 4월1일시행. 오키나와 지사는 조어제도를 야에야마군(八重山郡)에 편입하고 우오츠리지마, 쿠바지마, 남소도, 북소도를 국유토지로 결정.

4. 일본의 편입조치

내각회의의 결정에 의해 1895년1월4일에 국내법상의 행정조치가 취하여 졌고 그 다음해인 1896년3월5일의 칙령13호에 의해 4월1일 조어제도는 야에야마군(八重山郡)에 편입되었다.

1908년에 오키나와현 도서특별정촌제(島嶼特別町村制)가 시행되어 조어제도는 八重山村字登野城番地로 되였으며 1914년 야에야마(八重山)村의 이시가끼(石垣), 다하마(大浜), 다게도미(竹富), 요나구니(興那國) 등 네 곳의 분할로 인해 조어제도는 야에야마군(八重山郡) 이시가끼(石垣)村에 편입되었다.

이에 관하여 일본학자 다가하시 쇼오고로(高橋庄五郎)는 "칙령13호는 오키나와현의 일방적인 행위일 뿐 국내법상의 조치도 아니고 국제법상의 행위도 아니다"라고 주장하고 있다. 이에 대해 우라노 다츠오(浦野起央)는 "그것은 중앙의 지도에 의한 정부의 실효적 행위라고 보아야 할 것이다"라고 반론하고 있다.

경과:

1895년1월14일 내각회의는 쿠바지마, 우오츠리지마의 오키나와현 관할소속 결정과 국표건설을 인정하는 안건을 결정. 1월21일 오키나와현 지사에게 지시.

1896년3월5일 칙령13호에 의해 군제(郡制)의 오키나와현을 공포. 4월1일시행. 오키나와 지사는 조어제도를 야에야마군에 편입하고 우오츠리지마, 쿠바지마, 남소도, 북소도를 국유토지로 결정.

동년7월14일 오키나와현 토지정리사무국 관제(官制)를 공포.

동년12월21일 오키나와현 마기리도(間切島) 규정(規程)을 공포.

동년12월 토지정리조사회의가 조사에 착수.

1901년 5월 임시 오키나와토지정리사무국이 조어제도에 대한 현지조사를 실시. 1903년10월21일에 완료.

1902년12월 오키나와현이 조어제도를 다하마마기리(大浜間切)로 결정.

1903년1월1일 미야코(宮古)와 야에야마(八重山)에 토지면적조례와 국세징수법가 공포됨.

1908년 오키나와현 도서특별정촌제(島嶼特別町村制)의 실시로 八重山村字登野城番地로 변경.

동년7월13일 구마모토(熊本) 영림국(營林局)이 조어제도 4개 섬의 국유삼림장부를 오키나와현으로부터 넘겨받다.

1914년 야에야마(八重山)촌의 이시가끼(石垣), 다하마(大浜), 다게도미(竹富), 요나구니(與那國) 등 네 곳의 분할로 인해 조어제도는 이시가끼(石垣)村에 편입.

1921년 7월25일 쿠메아카지마를 일본국유토지로 지정.

5. 일본인의 개척

1884년이후에 있어서의 코가 타츠시로(古賀辰四郎)에 의한 우오츠리지마 등에 대한 개척과 함께 근해에서의 어업활동도 왕성해졌다. 이러한 사실들로부터 야에야마(八重山)섬 사무소는 단속의 필요성이 발생하였고 관할을 맡은 오키나와현 지사가 내무경에게 조어제도 소속결정을 요구하여 왔지만 그 회답은 1895년1월이 되어서야 있었다.

우오츠리지마, 쿠바지마, 남북소도 등 4개 섬은 코가 타츠시로우(古賀辰四郎)가 1896년9월에 정부로부터 임대받은 상태였지만 그 이듬해인 1897년 그는 개척에 착수하였고 코가무라(古賀村)가 생겼다. 그곳의 사업으로는 깃털채집사업이 1912년까지였고 인광석(燐鉱石)채취사업이 1916년까지였으며 어업이 1940쯤까지 각기 지속되어왔다. 전시(戰時)에 있어서의 식양사정 등의 악화로 이상의 사업은 중단되었다.

1918년8월15일에 코가 타츠시로우가 사망되고 그 사업은 시시 코가젠지(嗣子古賀善次)에게 넘어갔다. 코가는 1932년3월 국유토지인 4개섬을 국가로부터 매도받아 현재까지 이르고 있다.

그밖에 코가 타츠시로우는 조어제도 개척에 공을 세운 사람으로 인정받아 1909년2월22일에 蘭綬褒賞을 받았다.

경과:

1884년 코가 타츠시로우가 조어제도에서 어업, 자라포획, 조개류채집, 아호우도리 깃털채집 등을 진행했다.

1890년5월3-20일 코가 타츠시로우가 永康丸로 탐사를 진행.

1891년 이자와 야키타(伊澤矢喜太)가 우오츠리지마, 쿠바지마에서 해산물과 아호우도리의 깃털을 채집.

1893년 나가이 키에몬다(永井喜右衛門太)와 마츠므라 히토시스께(松村仁之助)가 황미서에서 아호우도리의 깃털을 채집.

1893년 이자와 야키타(伊澤矢喜太)가 조어제도에 상륙. 귀로도중 태풍을 만나 복주(福州)에 도착.

1893년 노다 마사시(野田正)가 우오츠리지마와 쿠바지마로 향했지만 상륙에 실패.

1895년1월14일 내각회의는 쿠바지마, 우오츠리지마의 오키나와현 관할소속 결정과 국표건설을 인정하는 안건을 결정. 1월21일 오키나와현 지사에게 지시.

동년6월14일 코가 타츠시로우가 네 섬에 대한 차용원서(임대자원서)를 제출.

1896년9월 정부가 코가 타츠시로우에게 네 섬의 30년간 무료차용 허가를 부여.

1897년 코가 타츠시로우는 須磨丸로 개발에 착수.

1909년2월22일 조어제도 개발의 공적(功績)으로 코가 타츠시로우에게 蘭綬褒賞을 수여.

1918년8월15일 코가 타츠시로우가 사망. 코가젠지(古賀善次)가 사업을 계승.

1926년9월 코가젠지가 네 섬에 대해 유료차용(유료임대제)형태로 바꿈.

1932년 코가젠지가 국유토지 4개 섬의 민영화를 신청. 3월31일 정부의 인정을 받음.

1978년3월5일 코가젠지가 사망. 그의 안해 하나꼬(花子)가 구니하라구니오끼(栗原國起)에로의 유산계승을 확인.

동년4월 코가 하나꼬(古賀花子)는 우오츠리지마를 구니하라구니오끼(栗原國起)에게 양도.

1988년1월1일 코가 하나꼬가 사망. 유언으로 구니하라구니오끼가 유산을 계승.

동년9월8일 구니하라구니오끼가 那覇에 코가협회를 설립.

1996년1월19일 코가협회가 코가부자(古賀父子)의 업적을 기념하여 「古賀辰四郞尖閣列島開拓記念碑」를 건립.

6. 일본의 실제적지배

1895년1월 조어제도는 일본영토에 편입되고 네개의 섬은 1902년 오키나와현 토지정리국의 정리사업을 통해 大浜間切登野城村으로 되였으며 아래와 같은 번지들이 설정되었다.

　　南小島　登野城村　2390번지

　　北小島　登野城村　2391번지

　　魚釣島　登野城村　2392번지

　　久場島　登野城村　2393번지

　이상 4개섬은 코가 타츠시로우가 1896년에 정부로부터 임대 받았

었는데 그 이듬해인 1897년에 개척에 착수하여 코가무라(古賀村)가
생겼다. 그곳에서의 사업은 1940년까지 지속되었다.

1908년7월13일 구마모토(熊本) 영림국은 조어제도 4개 섬의 국유
삼림 장부를 오키나와현으로부터 넘겨받았다.

1940년2월6일에 대일본항공의 연락편(福岡-那覇-臺灣라인)이 조어
도에 불시 착륙했다. 이 때문에 야에야마(八重山) 경찰서에서 경찰
관 13명이 파견되었다.

경과:

1901년5월 임시 오키나와현 토지정리사무국이 센카쿠제도(釣魚諸
島)에 대해 현지조사를 진행.

1902년12월 오키나와현이 조어제도를 大浜間切登野城村으로 결정.

1907년8월19일 후쿠오카(福岡) 광산감독서(鑛山監督署)가 코가 타
츠시로우에게 조어제도에서의 인광(燐鑛) 채굴 신청을 허가.

1908년7월13일 구마모토 영림국이 조어제도 4개 섬의 국유삼림 장
부를 오키나와현으로부터 넘겨받다.

1921년 7월25일 쿠메아카지마를 일본국유토지로 지정.

1940년2월6일에 대일본항공의 연락편(福岡-那覇-臺灣라인)이 조어도
에 불시 착륙.

7. 조어도 중국인 피난사건

1919년 중국 복건성 어민 31명이 조어도에서 조난당했다. 조어도
에서 활동 중이던 코가젠지가가 그들을 구제하고 중국에 송환하였

다.

이에 대해 1920년5월20일 나가사키(長崎)주재(駐在) 중국영사 풍면(馮冕)이 이시가키무라(石垣村) 촌장(村長) 토요카와 젠사(豊川善佐)와 코가젠지에게 감사표을 보냈다. 감사표에는 "日本帝國沖繩縣八重山郡尖閣列島內和洋島"라고 하였다. 와양도(和洋島)는 조어도로 추정된다.

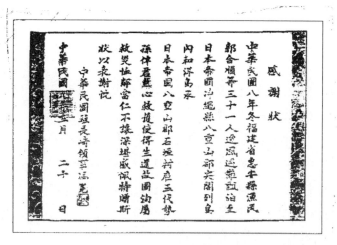

중국영사의 감사표 1920년.

경과:

1919년 중국 복건성 어민 31명이 조어도에서 조난. 코가젠지가 구조하고 중국에 송환.

1920년5월20일 나가사키 주재 중국영사 풍면이 이시가키무라 촌장 토요카와 젠사와 코가젠지에게 감사표을 보냄.

8. 이시가키정민(石垣町民) 조어도 조난사건

1940년2월 대일본항공기의 조어제도 불시 착륙 사건에 이어, 1945년6월30일 대만으로 피난도중이던 이시가키정민 180명이 미군 전투기의 총격으로 조어도에 표착하고 8월13일 구출되었다. 조어도는 전시임에도 불과하고 정부의 통제가 미치고 있었었다.

경과:
1945년6월30일 대만으로 피난도중이던 이시가키정민 180명이 미군 전투기의 총격으로 조어도에 표착.

제5절 미군의 조어제도에 대한 통치

1. 류구렬도의 지리적 경계

1945년4월 미군은 남서제도(南西諸島)를 점령했지만 1946년1월29일의 유엔 최고사영부 각서(覺書)에 의하여 북위30도이남의 제도는 일본의 행정관할구역 밖의 부분으로 정해지고 조어제도도 그중에 포함되어 있었다.

1950년9월1일에 시행한 군도조직법(群島組織法)에 의하면 미야코지마(宮古島) 군도(群島)에는 大正島(즉 久米赤島=赤尾嶼)가 포함되고 야에야마(八重山)군도에는 다른 여러 섬들이 포함되어 있다. 동법 제1조는 다음과 같이 규정하고 있다.

A. 아마미군도(奄美群島)는 왼쪽경계선내의 섬 및 썰물선으로부터 삼해리의 수역을 망라한다.

B. 오키나와군도는 왼쪽경계선내의 섬 및 썰물선으로부터 삼해리의 수역을 포함한다.

C. 미야코(宮古)군도는 왼쪽경계선내의 섬 및 썰물선으로부터 삼해리의 수역을 포함한다.

북위27도 동경124도2분을 기점으로

북위24도 동경144도20분,

북위24도 동경128도 점을 거쳐 기점에 도달한다.

D. 야에야마(八重山)군도는 왼쪽경계선내의 섬 및 썰물선으로부터 삼해리의 수역을 포함한다

북위27도 동경124도2분을 기점으로

북위24도 동경122도의 점,

북위24도 동경124도40분의 점을 거쳐 기점에 도달한다.

1952년4월1일 아마미(奄美), 오키나와, 미야코(宮古), 야에야마(八重山) 등 네개 군도가 통합된 류구정부가 설립되었다.

1952년의 류구정보장전(琉球政府章典)에서는 정치적 지리적 관할 구역을 제1조에서 아래와 같이 규정하고 있다.

북위28도 동경124도40분을 기점으로

북위24도 동경122도의 점,

북위24도 동경133도의 짐, …… 점을 거쳐 기점에 도달한다.

아마미군도(奄美群島)는 1951년 평화조약에 따라 1953년12월25일
에 분리되어 일본에 반환되었다. 이에 따라 1953년12월19일 일미
민정부(日米民政府)는 류구렬도의 지리적경계선을 재지정하고 12월
24일부터 시행하였다. 그 제1조에서는 관할구역을 아래와 같이 재
지정하였다.

북위28도 동경124도40분을 기점으로
북위24도 동경122도의 점,
북위24도 동경133도의 점을 거쳐 기점에 이른다.

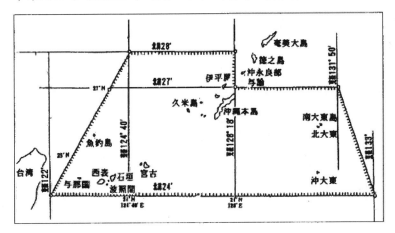

1953년의 류구렬도 지리적경계선 (출처: 浦野起央,
尖閣諸島 · 琉球 · 中国,三和書籍, 2005年,142쪽.)

경과:
1945년4월1일 미군이 오키나와에 상륙.
동년4월5일 오키나와의 행정권 사법권 정지.

동년5월3일 미군이 수리성(首里城)을 점령.

동년6월23일 군사영관 牛島満 中将과 오키나와현 지사 시마다에이(島田叡)가 자결.

동년6월23일 미군이 쿠메지마에 상륙.

동년6월30일 미군의 소탕작전종료.

동년7월 미해군정부포고에서 일본정부의 주민행정권 정지.

동년9월29일 미해군군정부가 미육군정부의 조직 및 운영수속을 명령.

동년10월1일 미해군군정부가 군정지역설립(軍政地域設立)을 명령.

1946년1월29일 GHQ가 북위30도이남의 남서제도에 대하여 일본으로부터의 분리를 명령.

1950년8월4일 미군정부가 군도조직법을 공포. 9월1일 시행.

1952년2월29일 미국민정부가 류구정부장전을 공포 시행.

1953년1월7일 미국민정부가 류구렬도 출입국관리영을 공포 및 실시.

동년12월19일 미국민정부가 류구렬도의 지리적경계을 재지정하고 11월24일부터 시행.

1954년2월11일 미국민정부가 개정한 류구렬도 출입국관리영을 공포. 2월15일 시행.

1957년6월5일 미국민정부가 류구렬도 행정관리명령을 공포.

1960년7월12일 미국이 물가(price)법을 제정.

1970년5월15일 오키나와반환협정 조인. 1972년5월15일에 효력 발생.

동년9월10일 미국 국무성 보도관 마크로스키가 남서제도에는 조어제도도 포함된다고 설명.

2. 미군의 실제적지배

1951년12월19일 미민정부(美民政府)는 류구렬도의 지리적경계을 재지정하고 11월24일부터 소급(遡及)시행한다고 결정했다. 같은 해 쿠바지마와 다이쇼우지마(大正島=久米赤島=赤尾嶼)는 미군 실탄연습장으로 지정되고 특히 쿠바지마는 특별연습지역(永久危險區域)으로 지정되었다. 다이쇼우지마에 대해서는 1958년7월1일 미 군정부가 섬의 소유자 코가젠지와 기본토지임대계약을 맺었다.

한편 조어제도를 관할하고 있던 이시가키시는 1961년4월11일 고정재산세에 대한 현지조사를 진행했다. 류구정부는 조어제도에 대한 미민정부의 지시하에 그 순시(巡視)와 출입에 관해 경고를 발하며 실효적지배를 유지했다.

경과:
1951년 쿠바지마와 다이쇼우지마를 미군실탄연습장으로 지정.
동년3월19일 미민정부가 류구렬도의 지리적경계를 재지정. 11월24일부터 소급시행.
1958년7월1일 다이쇼우지마의 미군용지대여에 관해 미민정부가 코가젠지와 기본토지임대계약을 체결.
1961년4월11일 이시가키시가 고정재산세납부에 관해 현지조사를 진행.
1968년9월3일, 10월21일, 1969년3월28일, 1970년1월29 경고판 설치에 관해 미국과 류구정부간에 서신이 오고 감.

1970년7월7일부터 7월16일까지 조어도에 2개, 쿠바지마에 2개, 다이쇼우지마에 1개, 북소도에 1개, 남소도에 1개의 경고판을 설치.

3. 대만인의 조어제도 진출

1950년이후 조어제도의 해역에서 대만어선의 활동이 왕성했지만 대만인은 조어제도를 외해(外海)의 무인도라고 해석하고 있었다.

1968년8월 류구정부 출입국관리청의 조사로 남소도에서의 사루베지 (salvage 침몰된 배를 건져내는 작업)해체작업이 판명되었다. 이 작업에서는 노동자 4-5명이 대만 경비사영부의 출입국허가서를 소지하고 있었지만 류구정부는 그들에 대해 불법입경자로 보고 철거를 권고했다. 그 후 작업종사자는 대만주재 미국대사관을 통해 류구고등변무관(琉球高等弁務官)의 허가를 받아 입역(入域)했다. 대만 경비사영부의 출입국허가서를 소지하고 있던 책임자는 소유의 해체허가서는 체신성(遞信省)이 발급한 것으로 해체현장은 위도만으로 표시됐고 작업현장은 「기륭외해(基隆外海)」라고 주장했다. 게다가 그 책임자는 기륭항만국(基隆港灣局)의 출항허가서를 소지하고 있었다.

동허가서에는 국명 지명 기록란이 공백으로 되어 있었고 그 장소는 구체적으로 씌어 있지 않았다.

그들은 퇴각명령에 의해 일시적으로 대만에 돌아간 후 류구정부 허락하에 1969년10월31일까지 머무는 조건으로 남소도에 다시 상륙하여 작업을 진행했다.

다음으로 1970년7월 대만선박 대통호(大通號)에 의한 쿠바지마에서의 화물선 해성(海生)2호 스크랩(scrap폐금속회수) 작업사건이 판명되었다. 이 사건에서 작업자는 대통호의 출항허가서를 소지하고 있었지만 일본에의 입국허가서는 갖고 있지 않았었다. 출항허가서는 목적지를 무인도로 하였으며 1968년의 경우와 마찬가지로 국명, 지명은 공백이였었다.

이에 관해 우라노 다츠오는 다음과 같은 견해를 밝히고 있다. "다만 이 공백이 곧바로 대만당국이 쿠바지마를 귀속 미정의 무인도로 취급하고 있었다는 것을 의미하지는 않는다." "이상의 사건이 조어제도에 대한 대만의 지배를 의미하는 것은 아니다. 한편, 입역허가서(入域許可書)의 발급은 해당국의 주권행사라고 하지만 그 대상은 명기되어 있지 않기 때문에 이 대목에서는 다만 자국내에서만의 권력행사일뿐이다." "이 시각에서 볼 때 조어제도는 미민정부의 실제적 지배하에 있었다."

경과:
1968년3월 태풍으로 대만 화물선이 쿠바지마에 침몰. 대만인이 해체작업에 종사.
1968년6월 남소도에서 사루베지(salvage)회사 홍남공정소(興南工程所)(1968년3월12일 대만이 허가)가 파나마선적 시루바피크호(만톤)의 해체작업을 진행.
1969년8월2일 류구정부가 남소도의 사루베지(salvage)활동을 확인. 입국허가서가 없기에 홍남공정소에 대해 철거명령을 내림.
동년8월30일 사루베지(salvage)회사가 주대만미국대사관으로부터 입역허가를 취득 (허가증의 유효기한은 1969년10월31일까지).

1970년7월11일 류구정부가 쿠바지마에서의 해체작업을 확인.

4. 조어제도에서의 일본선박 총격사건

1955년3월2일 일본신박 第三淸德丸이 국적불명의 선박으로부터 총격을 받아 3명이 행방불명으로 되었다. 이 사건에 관련해 대만당국은 류구선박이 조어대해역(釣魚臺海域)에 침입하였기에 발생한 일이라 하고 있으며 대만선박의 폭격을 받은 것은 당연한 일이라고 지적하였다는 보도가 있었다.

이 사건에 대해 류구정부는 대만에 의한 침범행위라고 판단했지만 대외적으로는 충분한 조치가 없이 끝났다.

이에 관해 우라노 다츠오는 "이러한 사건의 발생은 대만으로서는 조어대도서일대는 외해이지만 어업 등에서 볼 수 있는바와 같이 자신의 생활권으로 판단하여 행동하였기에 발생한 것에 그 원인이 있었다고 생각된다"고 밝히고 있다.

경과:
1955년3월2일 일본선박 第三淸德丸을 국적불명의 선박이 총격.
동년3월5일 류구립법원이 미민정부 일본정부 및 유엔에 대해 사건의 조사를 청구하는 결의안 채택.
동년10월28일 류구정부가 피해자에게 위로금 지불.

5. 조어제도에 대한 학술조사

비록 미군의 관할하에 있었지만 일본측은 조어제도에 대한 일련의 학술조사를 진행해왔으며 그 조사내용은 지질, 자원, 생물상(生物相) 등 각 방면이 망라되었다.

경과:

1950년3월28일-4월9일 류구대학이 곤충분포 등 생태학술조사를 진행.

1952년3월27일-4월28일 류구대학이 제2차 생물상·자원조사를 진행.

1953년7월27일-11일 류구대학이 제3차 생물상·자원조사를 진행.

1963년5월15일-21일 류구대학이 제4차 해조(海鳥)·식물생태·해양기상조사를 진행.

1968년 7월6일-10일 총리부학술조사단·류구대학·류구정부가 합동으로 지하자원·수질·해조·식물생태조사를 진행.

1969년5월30일-7월18일 총리부 제1차 학술조사단이 해저지질조사를 진행.

1970년5월25일-6월27일 총리부 제2차 학술조사단이 해저지질조사를 진행.

동년9월28일 류구대학이 제5차학술조사를 진행. 30일 기상조건의 악화로 조사중지.

동년11월29일-12월12일 큐슈(九州)대학·나가사키(長崎)대학 탐사부 합동조사단이 지질·생물상·해조·수산곤충류조사를 진행.

1971년3월31일-4월8일 류구대학 종합학술조사단이 식물·해조·지질·해양동물조사를 진행.

1979년6월7일 조어제도 학술조사 완료.

6. 조어제도의 석유, 천연가스개발

나하(那覇)에 살고있는 오오미샤 츠네코토브키 (大見謝恒壽)는1961년부터 오키나와·미야코(宮古)·야에야마(八重山)주변해역의 석유·천연가스에 대한 조사를 해왔고 1969년2월2일-3일에 조어제도 주변해역에서의 광업권 5219건을 신청하였으며 12월에는 조어제도 대륙붕에 있어서의 석유광상(石油鑛床) 설명서를 제출했다. 일본정부도 조사활동을 진행해왔으며 이는 1962년이래 석유광상 조사동향을 반영하고 있다. 또한 ECAFE도 이 해역에서 조사를 진행해왔으며 1968년에 보고서를 제출했다.

그 후 중국과 대만이 조어제도에 대해 영유권을 주장하게 되었다.

경과:

1961년 나하에 살고있는 오오미샤 츠네코토브키가 오키나와·미야코·야에야마 주변해역의 석유, 천연가스를 조사.

1962년6월 도카이대학(東海大學) 교수 아라노 히로이(新野弘)가 논문「중국동해와 조선해협의 해저지층 및 석유의 전망」을 발표.

1968년7월6일-10일 총리부파견조사단이 조어제도의 조어도를 조사.

동년10월 ECAFE 아시아해역연안 해저광물자원 공동조사위원회(CC

OP)가 조어제도 해역을 포함한 동해 해역에서 해저를 조사. 이듬해 5월에 조사보고를 제기.

1969년2월2일-3일 오오미샤 츠네코토브키가 조어제도 주변해역에 대한 광업권 5219건을 신청.

동년5월30일-7월18일 총리부가 제1차 조어제도 주변해역 지질조사단(단장 新野弘)을 파견. 조어제도 해역에 대해 지질조사를 진행. 8월28일 조사보고를 제기.

동년7월17일 대만당국이 대만해안에 인접한 영해밖의 대륙붕에 존재하는 천연자원에 대한 주권행사를 성명.

1970년5월25일-6월27일 총리부가 제2차 조어제도 주변해저지역 조사단(단장 新野弘)을 파견. 8월20일 조사보고를 제기.

7. 조어제도에 대한 순시(巡視)

1950년부터 대만인 어민들의 조어제도 해역에서의 작업이 눈에 띄기 시작했으며 게다가 1968년부터 대만인노동자들이 조어제도에 상륙하여 침몰된 배들의 해체작업에 종사하게 되었다.

이러한 대만인들의 입역사건(入域事件)으로 1968년이후 미류구정부는 조어제도에로의 불법입역에 대해 경고판을 설치하는 등의 조치를 취했다.

그리고 1970년7월 미민정부는 군용항공기에 의한 초계행동(哨戒行動), 경찰관·보트에 의한 순시, 불법 입경자에 대한 경고판의 설치 등의 조치를 취했다. 동시에 류구정부는 순시정(巡視艇)에 의한 매달 1차의 정기적인 순시를 실시해 불법상륙자에 대해 검거하고 불법작업의 어선에 퇴각명령을 내리는 등의 단속을 진행하였다.

경과:

1970년6월 류구정부가 쿠바지마에서 순검을 진행, 불법입역자 14명에 퇴각명령을 내림.

동년7월7일-16일 미민정부가 불법입역자에 대한 다섯 개의 경고판을 설치.

동년7월9일 류구정부가 조어도에 상륙한 대만인 어민과 황미서에서 활동중인 대만인에 대해 퇴각명령을 내림.

동년9월15일 순시정이 조어도에 계양되어 있던 중화민국의 靑天白日滿地旗를 철거하고 미민정부와 류구정부의 지시하에 취득물로 간주하여 이시가키지마에 가져옴.

1972년4월11일-12일 류구경찰서 야에야마서(八重山署)가 조어제도의 해상순시를 진행하고 작업 중인 대만선박에 대해 영해 밖으로의 철거를 명령.

1976년7월8일-9일 해상보안청 순시선 나에야마가 비밀어업 단속을 진행.

1978년4월14일 무장한 중국선단(中國船團)의 영해 침범.

8. 이시가키시(石垣市)의 행정조치

조어제도는 이시가키시(石垣市) 관할구역이였으며 1961년4월11일 이시가키시는 토지임대안정법에 따라 토지등급을 지정하기 위해 관계자 11명을 조어제도에 파견했었다.

또한 이시가키시 시장 이하의 관계자들이 1969년5월9일 조어제도의 행정관할을 표시하는 표적설치를 위해 위험하고 쉽게 상륙할 수 없는 충남암, 충북암 및 비뢰를 제외한 조어도, 황미서, 적미서, 남소도, 북소도 등 다섯 개 섬에 콘크리트로 만든 표주를 설치했다. 그때 충남암, 충북암, 비뢰도, 조어도, 황미서, 적미서, 남소도, 북소도등 8개 섬에 대리석으로 만든 표주를 세웠다.

경과:
1961년4월11일 행정관할의 이시가키시가 고정재산세를 위한 현지조사를 진행.
1969년5월9일 이시가키시 시장 이하가 다섯 개 섬에 행정관할구역을 표시하는 표주를 설치.
1996년8월23일 이시가키시 의회 의장 이시가키 무네마사(石垣宗正) 등이 북소도, 조어도를 답사.

9. 오키나와 반환협정을 둘러싼 혼란

1971년6월 오키나와반환협정 조인을 앞두고 줄곧 주목되어 왔던 동해 석유자원을 둘러싸고 1969년7월이래 중국, 대만은 조어제도에 대해 영유권을 주장하게 되었다.
대만은 1970년7월에 조어제도 해역에서의 석유탐사에 착수하였다.
당시 대만의 입장은 다음과 같았다.
① 조어제도는 대만대륙붕의 한부분이다.

② 조어제도는 예로부터 대만의 한부분이다.

③ 조어제도는 워낙 포츠담선언에 의해 대만에 반환되어야 할 것
 이었다.

이러한 대만의 주장은 반환당사자인 미국으로서는 인정하지 않았
으며 센카쿠열도를 포함한 류구릴도 전역이 일본에 반환되었다. 이
에 대해 대만의 항의 행동이 전개되었다.

이러한 대만의 항의에 대해 중국은 지지하였으며 일본, 미국의
조치를 비판하였다.

한편으로 대륙붕개발을 둘러싸고 대만당국은 일(日)·한(韓)·대
(臺) 3국 민간 차원에서의 협력에 의한 개발에 동의하였다. 이 일
은 중국의 엄정한 비판을 초래했다.

경과:

1969년7월17일 대만당국이 대만해협에 인접한 영해외의 대륙붕에
존재하는 천연자원에 대한 주권행사를 표명.

1970년7월 대만당국이 pacific gulf회사에 석유탐사권을 허가. 8월7
일 pacific gulf회사가 지질탐사착수를 성명.

동년8월10일 愛知撥一外相이 참의원 오키나와 및 북방영토 특별위
원회에서 대만의 석유 개발 조치는 무효라고 언급.

동년8월21일 대만당국 입법원이 대륙붕조약을 비준. 대륙붕한계규
정을 결정.

동년8월25일 대만당국 입법원이 조어제도 주변해역 석유자원 탐사
조례를 채택.

동년8월27일 중화민국국민대회대표 전국련의회(聯誼會)가 조어도의

대만영유를 주장하는 결의를 채택.

동년8월30일 〈대만신생보(新生報)〉가 "조어제도 부근의 대륙붕은 우리나라 주권에 속한다"는 사론을 발표.

동년8월31일 류구립법원이 조어제도의 영토방위 요청결의를 채택. 일본·미국 두정부에 요청.

동년9월2일 대만 수산실험소의 海憲丸 선함이 조어도에 青天白日滿地紅旗를 꽂아 영토권을 주장. 9월15일 류구정부가 일본·미국 정부와 협의한 후 동기발을 철거.

동년9월3일 대만이 동해 해저자원문제를 민간차원에서 협의하는 것에 대해 원칙적으로 동의.

동년9월5일 대만당국 외교부장 위도명(魏道明)이 입법원에서 「조어도등 5섬은 국민정부에 속한다」고 발언.

동년9월10일 류구정부가 조어제도 영유권과 대륙붕자원개발 주권을 주장. 이에 대해 마크로스키 미국국무성 보도관이 「조어제도는 류구의 한 부분」이라고 표명. 류구정부도 이를 확인.

동년9월12일 愛知撥一外相이 중의원 오키나와 및 북방문제 특별위원회에서 「조어제도는 일본영토 오키나와켄의 한 부분」이라고 재확인.

동년9월18일 나하시에 조어제도 석유 등 개발촉진협의회가 설립.

동년9월21일 대만어업 협동조합이 일본해상자위대가 대만어선단의 작업을 방해한다고 항의.

동년9월28일 대만 의란현(宜蘭縣) 기륭시의 어업계가 정부에 조어제도 해역에서 작업하는 어선을 보호할 것을 청구.

동년9월30일 대만당국 성의회(省議會)가 "조어제도는 우리나라 고유영토"라고 주장하는 결의를 채택.

동년10월15일 대만국영의 중국석유공사가 조어도 주변의 석유탐사를 결정. 5대 "해역석유광 보류구(海域石油鑛保留區)"를 설치.

동년10월16일 대만당국이 조어도도서 대륙붕자원의 영유를 주장하는 성명를 발표.

동년10월23일 조어제도의 대륙붕문제로 이타가키 오사무(板垣修) 주대만 일본영사가 신창환(沈昌煥) 대만당국외교부차장과 회담. 일본은 조어제도의 일본귀속을 확인.

동년10월 재미 중국유학생이 일본의 조어제도 영유권주장과 미국의 동조(同調)에 항의하여 "조어대 보위 행동위원회(釣魚臺保衛行動委員會)"를 결성.

동년11월12일 일·한·대 3국연락위원회가 서울에서 개최. 동해 대륙붕석유자원의 공동개발에 합의.

동년12월4일 〈인민일보〉기사 「미국의 지지하에 일본이 조어제도를 일본판도에 넣고 있다」가 "대만에 부속하는 조어도 등의 도서는 대만에 부속한 중국영토이다"라고 주장. 일·한·대 3국 공동개발을 비난.

동년12월21일 일본·한국·대만 3국연합연락위원회의 일환으로 재계인사들로 구성된 해양개발연구연합위원회가 설립. 12월28일〈인민일보〉가 이를 비난.

동년12월24일 중앙석유·美 gulf oil회사의 조어제도 지역에서의 석유탐사는 이미 1800평방키로미터 종료되고 3개월 내에 전부 끝난다고 〈중앙일보〉가 보도.

동년12월29일 〈인민일보〉가 "미·일반동파에 의한 우리나라의 해저자원의 약탈을 절대 용납할 수 없다"는 논평을 발표.

동년12월30일 북경방송이 조어제도는 1556년에 호종헌이 위구(倭寇)토벌총독으로 임명받은 당시 그 방위범위에 있었다는 역사적 기록을 소개.

1971년 1월29일-30일 "조어대 보위 행동위원회"가 워싱턴의 재미일본대사관, 뉴욕·LA·샌프란시스코 각지의 일본총영사관에 항의데모를 진행.

동년2월18일-20일 중국학생이 홍콩의 일본총영사관 문화센터에 데모를 진행하고 항의문서를 제기.

동년2월23일 대만당국 외교부장 위도명이 입법원에서 "조어제도는 역사적 및 지리적 사용실태로부터 보아 중화민국의 영토"라고 표명.

동년2월24일 대만당국이 주대만일본대사 이타가키 오사무(板垣修)에 대해 "조어제도는 지리적으로도 역사적으로도 중국(대만)영토"라고 주장. 일본의 입장을 거부.

동년3월16일 "일본·한국·대만 3국연락위원회 해양개발연구연합위원회"가 민간적측면에서의 조어제도를 포함한 대륙붕공동개발을 협력하여 촉진할 것으로 협의.

동년4월1일 워싱턴에서 화상(華商)과 중국학생 2천5백명이 "조어제도는 중국영토이고 미·일반동파에 의한 침략에 항의"하는 집회·데모를 거행.

동년4월9일 미 국무성 보도관 푸레이가 사태의 혼란으로 4월8일 조어제도 해역에서의 석유개발은 바람직하지 않았다고 pacific gulf 회사에 개발중지를 요구하였다고 발표.

동년4월10일 대만당국 외교부가 "조어도는 우리영토의 한 부분으로서 미군시정종료의 시점에서 응당 우리나라에 반환되어야한다"고 주장.

동년4월10일-20일 워싱턴에서 주미 일본대사관을 향해 중국유학생이 항의 데모를 거행. 이 데모에 관해 중국국민당기관지 〈중앙일보〉 사론이 학생들은 학업에 전념할 것을 지적

동년4월11일 신화사(新華社)가 오키나와반환문제에 대해 "일본이 중국영토의 침범준비"라고 보도.

동년4월20일 대만당국 외교부가 조어제도의 주권성명을 발표.

동년4월21일 대만당국 외교부장 주서해(周書楷)가 국립대만대학에서 "정부는 조어도 등의 주권을 주장하며 절대로 물러서지 않을 것을 확신한다"고 연설.

동년5월1일 〈인민일보〉가 "중국의 영토주권에 대한 침범은 용납할 수 없다"는 논평을 발표.

동년5월23일 〈뉴욕 타임즈〉에 조어도를 오키나와와 함께 일본에 반환하지 않을 것을 요구하는 광고를 실음.

동년6월11일 대만당국외교부가 6월17일 조인예정인 오키나와 반환협정에는 조어제도를 반환구역에 포함하고 있다고 항의성명을 발표.

동년6월16일 타이베이에 "조어대 보위 위원회"가 성립. 일본대사관에 항의데모를 거행.

동년6월17일 오키나와반환협정 조인

동년6월17일 푸레이 미국무성 보도관이 "조어제도가 일본에 반환되어도 대만의 입장은 조금도 손상받지 않는다"고 발언.

동년6월17일 타이베이에서 국립대만대학생이 항의데모를 거행. 일본정부에 항의서 제출. 전국동포에 알리는 글을 채택.

동년6월29일 대만당국 군부가 조어도 주변해역을 3시간 반에 거쳐 순시. 7월1일 공식발표.

동년7월7일 홍콩빅토리아공원에서 홍콩학생연합회의 약 500명이 데모를 거행. 대표2명이 홍콩주재일본총영사관에 항의문서 제출.

동년7월20일 사토우 에이사크(佐藤榮作)수상이 참의원 본회의에서 조어제도의 일본영유권을 확인. 그 영유권은 대륙붕문제와는 다른 문제로서 후자에 관해서는 관계국가와 협의한다고 답변.

동년8월22일 홍콩대학에서 일본의 조어도 영유에 항의하는 집회를 거행.

동년9월18일 홍콩에서 중국청년 약1000명이 "일본제국주의 조어도 침범반대" 데모를 거행.

동년12월7일 북경방송이 "조어도 등 여러 섬은 중국의 신성한 영토"라고 주장.

동년12월12일 정부가 "일본사회당"의 질문에 대해 "조어제도는 일본영토"라고 통일적인 견해를 발표.

동년12월15 佐藤首相·후쿠타 타케오(福田赳夫)외상(外相)이 조어제도 문제에 관해 ①조어제도는 우리나라의 영토, ②주변의 대륙붕에 관해서는 관계국가와 협의한다는 방침을 표명.

동년12월30일 중국외교부가 중국의 조어도에 대한 권리를 주장하고 "중국은 대만을 해방하여 조어도 등의 대만영토를 해방할 것이다"고 성명.

1972년 1월13일 〈인민일보〉가 1971년12월30일 일중외교부성명을 확인하는 보도를 실음.

동년2일10일 대만당국이 조어도 등의 도서를 대만성 의란현(宜蘭縣)의 관할범위에 편입한다고 2월11일 〈중앙일보〉가 보도.

동년2월17일 일본이 대만당국의 2월10일의 편입조치에 엄정한 항의를 제출.

동년3월3일 중국대표 안치원이 유엔해저평화이용위원회에서 일본의 조어도 등 도서의 불법점령을 지적. 일본대표가 반론. 3월10일 일중대표가 재반론.

동년3월3일 류구립법원이 조어제도의 요청결의에서 조어제도에 대한 일본의 영토주권을 확인.

동년3월7일 "일본국제무역촉진협회" 정기회원총회가 "조어제도를 중국으로부터 훔치는 책동에 반대하고 영유권문제의 정확한 의해를 깊이 하는" 계획을 채택.

동년3월8일 후쿠타 타케오(福田赴夫)외상(外相)이 중의원 오키나와 · 북방문제 특별위원회에서 외무성 기본견해 "조어제도의 영유권문제"를 표명.

동년3월21일 1971년 6월17일의 오키나와 반환협정을 비준.

동년3월23일 일본석유개발 공단이 조어제도 대륙붕에서의 해저자원조사에 들어간다고 발표.

동년3월25일 대만국민대회가 "두개의 중국"과 "한 개의 중국, 두개의 정부"에 모두 반대하며 동시에 "조어도 등의 도서는 중화민국의 영토이고 중화민국은 절대 포기하지 않는다"는 선언을 채택.

동년3월 30일 〈인민일보〉가 일본의 기본견해에 반론. 역사적사실은 결코 바꿀 수 있는 것이 아니다라고 지적.

동년4월12일 오키나와현 야에야마(八重山)경찰서의 경라대(警邏隊)가 조어제도 부근에서 작업 중인 대만어선 6척을 발견하고 추적하였으며 영해침범한 두척에 퇴각명령을 내림.

동년4월17일 아라하타 칸손(荒畑寒村)·이노우에 키요시(井上淸)·하니 고로우(羽仁五郎)가 "일제의 조어제도 침범 반대를 위한 그룹"을 결성. "조어제도는 일청전쟁에서 일본이 강달한 것으로 역사적으로 볼 때 중국고유의 영토이다. 우리들은 일본제국주의의 침략을 인정하고 그 침략을 긍정하여서는 아니된다"고 주장.

동년5월2일 일본이 영해12해리, 200해리 어업전문관리수역영을 공포. 6월17일 실행.

동년5월3일 방위청(防衛廳)이 오키나와의 방공식별권(防空識別圈) ADIZ로 오키나와 본도와 함께 조어제도를 포함한 34000평방킬로메트 확대를 결정. 5월10일 공포. 5월15일 실시.

동년5월15일 오키나와 반환협정 효력발생.

동년5월18일 〈인민일보〉가 "일·미양국은 오키나와반환지역에 조어도 등의 도서를 편입시켰다"고 비난.

동년5월20일 중국 유엔대사 황화(黃華)가 유엔 안보이사회 당번의장 Bush(미국)에게 "오키나와 시정반환지역(施政返還地域)에 중국영토인 조어도 등의 도서가 포함되어 있는바 그 관할이전을 중국정부와 인민은 절대 인정하지 않는다"고 통고.

동년5월24일 일본 유엔대사 나카가와 토오루(中川融)가 유엔 안보이사회 당번의장 Bush(미국)에게 조어제도에 대한 일본의 영토주권을 확인한 문서를 제기.

동년7월7일 "일중우호협회 정통본부(日中友好協會正統本部)"가 이른바 조어제도는 중국영토이고 일본정부의 영유권주장은 잘못된 것이라는 견해를 발표. 무주지의 선점은 성립되지 않는다고 지적.

동년9월22일 적미서를 중심으로 반경 5마일 범위의 해역에서 미군이 공지대(空地對) 미사일 AGM12의 투하훈련을 실시하였다고 오키나와 인민당수영 세나가 카메지로우(瀬長龜二郞)가 공표.

10. 방공식별권(防空識別圈) 편입조치

1969년8월 일본주변을 비행하고 있는 항공기의 식별을 편리하게 하기 위하여 방공식별권이 설정되었는바 그 목적은 영공침범을 방지하기 위한데 있었다. 다만 방공식별권은 국제법상 확립된 개념이 아니고 각국이 자국의 안전을 유지하기 위하여 국내조치로 영공(領空)에 인접하는 공해상공에 설정하고 있는 것으로서 영공 또는 영토의 한계 또는 범위를 정한 것은 아니다.

원래 일본의 방공식별권은 미군이 일본의 방공·항공관제(航空管制)를 실시하고 있었던 당시에 설정되었으며 운유성항공국(運輸省航空局)이 1956년 미국의 요청으로 방공식별권내의 비행규정을 제정하고 공개하였다. 일본의 항공관제는 1959년에 미군으로부터 운유성으로 이전되었으며 방위청이 예전의 방공식별권을 답습(踏襲)하여 1969년에 방위청훈영(訓令)으로 정하였다.

1972년의 개정에서 류구 및 주변(조어제도해역)의 항공관제가 일본으로 넘어갔으며 전기(前記)의 방위청훈영이 개정되었다.

그 개정규정제2조는 다음과 같다.

二 외측선(外側線)은 아래의 (1)부터(28)까지의 지점을 순서대로 직선(…)으로 연결한 선으로 한다.

(9)북위28도 동경123도

(10)북위23도 동경123도

(11)북위23도 동경132도……

덧붙여 말하면 조어제도해역이 일미안전보장조약(日美安全保障條約)의 적용지역인 점은 미의회조사국(美議會調査局) 니크슈보고도 인정하고 있다.

이 공역(空域)의 영공침범 사건으로는 1979년11월15일 구쏘련항공기가 조어제도 상공을 침범하였다. 또한 1994년3월25일 대만항공기의 침범사건이 일어났다.

대만은 1992년10월14일 진입제한구역을 설정한 공고를 발표하였는바 대만의 비행정보구의 범위에는 팽가서(彭佳嶼)를 포함하고 있지만 조어제도는 포함하지 않는다. 1996년9월23일의 〈자유시보(自由時報)〉에 "군부가 방공식별구를 동쪽으로 조어도해역까지 포함시킬 것을 요구하였다"는 주장이 있었다.

이와 관련하여 요나구니지마(與那國島)에로의 항공기 착륙을 놓고 보면 대만비행정보구와 일부 중복되고 있었지만 문제는 발생되지 않았다.(1992년10월15일 〈중국시보(中國時報)〉 기사)

방공식별권의 설정은 아래의 그림과 같다.

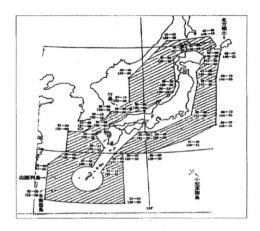

방공식별권(출처: 일본 방위청 자료)

대만비행정보구는 아래의 그림과 같다

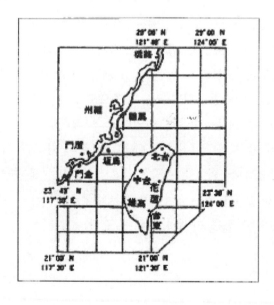

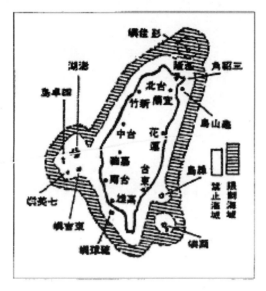

대만비행정보구(출처: 중국시보(中國時報) 1992년10월14일)

경과:

1969년8월29일 방위청훈영으로 방공식별권을 설정.

1972년5월2일 영해12해리 200해리의 어업전문관리수역령을 공포. 6월17일 시행.

동년5월3일 방위청이 오키나와 방공식별권 ADIZ로 오키나와 본도와 함께 조어제도를 포함한 34000평방키로 지역을 결정. 5월10일 실시.

1979년11월15일 쏘련항공기가 조어제도 상공을 침범.

1994년3월25일 대만항공기가 조어제도 상공을 침범.

독도 영유권 문제를 둘러싼 한일 영토 분쟁

김정웅 · 이동철

1990년의 동서독일의 통일과 1991년의 세계 첫 공산권국가인 쏘련의 붕괴 등으로 국제사회는 제2차대전 이후 동서 이대진영의 55년간 존재한 대립이 종식되었다. 국제사회의 미래는 마치 대립과 갈등을 종언하고 자유와 평화의 세계질서가 도래할 것처럼 희망으로 부풀러 있었다. 그러면서도 한편으로는 미리부터 조심스럽게 민족분쟁, 문화충돌, 종교분쟁, 영토분쟁 등의 새로운 지역 간의 갈등과 대립을 우려하는 목소리도 커지고 있다.

동아시아도 예외가 아니였다. 일본은 적지 않은 주변 국가들과 영토분쟁의 씨앗을 남긴 나라이기도 하다. 예를 들면 중국과는 조어도(釣魚島)=센까꾸쇼또(尖閣諸島) 그리고 러시아와는 북방사도(北方四島) 또 한국과는 독도(獨島)=다께시마(竹島)문제를 둘러싸고 2차세계대전이래 크고 작은 충돌들을 빚어내고 있다. 이러한 일중,

일로, 일한 지간의 영토분쟁은 때로는 온화하게 때로는 격렬하게 부딪치면서 동북아시아의 안전과 평화를 위협하는 하나의 불안전한 요소로 남아 있다. 일본과 주변 국가들간의 영토분쟁은 단순히 경계획정을 둘러싼 영토분쟁이 아니라 일본과 주변 국가들간의 정치분제로 비화되고 있다.

특히는 일한간의 독도(獨島)=다께시마(竹島)영유권을 둘러싼 분쟁은 1952년1월부터 시작하여 50여년간 진행되어 오고 있다. 일본과 한국은 독도영유권분쟁을 해결하기 위하여 많은 외교상의 노력을 거듭하여 왔지만 그 어떤 해결방안도 진척되지 않고 있는 상황이다. 양국은 자기의 국익만 추구하고 상대방에게 촌보의 양보도 하지 않고 있다. 독도영유권분쟁에 관한 연구들이 최근에 일본과 한국에서 많이 진행되고 있지만 자기나라의 국익을 최우선으로 하는 연구자세로 하여 연구에서의 객관성과 공정성이 결여되고 있는 실정이다. 일본정부는 독도가 역사적으로도 국제법상에서도 자국의 영토라고 주장하고 있다. 한국정부는 주요하게 역사적인 주장을 하면서 일본의 역사학적 국제법적인 주장과 논쟁을 하고 있다.[6] 역사적으로 자국의 영토라는 것은 옛날부터 일본(한국)의 것이었다라는 의미이다. 이러한 주장을 고증하기 위하여서는 고지도나 고문헌 같은 것으로 입증할 필요가 있다. 국제법이라는 것은 원래 어떠한 법이며 국제법의 어떠한 규칙에 비추어 일본(한국)의 것이라고 말하는 것일까. 또 역사적으로 자국의 영토라고 말하는 것으로도 모자

---

6) 일·한 양국 정부간에는 1950년대로부터 60년대에 걸쳐 자국의 영유근거에 관한 상세한 견해를 첨부한 비망록을 서로 보냈다. 塚本孝志,「竹島領有権をめぐる日韓両国政府の見解」,『レファレンス』617、2002年6月、PP49—70를 참조. 정부견해의 원문은 福原祐二,「竹島/独島問題に関する日韓両国往復外交文書(1952-76)」,『竹島問題に関する調査研究 最終報告書CD資料編』、2007年에 수록되어 있다.

라서 국제법상에서도 말하지 않으면 자국의 영토라고 승인 받을 수 없는 것일까. 본고에서는 이러한 문제의 의식을 가지고 제3자의 공정한 입장에서 냉철하게 독도=다께시마의 역사적 국제법적인 요건을 개관하고 일한양국의 독도=다께시마영유권논리의 噓와實을 밝히려 한다.

제1장 독도(일본명:竹島) 槪況

제1절 독도의 지리적 위치와 자연환경

독도(한국명: 獨島)=다께시마(일본명: 竹島)는 한국과 일본의 중간에 위치하고 있는 섬으로서, 2000m되는 바다 밑에서 솟은 용암이 굳어 형성된 화산도이다. 독도는 동도(한국명: 東島 일본명: 女島)와 서도(한국명: 西島 일본명: 男島)라는 바위섬과 그 주위에 흩어져 있는 총 91개의 크고 작은 섬들로 이루어져 있다. 동도와 서도 사이의 거리는 약 200메터 가양 되고, 그 주변에 몇 개의 암초들이 분산되어 있는데, 동도의 동남쪽방향에 뾰족한 바위섬 하나가 솟아 있어서 멀리서 보면 마치 세 개의 봉우리들로 구성된 듯한 느낌을 준다. 그래서 조선 9대왕 성종(成宗)때 독도를 삼봉도(三峰島)라고 불렀다고 한다. 독도는 전체적으로 볼 때 원추형을 이루고 있다.

독도의 총면적은 18만6.121평방메터이며, 2008년 북경올림픽주체 경기장인 뇨초(鳥巢: 25.8만평방메터)보다도 총면적이 썩 작은 섬이다. 서도의 해발고도는 174m이고 동도는 99,4m이다.

1-1 독도(獨島)=다께시마(竹島)전도[7]

독도는 한국의 동해안 울진군 죽변에서 216.8km, 일본 시마네현
(島根県) 마쯔에(松江)에서 220km 떨어진 일본해(한국에서는 일명
동해라고 함) 가운데에 위치하여 있다. 일본에서 독도와 가장 가까
이에 있는 섬은 오끼제도(隠岐諸島)로서 그 거리가 157.5km이며
대한민국에서 독도와 가장 가까이에 있는 섬은 울릉도로서 그 거리
는 87.4km이다. 독도의 동도는 동경 131도52분10.4초, 북위 37도1
4분26.8초에 자리 잡고 있고, 서도는 동경 131도51분54.6초, 북위
37도14분30.6초에 위치하여 있다.

독도는 암산이며 토양층은 바람의 영향을 받아 표토층이 매우 얇
고 대부분의 토양은 모래 함양이 약 60%인 모래질 토양이며 유기
물함양이 15% 정도인 척박한 토양이다.[8] 주위는 거의 절벽이며 해
변이라 말할 수 있는 것은 겨우 동쪽 섬의 물길을 따라 이어지는

---

7) 출처: 독도연구소 홈페이지에서 인용(http://www.dokdoinkorea.com/)
8) 차종환·신법타·김동인 공저, 『겨레의 섬―독도』, 한국: 도서출판 해조음, 2006년, P22

비좁은 자갈밭뿐이다. 이 좁은 땅에 근대 이후, 계절에 따라 오가
던 어민들이 조그만 집을 세웠지만, 태풍이 오면 물을 뒤집어써 흘
러가 버리기 때문에 항구적인 거주지는 될 수 없었다.

그 외 일시적이지만 사람이 거주할 만한 장소로서는 섬 주위의
절벽에 여러 곳의 동굴이 있지만 파도의 물보라가 날려 들어오는
곳으로 사람이 주거하기에는 적절하지 못한 곳이다. 섬의 위쪽은
여간해서는 기어오르기도 어렵고, 특히 서쪽의 가장 커다란 모든
섬이 거의 60도 정도의 경사를 이루고 있다. 현재 한국측에서 설치
한 등대나 경비소는 동쪽섬 꼭대기의 완만한 부분을 세멘트 등으로
메우고 고정시킨 것이다. 개인의 손으로는 이러한 항구적 시설을
도저히 쉽게 건설할 수 없는 곳이다.

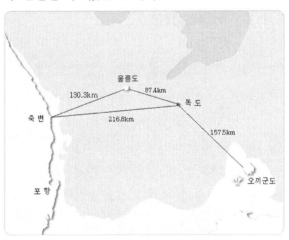

2-1 독도와 한일양국의 거리관계도[9]

독도에 관하여 대한민국에서는 영유권상에 문제가 없다고 주장하

---

9) 출처: 독도연구소 홈페이지에서 인용(http://www.dokdoinkorea.com/)

나 일본에서는 대한민국과 영유권분쟁중에 있으며 1954년 이후로 대한민국이 독도를 불법으로 점령하고 있다고 주장한다. 대한민국 은 독도가 경상북도 울릉군에 속한다고 주장하며, 일본은 시마네현 오끼군에 속한다고 주장한다.

1905년 일본정부가 다께시마에 대하여 국제법적인 무주지선점리 론에 의하여 편입을 실행한 후 1945년8월15일에 일본이 패망하기 에 이르기 까지 다께시마에 대하여 실효적지배를 해왔고 대한민국 성입이래 특히는 1954년에 한국정부가 독도에 대한 무력적인 점유 이래는 대한민국정부가 지금에 이르기 까지 독도에 대한 실효적인 지배를 해오고 있다.

제2절 독도의 기후와 자연자원

(1) 독도의 기후

독도는 년평균기온이 12℃의 해양성기후로 1월 평균기온이 1℃, 그리고 8월의 평균기온이 23℃이다. 년평균강우량은 1.400mm이며 년중 맑은 날수는 47일, 흐린 날수는 168일, 강우 일수는 86일, 안 개일수는 60일 등으로 대부분의 날이 흐린 날씨이다.

독도 주변 근해의 표면 수온은 3~4월이 가장 낮다. 이 시기의 평 균 수온은 섭씨 10℃ 안팎이고 가장 높은 8월에는 섭씨 25도 전후 의 수온을 보인다.

표면층의 염분 농도는 33~34%, 표층 산소양은 1L당 6ml, 투명 도 17~20m에 높은 염분도와 맑은 수역을 형성하고 있다.

울릉도와 독도의 날씨(2003~2007년 평균, 울릉도 기상대 관측)

월	1월	2월	3월	4월	5월	6월	7월	8월	9월	10월	11월	12월
평균 기온	1.82	2.94	5.2	10.62	14.88	19.36	21.6	23.88	19.82	15.66	10.82	4.52
최고 평균 기온	4.88	6.12	9.06	14.7	18.62	23	54.52	27.14	22.84	19.12	14.16	7.44
최저 평균 기온	-0.4	0.44	2.3	7.3	11.68	16.64	19.44	21.58	17.62	13.24	8.38	2.26
강수량 (mm)	94.72	66	86.3	136.5	181.9	148.8	259.1	200.1	277.8	100.1	124.4	155.3

3-1 독도기후표[10]

(2) 독도의 식물상

독도는 화산도로서 암석이 주를 이루고 있어 식물이 자랄 수 있는 토양이 부족하다. 얇고 건조한 토양으로 큰 나무는 자라기 어려우나, 초본류, 관목류가 겨우 자라고 있으며, 한국의 동해(일본해) 해변가나 울릉도 해변가와 비슷한 환경을 이루고 있다.

독도에서 자로고 있는 식물로는 소나무과, 장미과, 노박덩굴과 3종의 나무종류가 보고되고 있으나 찾아보기 힘들 정도로 희귀하게 분포하고, 또 어린 나무로 되어 있어 얼핏 보아서는 나무가 한 그루도 없는 것처럼 보인다. 이런 현상은 장백산 정상부근의 고산식물대에서도 관목이 초본으로 보이는 것과 같다.

풀 종류로는 여뀌과, 명아주과, 비름과, 질경이과, 벼과 등 다수 종이 경사가 다소 완만한 곳에 분포하고 있다. 섬시호와 큰 두루미

10) 출처: 대한민국기상청 2003년-2007년

꽃은 대한민국환경부에서 보호식물로 지정보호하고 있다.

지금까지 조사된 식물의 종류는 나무종류와 풀종류를 합하여 31과 50속 69종 6변종으로 총 79종이 보고 되고 있으나 없어진 종이 있고, 오판된 종도 있을 것이며, 새로 추가된 종이 나타난다고 볼 때, 현재 60여종이 되리라고 본다. 왕포아풀은 독도경비대인원들이 상주하게 되면서 유입된 것으로 추정된다.

선착장 접안시설, 어민대피숙소, 탕방로 정비공사 등으로 생태계 파괴가 우려되고 있다.

토양이 성숙되어 있지 못하고 대륙과 멀리 떨어졌기에 식물 천이(遷移)단계로 보아 초기를 크게 벗어나지 못해 식물상이 빈약하고 식물피복률이 낮은 상태이다.

(3) 독도의 동물상

독도에서 가장 많이 볼 수 있는 조류로 괭이갈매기[11]로부터 시작하여 바다제비, 고니, 흰줄박이오리, 되새, 노랑턱멧새, 알락할미새, 상모솔새, 노랑말도요새, 황조롱이, 슴새, 메추라기, 등 17종 153개체 등이 관찰된바 있다. 이곳에는 올빼미, 소쩍새, 매, 참매, 물수리도 건생하고 있다.

이 새들 가운데 독도를 상징하는 새를 꼽으라고 한다면 괭이갈매기를 꼽을 수 있다. 고양이 울음소리를 내는 이 새는 독도의 봄인 2월 하순에 독도를 찾아와 4월에 알을 낳는다. 이 알은 5월에 부화한다. 그래서 오뉴월이 도면 독도는 괭이갈매기로 뒤덮인다. 번식기에는 괭이갈매기의 천국이 된다.

---

11) 1982년에 "독도 해조류(바다제비·슴새·괭이갈매기)번식지"라는 이름으로 천연기념물로 지정했고, 1999년에 천연보호구역으로 명칭을 바꾸어 동식물 전체의 식생을 관리하게 되었다.

철새들도 때때로 머문다. 갖가지 철새들이 남북으로 오가는 과정에 며칠씩 쉬여가는 주요한 기착지가 되고 있다. 즉 철새들의 중간 휴게소의 역할을 담당하고 있는 셈이다.

독도의 곤충류는 총 9목(目) 26과(科), 37종(種)이나 된다. 곤충류의 특성을 분석해 보면 동양구계(남방계) 곤충은 모두 전체의 50.9%이고 북방계가 39.7%로 해류 및 계절풍의 영향으로 인해 남방계 요소가 높다. 이는 구로시오해류와 쓰시마해류의 이동과 함께 옮겨진 것으로 보여진다.

채집된 곤충으로 왕잠자리, 민집게, 벌레, 왕귀뚜라미, 독도장님노린대, 애멸구, 명아주나무이, 칠성무당벌레, 나방파리, 깔따구, 동양집모기 등이 있다.

독도에 서식하는 자연산 포유류는 없었는데 1973년에 한국경비대 인원들이 본토에서 가져다가 풀어놓은 토끼 10마리가 번식하여 그 수가 매우 많아져 자연환경을 파괴하고 하기에 이르러 생태계를 보존하기 위하여 이들 토끼를 모두 제거했다고 한다. 삽살개는 1998년에 한국삽살개보존회가 기증한 것으로 알려져 있다.

(4) 독도의 수산자원

독도 근해에는 북쪽으로 대화퇴(大和堆)라는 얕은 바다가 있고, 대마도(対馬)난류와 북한(北韓)한류가 교차하는 해역이 형성되어 있다. 그래서 플랑크톤이 넉넉하여 회유성 어족이 풍부하기 때문에 "황금어장"으로 불리우고 있다. 그리고 암초를 중심으로 부근에 서식하는 어류들이 철따라 몰려들어 수산자원이 풍부하다. 특히 흑돔, 개볼락, 조피볼락, 달고기, 오징어, 문어, 방어, 가자미, 가오리,

새우, 소라, 전복, 해삼, 성게 등이 풍부하며, 또한 동해에서만 발견되는 멸치 크기의 미개발 수산물인 앨퉁이는 330만톤으로 추정되어 앞으로 황금어장으로서 수산자원 개발의 가능성이 매우 크다.

주요 어종으로는 오징어, 명태, 대구, 상어, 볼락, 고래, 연어, 송어 등이 있다.

1991년에 있어서의 연간 출어하는 어선의 수는 1천척을 좀 넘으며 어획고는 2만톤을 좀 넘는다. 오징어잡이가 가장 매력적인 것이어서, 오징어잡이가 활발한 6월과 7월에는 오징어잡이배들이 독도 주변 바다에 몰려든다. 오징어잡이는 밤에 집어들(集魚燈)을 켠 채 이뤄지기 때문에 이 무렵 독도의 밤은 대낮 못지않게 밝다고 한다. 괭이갈매기들도 수없이 몰려들어 배우에 잡혀 놓여있는 오징어들을 먹이로 삼기 위해 끊임없이 공격한다.

최근 일본의 시마네현이 추정한 독도주변해역에서의 년간 어획가능추정양은 강치 200두, 전복 20톤, 소라 40톤, 성게와 해삼 약간, 미역 4톤, 우뭇가사리 4톤 정도로 보고 있다.[12]

독도의 주변해역에는 해조류와 해양동물이 많이 서식한다. 한마디로 독도와 그 주변해역은 황금어장으로서 경제적가치가 매우 높다. 단적으로 울릉도민들은 전체 어획양의 60%를 독도의 주변해역에서 거둬들인다고 한다.

(5) 독도의 주변해역의 해저자원

독도는 부근의 대륙붕과 해저에 대해서 아직 정밀한 조사가 이루어지지 않았지만, 독도주변에는 '하이드레이트'[13]라는 천연가스층이

---

12) 차종환·신법타·김동인 공저, 『겨레의 섬-독도』, 한국: 도서출판 해조음, 2006년, P62
13) Gas Hydrates: 메탄이 주성분인 천연가스가 얼음처럼 고체화된 상태.

폭 넓게 존재하는 것으로 알려져 있다. 그 경제적가치는 현단계에서는 정확히 판단하기 어렵다. 하이드레이트는 메탄을 주성분으로 하는 천연가스가 고체화된 상태를 말한다. 이것의 매장양은 가스층으로 이루어진 가스 전 매장양의 수십배에 달한다.

러시아 호치야의 연구소들의 천연가스 하이드레이트가 독도 부근 해저에 분포되어 있다는 보고가 있었다.

또한 일본에서도 울릉도·독도 부근 일대를 천연가스매장지대로 분류하고 있다. 독도의 주변해역에 대한 해저자원조사연구는 앞으로 조사연구의 과제라고 할 수 있다.

한국가스공사와 한국지질자원연구원은 울릉분지해역 수십 곳에 걸쳐 약 6억톤(LNG 환산)의 가스가 매장되어 있는 것으로 추정한다. 이는 대한민국이 앞으로 28년간 사용할 수 있는 양으로서 금액으로 환산하면 1,800억 딸라 이상의 가치를 지닌다. 2004년 대한민국의 천연가스 소비양은 2,180만톤(65억5,000만 딸라, 산업자원부)이었다.

메탄하이드레이트는 녹으면서 물과 메탄가스를 발생시켜 효용가치가 큰 미래의 청정자원으로 주요 선진국의 개발과 연구대상으로 주목받는 자원이다.

(6) 독도의 관광자원과 군사적 요충지로서의 중요성

독도는 동해 한가운데 있는 섬으로써 뛰어난 자연경치를 자랑하고 있다. 부근의 경관이 아름다우며 매우 특수하기 때문에 섬 그 자체가 훌륭한 관광자원이 된다고 볼 수 있다.

독도는 파도와 물흐름의 해식작용에 의하여 생긴 동굴, 해식절벽,

해식대지와 같은 해식지형체들과 기묘한 봉우리, 바위들이 바다와 어울려있어 수려한 자연경치를 펼쳐보이고 있다. 서도에는 독특한 형태의 해식동굴들과 해식절벽, 묘하게 생긴 봉우리들과 바위들이 많다. 대표적인 해식동굴과 봉우리로서는 삼형제굴과 탕건봉을 들 수 있다. 동도에도 독특한 모양의 해식동굴들과 기묘한 바위들이 많은데 대표적으로 천장굴과 독립문바위를 들수 있다.

독도의 해식절벽들은 파도의 해식작용이 강한 서도의 남쪽과 남서쪽이 더 발달되어있다. 독도의 전형적인 해식대지는 서도와 동도 사이의 길이 330m, 너비 150m 구역에 넓게 발달되어있다. 서도와 동도를 중심으로 큰 가재바위, 작은 가재바위, 지네바위, 넓적바위, 군함바위, 닭바위, 출발바위, 코끼리바위 등 수십 개의 바위섬들로 이루어져있는 독도주변수역은 마치 '다도해'를 방불케 한다.

독도는 한국의 가장 동쪽 끝에 있고 동시에 동해(일본해)의 중앙에 있기 때문에 국방상의 극히 중요한 요충지임은 더 말할 필요도 없다. 1905년2월, 일본의 다께시마(독도)영토편입의 가장 큰 목적은 일러전쟁의 승리를 위하여 일본해에 있어서의 러시아군함의 활동을 감시하기 위해 군사적 목적이 가장 컸던 것으로 분석되고 있다. 지금도 독도에 대한 실효적 지배를 하고 있는 대한민국에 있어서 독도가 중요한 군사적 요충지임에는 틀림이 없다.

제3절 대한민국의 독도에 대한 실효적지배와 일한양국에 있어서의 행정상의 주소

대한민국은 1948년 정부 수립 이후로 독도에 대한 실효적인 지배를 하고 있다. 대한민국정부는 국제법상 평화적인 지배를 계속하는 것이 영토권을 주장할 수 있는 가장 확실한 근거라고 판단하여 독도에 대한 외교적 공론화를 피해 왔다. 현재는 외교통상부와 국토해양부 홈페이지에서 독도문제에 대한 대응을 하고 있다.

다께시마=독도의 한일양국=에서의 행정사에서의 구분은, 일본에서 시마네현 긴끼군 시마거리 다께시마관유무번지에 속하여 있으며 한국의 행정구분에서는 경상북도 울릉군 울릉읍 독도리에 속하여 있다.

대한민국의 행정구역에서는 경상북도 울릉군 울릉읍 독도리 산1-37번지에 속하며, 우편번호는 799-805이다. 대한민국은 이 섬을 천연기념물 제336호 독도 천연보호구역으로 지정하여 보호하고 있다. 울릉군은 국민공모를 통해 도로명주소법에 따른 독도의 도로명주소를 '독도안용복길'(서도), '독도이사부길'(동도)로 정하였다. 일본의 행정 구역에서는 시마네 현 오키군 오키노시마 정에 속해 있다.

자연섬의 기준은 나무가 자라고 식수가 있으며, 경제활동을 하는 2인 이상의 거주민이 있어야 한다. 대한민국이 독도에 대한 실질적인 지배이후 독도를 섬으로 만들기 위하여 1981년10월 최종덕(87년9월 사망)이란 사람이 최초로 독도로 주민등록을 옮겼고, '프른독도 가꾸기'모임에서는 89년 독도에 나루를 심어 서도에 두 곳의 식목지를 조성했다. 현재 독도에는 566가구 1889명이 호적을 옮겼으며 주민등록상 거주자는 김성도씨 부부와 여류시인 편부경씨 등 3명이다. [14]

---

14) 김병구,「독도, 10년만에 주민이 거주」, 뉴스타운인터넷신문(http://www.newstown.co.kr), 2006년2월20일

제2장 한일간의 독도영유권 논쟁의 발단

제1절 한일간의 독도에 대한 영유권분쟁의 발단

한국과 일본사이의 독도영유권 논쟁은 1952년1월부터 시작되었다. 대한민국정부가 1952년1월18일 "인접 해양의 주권에 대한 대통령선언"[15]을 발포했는데, 그 범위 안에 독도와 그 영해가 포함되자, 일본이 열흘 뒤인 1952년1월28일 평화선 선포에 항의함과 동시에 독도의 한국영유를 인정할 수 없다는 외교문서(구술서)를 한국 정부에 보내 왔다.

한국정부는 일본정부의 항의를 일축하고, 1946년1월26일에 연합국최고사령부가 내린 SCAPIN 제677호에 의하여 이 섬을 한국(당시 미군정)에 반환해서 일본의 통치구역으로부터 명백히 제외했으며, 또 맥아더라인[16] 밖에 두었다는 사실을 지적하고 일본정부가 이를 상기하면 독도가 한국영토임을 확인할 수 있을 것이라고 응답하였다.

하지만 일본정부는 한국의 이런 논리에 승복하지 않고 그로부터 2개월 후인 4월25일에 독도를 일본영토라고 주장하면서, 계속하여

---

15) 1952년1월18일 대한민국의 대통령 이승만이 대통령령 "대한민국 인접해양의 주권에 대한 대통령의 선언"을 공표함으로서 설정된 한국과 주변국가간의 수역구분과 자원 및 주권 보호를 위한 경계선이다. 미국, 중국, 일본에서는 이승만라인(영어: Syngman Rhee line,중국어: 李承晚線,일본어: 李承晚ライン)으로 부른다. 이는 오늘날 배타적 경제수역과 비슷한 개념이다. 이렇게 해양 경계선이 확정되었는데 이승만은 이를 "평화선"이라 불렀다. 이 경계선은 독도를 대한민국의 영토로 포함하고 있다.

16) 1945년 9월에 미국 극동군 사영관 D.맥아더가 일본 주변에 선포한 해역선(海域線)을 맥아더 인이라고 한다. 이 선으로 부터의 근해어업은 일체 금지되었으며, 이 선은 1946년 6월과 1949년 9월 두 차례에 걸쳐 확대되었다. 1946년 8월 남빙양포경(南氷洋捕鯨)이, 1950년 5월 남양의 모선식 참치어업이 이 선을 넘어 조업할 수 있도록 특별히 허가되었다. 맥아더인은 1952년 4월 샌프란시스코조약 발효와 더불어 소멸되었다.

외교문서를 통해 항의해 왔다. 이에 한국정부와 일본정부의 사이에 외교문서를 통한 치열한 논쟁이 전개되었다. 일본정부는 1953년6월 27일, 6월28일, 7월1일, 7월28일에 네 차례에 걸쳐 일본 순시선에 관리들과 청년들을 태우고 와서 독도에 상륙하여 고찰을 진행했다.

이에 대해 한국은 민간인과 정부가 모두 함께 단호하게 대응하여 일본측의 독도상륙을 물리쳤다.

울릉도 주민들은 자발적으로 '독도의 용군수비대(대장: 홍순칠)'를 조직하고 무기를 구입하여 독도에 건너가서 대항하였다.

정부에서도 한국해양경찰대를 파견하여 독도에 깊숙이 접근한 일본선박들에게 영해를 불법침입했다고 경고하고 울릉도경찰서까지의 동행을 요구했다. 일본 선박들이 불응하고 도망하자 한국해양경찰대는 몇 발의 경고 사격까지 하면서 강경하게 대응하여 이들을 쫓아 버렸다.

당시 한국정부는 평화선안에 침입한 일본어선들을 나포하여 재판까지 부치는 등 완강한 독도 수호의지를 보였다. 한국정부는 일본정부가 독도문제는 영토분쟁이니 국제사법재판소의 판결에 위임하자는 제의(1945년9월25일)에 대해 한국정부는 1945년10월28일자로 이를 단호하게 거절하는 다음과 같은 구술서를 일본정부에 발송하였다.

분쟁을 국제사법재판소에 제출하자는 일본 정부의 제안은 잘못된 주장을 법률적으로 꾸미려는 시도에 불과한 것이다. 한국은 독도에 대하여 처음부처 영유권을 갖고 있으며, 한국은 어떠한 국제법정에서도 그 영유권 증명을 구해야 할 하등의 이유가 없다. 영토분쟁이 존재하지 않는데도 '가짜 영토분쟁'을 꾸며내고 있는 것은 바로 일본이다. 독도문제를 국제사법재판소에 제출하자고 제안함으로써 일본의 입지를 '소위 독도영토분쟁'과 관련하여 일시적으로라도 한국과 대등한 입지에 두려고 일본은 획책하고 있는 것이다. 그리하여 타협의 여지없이 완전하고 분쟁의 여지없는 한국의 독도영유권에 대하여 일본은 준청구권을 설정하려고 획책하고 있는 것이다.[17]

1965년 한일회담과 한일기본조약이 체결된 결과 '이승만라인'이 철폐됨으로써 독도의 12마일 영해 밖은 공해가 되였고, 독도는 한국 해양경찰대의 경비하에서 수호되고 있다. 일본은 여전히 독도영유권을 '주장'하고 있다. 1905년에 일본은 다께시마(竹島)를 시마네현(島根県隠岐郡隠岐の島町)편입하였고 2005년도는 다께시마(竹島)편입100주년 맞는 해였다. 이날을 기념하기 위하여 시마네현(島根県)은 '다께시마(竹島)의 날을 정하는 조례'를 제정하여 매년 2월 22일을 '다께시마(竹島)의 날'로 정하여 기념하기로 했다.

2008년7월14일 일본정부는 중학교학습지도요영의 해설서에 독도문제를 기술할 것을 밝혔다. 이번의 교과서 개정을 거쳐 독도문제에 관하여 '우리나라와 한국간에 독도문제를 둘러싸고 주장의 차이가 있으므로 북방영토와 같이 우리나라의 영토, 영역에 관하여 이해를 깊이하는 것도 필요하다'라는 문장을 덧붙였다. 독도에 관하여 직접적으로 일본의 고유영토라고 명확하게 표현하지 않은 것은 한국 측에 대한 배려일 것이라는 말을 듣고 있다.

이에 대해 한국정부와 메디아 그리고 국민들은 맹렬한 반발을 하고 한국의 메디아는 주야로 일본의 이러한 처사를 비난하는 보도를 하고 국민은 시위운동을 벌렸다. 일본의 이러한 행동에 대한 대항

---

17) 『往復文書』,1945년10월28일자 한국측 구술서;『독도영유권 자료의 탐구』제4권, 2001년, P305

조치로서, 한국에서도 몇 년간의 시민과 단체의 노력으로 2008년에
는 끝내 국회에서 매년 10월25일을 독도의 날로 정하여 기념할 것
을 통과 시켰다. 독도의 날은 독도를 울릉도의 부속 섬으로 정한
대한제국칙령 제41호가 제정된 1900년 10월 25일을 기념하기 위해
제정되었다.

 1952년1월18일, 대한민국의 이승만대통령이 독도가 자국의 지배
하에 있다고 선포하고 독도를 점령하여 왔다. 그때로부터 1965년6
월22일에 일한기본조약 체결에 이르기까지 한국에 의하여 나포된
일본어선이 328척이고 일본인 44명이 살상되고 3929명이 억류되었
다. 현재도 한국 측이 독도에 대한 무력적인 실표효척지배를 하고
있으며 일본과의 영토분쟁이 제기되고 있다.

제2절 왜 최근에 '독도영유권논쟁'이 격화되였는가?

 1994년에 유엔에서 '신해양법'이 통과되어 200해리의 '배타적 경제
전관수역'(Exclusive Economic Zone: 약칭 EEZ)을 '영해'와 별반 다
름없이 설정할 수 있게 된 사실과 관련되어 있다고 본다. EEZ를
선포하려면 기점(base point, base line)을 자기영토에서 잡아야 하
는데, 한국이 '독도'를 기점으로 취해 한국 EEZ를 선포할 수 있게
되어, '독도'의 200해리 영해를 생산해 낼 수 있는 능력 때문에 '독
도'의 해양적 가치가 더욱 높아지게 되었다. 이에 '독도'에 대한 야
욕이 더욱 증대된 것이라고 볼 수 있다.

 일본은 1995년 총선거에서 여당 측이 '독도(죽도) 침"을 탈환할
것을 공약의 하나로 내세웠다. 또한 일본정부는 1996년 이케다(池
田) 외상이 내외 언론기자들을 모아 놓고 성명을 발표하여 "독도

(죽도)는 역사적으로나 국제법상으로나 일본의 영토이니 한국은 독
도에 주둔한 한국해양경찰대를 즉각 철수하고 (독도에) 부착한 시
설물을 철거하라"고 세계를 향해 주장하였다. 또한 일본 외상은 뒤
이어 주일본 한국대사를 외무성으로 불러 동일한 내용을 요구하였
다.

  이어서 일본정부는 1996년 2월 20일 독도를 포함한 200해리 배
타적 전관수역을 채택하기로 의결하고, 국회에 송부했다. 일본 국
회는 1996년 5월에 200해리 전관수역을 채택하기로 의결하고 '독
도'를 일본 EEZ의 기점으로 취한다고 발표했다. 그리하여 일본은 2
00해리가 중첩되는 동해의 경우 일본 EEZ 구획선은 울릉도와 독도
(죽도) 사이에 확정되어야 한다고 주장하였다.

  뿐만 아니라 일본정부는 1997년도 『외교백서』에서 일본외교의 10
대 지침의 하나로 '독도침탈' 탈환'외교'를 설정하였었다.

제3장 독도(다께시마)영유권문제에 관한 일본정부의 주장

  다께시마 영유권에 관한 일본국의 일관된 입장은, 다께시마는 역
사적 사실에 입각해 보아도, 국제법상으로도 명백한 일본국 고유의
영토라는 것이다.

  한국에 의한 다께시마 점거는 국제법상 아무런 근거 없이 이루어
지고 있는 불법 점거이며 한국이 이런 불법 점거에 의거해 다께시
마에서 행하는 어떤 조치도 법적인 정당성이 없는 것이다라고 주장
하고 있다.

그리고 일본국이 다께시마를 실효적으로 지배하고 영유권을 확립하기 이전에 한국이 이 섬을 실효적으로 지배하고 있었다는 사실을 보여주는 명확한 근거가 제시되지 않고 있다고 주장하고 있다.

제1절 다께시마(독도)영유권문제의 개요[18]

(1) 일본의 다께시마에 대한 인지

① 현재의 다께시마는 일본에서는 일찍이 '마쯔시마'로 불리웠으며 현재의 울릉도가 '다께시마' 혹은 '이소다께시마'로 불려왔다. 다께시마나 이소다께시마의 명칭은 유럽의 탐험가 등의 울릉도 위치 측정의 오류로 인하여 일시적 혼란이 있었지만, 일본에서 '다께시마' 혹은 '마쯔시마'의 존재가 오래 전부터 인지되고 있었다는 사실은 각종 지도와 문헌에서 확인할 수 있다. 예를 들어 경위선을 투영한 간행 일본지도로서 가장 대표적인 나가구보 세끼스이(長久保赤水)의 「개정일본여지로정전도(改正日本興地路程全圖)」(1779년 초판)를 비롯한 여러 지도에서 울릉도와 다께시마를 한반도와 오끼제도 사이에 명확히 기재하고 있음을 알 수 있다.

② 1787년 프랑스의 항해가 라 페루즈가 울릉도에 도착하여 '다줄레(Dagelet) 섬'으로 명명하였다. 그 후 1789년에는 영국의 탐험가 컬넷도 울릉도를 발견하였으며 그는 이 섬을 '아르고노트(Argonaut) 섬'이라고 하였다. 그러나 라 페루즈와 컬넷이 측정한 울릉도의 경도와 위도에는 차이가 있으며 그 차이로 인해 후에 구라파에서 작성된 지도에는 마치 2개의 다른 섬이 울릉도로서 존재하고 있는 것처럼 기재되게 되었다.

---

18) 일본의 외무성 홈페이지: http://www.mofa.go.jp/mofaj/area/takeshima/ 에서 인용.

③ 1840년 나가사끼 출신의 의사 시볼트가 '일본지도'를 작성하였다. 시볼트는 일본의 여러 문헌과 지도를 통해 오끼섬과 한반도 사이에는 '다께시마'(현재의 울릉도)와 '마쯔시마'(현재의 다께시마)라는 2개의 섬이 존재하고 있다는 것을 알고 있었다(다께시마가 마쯔시마보다 서쪽에 위치). 한편, 유럽의 지도에는 서쪽에서부터 '아르고노트 섬'과 '다줄레 섬'이라는 2개의 명칭이 함께 사용되고 있었다는 것도 알고 있었다. 이를 근거로 시볼트는 자신이 작성한 지도에 '아르고노트 섬'을 '다께시마'로, '다줄레 섬'을 '마쯔시마'로 기재하게 되었다. 이로 인해 '다께시마' 또는 '이소다께시마'로 계속 불리던 울릉도가 '마쯔시마'로도 불리게 되는 혼란을 가져오게 되었다.

④ 이와 같이 일본 국내에서는 예로부터 내려온 '다께시마', '마쯔시마'에 관한 지식과 그 후 서구에서 지어진 섬의 이름이 혼재하고 있었다. 그러는 중에 '마쯔시마'에 관심을 가지고 있던 한 일본인이 마쯔시마를 개척할 수 있도록 정부에 요청하였다. 정부는 그 섬의 명칭을 명확히 하기 위하여 1880(메이지13)년 현지조사를 실시하였으며, 개척청원 과정에서 '마쯔시마'라 불리던 섬이 울릉도임을 확인하였다.

⑤ 이상의 경위를 통하여 울릉도는 '마쯔시마'로 불리게 되었으며 따라서 현재 다께시마의 명칭을 어떻게 할 것인지가 문제가 되었다. 정부는 이에 대하여 시마네현의 의견을 청취한 후, 1905(메이지38)년 지금까지의 모든 명칭을 대체하는 것으로 현재의 다께시마를 정식으로 '다께시마'로 명명하였다.

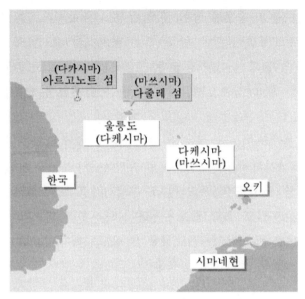

2-2 다께시마와 일한위치관계도[19]

(2) 다께시마의 영유권

① 1618년[20] 돗또리번(鳥取藩) 호키국(伯耆國) 요나고(米子)의 주민 오야 신끼치(大谷 甚吉)와 무라까와 이치베(村川 市兵衛)는 돗또리번의 번주(藩主)를 통하여 울릉도(당시의 '다께시마')에 대한 도해면허(渡海免許)를 취득하였다. 그 이후 양가는 교대로 일 년에 한 번 울릉도로 도항하여 전복 채취, 강취 포획, 대나무 등의 수목 벌채 등에 종사하였다.

② 두 집안은 장군 집안의 접시꽃 문양의 가문을 새긴 깃발을 달고 울릉도에서 어업에 종사하였으며, 채집한 전복을 장군 집안 등

---

19) 일본외무성의 홈페이지에서 인용: http://www.mofa.go.jp/region/asia-paci/takeshima/position1-k.html
20) 1625년이라는 설도 있다.

에 헌상하는 등 바꾸후의 공인 하에 울릉도를 독점적으로 경영하였다.

③ 이 기간 중에 오끼에서 울릉도에 이르는 길에 위치한 다께시마는 항행의 목표지점으로서, 배의 정박장소로서 또한 강치나 전복잡이의 장소로 자연스럽게 이용되게 되었다.

④ 이로 볼 때 일본은 늦어도 에도시대 초기에 해당하는 17세기 중엽에는 다께시마에 대한 영유권을 확립하였다고 할 수 있다.

⑤ 또한 당시 바꾸후가 울릉도나 다께시마를 외국영토로 인식하고 있었다고 한다면 쇄국영을 발포하여 일본인의 해외로의 도항을 금지한 1635년에는 이 섬들에 대한 도해 역시 금지하였을 것이지만 그러한 조치는 취해지지 않았다.

(3) 울릉도 도해를 금지하다.
이른바 '다께시마 일건'

① 바꾸후로부터 울릉도로의 도해를 공인받은 요나고의 오야와 무라까와 양가는 약 70년에 걸쳐 외부로부터 방해받는 일 없이 독점적으로 사업을 하였다.

② 1692년 무라까와가(家)가 울릉도를 방문하였을 때 다수의 조선인이 울릉도에서 고기잡이를 하고 있었음을 발견하였다. 또한, 다음 해 오야가(家) 역시 많은 수의 조선인을 발견하였으며, 이 때 안용복과 박어둔 두 사람을 일본으로 데려가게 되었다. 또한, 이 당시에 조선왕조는 자국의 국민들의 울릉도로의 도항을 금지하고 있었다.

③ 이러한 상황을 알게 된 바꾸후는 쓰시마번(對馬藩: 에도시대에

조선과의 외교 및 무역의 창구 역할을 하였음)을 통하여 안용복과 박어둔을 조선으로 돌려보낼 것과 조선 어민의 울릉도로의 도해금지를 요구하는 교섭을 개시하도록 명령하였다. 그러나 이 교섭은 울릉도의 귀속 문제를 둘러싼 의견의 대립으로 인하여 합의에 도달하지 못하였다.

④ 쓰시마번으로부터 교섭결렬의 보고를 받은 바꾸후는 1696년 1월 '울릉도에 일본 사람이 거주하고 있는 것은 아니며, 또한 울릉도까지의 거리로 보아 이 섬은 조선령으로 판단된다. 쓸모없는 작은 섬을 둘러싸고 이웃 나라 간의 우호를 잃게 되는 것은 득이 되는 정책은 아닐 것이다. 조선이 울릉도를 빼앗아 간 것은 아니므로 단지 도해를 금지하는 것으로 한다'라는 조선과의 우호관계를 존중하여 일본인의 울릉도로의 도해를 금지시키는 결정을 내렸으며, 이를 조선측에 전달하도록 쓰시마번에게 명령하였다.

이상의 울릉도의 귀속을 둘러싼 교섭의 경위를 일반적으로 '다께시마 일건'이라고 한다.

⑤ 한편 다께시마에로의 도항은 금지하지 않았다. 이 점으로 볼 때도 당시 일본이 다께시마를 자국의 영토로 생각하고 있었음은 분명한 사실이다.

안용복의 진술과 그에 대한 의문점

① 바꾸후가 울릉도에로의 도항을 금지하는 결정을 내렸을 때 안용복은 다시 일본을 방문하였다. 그 후 다시 조선으로 송환된 안용복은 조선정부로부터 울릉도로의 도항 금지를 어긴 사람으로서 조사를 받았으며, 이때의 안용복의 진술이 현재 한국의 다께시마 영

유권 주장에 대한 근거의 하나로 인용되고 있다.

② 한국측의 문헌에 의하면 안용복이 도일했을 때 울릉도 및 다께시마를 조선령으로 하는 취지의 내용을 담은 서약을 에도바꾸후로부터 받았으나 쓰시마 번주가 그 서약을 빼앗아갔다고 진술하였다고 알려주고 있다. 그러나 일본측의 문헌에 의하면 안용복이 1693년과 1696년에 도일했다는 기록은 있지만, 한국측이 주장하는 서약을 안용복에게 전달했다는 기록은 없다.

③ 또한 한국측의 문헌에 의하면 안용복은 1696년 일본을 방문했을 때 울릉도에는 다수의 일본인이 있다고 말하였다고 알려준다. 그러나 이 일본방문은 바꾸후가 울릉도에로의 도항을 금지하는 결정을 내린 후의 일이며, 당시 오야와 무라까와 양가 모두는 울릉도로 도항을 하지 않고 있었다.

④ 안용복에 관한 한국측 문헌의 기술은 안용복이 국가의 금지명령을 범하여 국외로 도항한 일로 인하여 귀국 후 조사를 받았을 때 진술한 내용이다. 진술내용을 보면 상기에 언급한 내용을 비롯하여 사실과 일치하지 않는 점들을 많이 볼 수 있으며, 그러한 내용을 한국은 다께시마의 영유권 주장의 근거의 하나로 인용해오고 있다.

(4) 다께시마의 시마네현 편입

① 오늘날 다께시마에서 본격적으로 강치 포획을 하게 된 것은 1900년대 초이다. 그러나 그로부터 얼마 후 강치 포획은 과도경쟁상태가 되었으며 시마네현 오끼섬 주민인 나까이 요자부로(中井 養三郞)는 사업의 안정을 꾀하기 위하여 1904(메이지37)년 9월 내무,

외무, 농상무 3대 대신에게 '리얀코섬'(주: 다께시마의 서양 명칭 '리앙코르섬'의 속칭)의 영토편입과 10년간 대여를 청원하였다.

② 나까이의 청원을 받은 바꾸후는 시마네현의 의견을 청취한 후, 다께시마를 오끼도청(島廳)의 소관으로 해도 좋다는 것과 '다께시마'의 명칭이 적당하다는 것을 확인하였다. 이를 근거로 1905(메이지38)년 1월 각료회의의 결정을 거쳐 다께시마를 '오끼도사(島司)의 소관'으로 결정함과 동시에 이 섬을 '다께시마'로 명명하였으며, 이러한 취지의 내용을 내무대신이 시마네현 지사에게 전달하였다. 이 각료회의의 결정에 따라 일본은 다께시마의 영유권에 대한 의사를 재확인하였다.

③ 시마네현 지사는 이 각료회의의 결정 및 내무대신의 훈영에 근거하여 1905(메이지38)년2월 다께시마가 '다케시마'로 명명되었고, 오끼도사의 소관이 되었다는 취지의 내용을 고지하였으며, 오끼도청에도 이 내용을 전달하였다. 또한 당시 신문에도 이 내용을 기재하여 널리 일반시민에게도 알려지게 되었다.

④ 또한 시마네현 지사는 다께시마가 '시마네현 소속 오끼도사의 소관'임이 결정되었음을 근거로 다께시마를 관유지대장(官有地臺帳)에 등록하였으며, 강치 포획을 허가제로 하였다. 강치 포획은 그 후 1941(쇼와16)년까지 계속되었다.

⑤ 또한, 조선에서는 1900년 '대한제국 칙령 41호'에 따라 울릉도를 울도로 개칭하였으며, 군수가 섬을 감시하도록 공포하였다는 기록이 있다. 그리고 이 칙령에 따르면 울릉군이 관할하는 지역을 '울릉전도(全島)와 죽도(竹島), 석도(石島)'로 규정하고 있으며, 여기서 말하는 '죽도'는 울릉도의 근방에 있는 '죽서(竹嶼)'라는 작은 섬

이고, '석도'는 지금의 '독도'를 가리킨다고 주장하는 연구자도 있다. 그 이유로는 한국의 방언 중에 '돌'은 '독'으로도 발음되어 이 발음대로 한자를 고치면 '독도'가 되기 때문이라는 것이다.

⑥ 그러나 '석도'가 오늘날의 다께시마(독도)를 가리키는 것이라면, 칙령에는 왜 '독도'라는 명칭이 사용되지 않은 것인가. 또한 한국측이 다께시마의 구 명칭이라고 주장하는 '우산도' 등의 명칭은 왜 사용되지 않은 것인가 등의 의문이 생긴다.

어찌되었든 설령 이 의문이 해결된다고 하더라도, 동칙령의 공포 전후에 조선이 다께시마를 실효적으로 지배하였다는 사실은 없으며, 한국의 다께시마 영유권은 확립되지 않은 것으로 여겨진다

(5) 제2차 세계대전 직후의 다께시마

① 일본이 연합국의 점령하에 있던 때 연합국은 일본에 대하여 정치 및 행정상의 권력 행사를 중지해야 하는 지역과 어업과 포경을 금지하는 지역을 지정하였으며 그 중에는 다께시마도 포함되어 있다. 그러나 이러한 연합국의 규정에는 영토귀속의 최종적 결정에 관한 연합국 측의 정책을 의미하는 것으로 해석되어서는 안 된다는 취지가 모두 명기되어 있다.

② 이와 관련된 연합국 총사영부 각서(SCAPIN)의 내용은 다음과 같다.

● SCAPIN 제677호

(가) 1946(쇼와21)년 1월 연합국은 SCAPIN 제677호에 따라 일부 지역에 대하여 일본 정부가 정치 또는 행정상의 권력의 행사 및 행사를 꾀하는 일을 잠정적으로 정지하도록 지영하였다.

(나) 제3항에는 '본 지영에서 가리키는 일본은 일본의 4대섬(홋까이도, 혼슈, 규슈, 시꼬꾸) 및 약 천 개에 근접하는 작은 섬을 포함하는 것으로 규정한다. 오른쪽으로 인접한 작은 섬으로는 쓰시마 및 북위30도 이북의 류큐(남서)제도를 포함하며, 또는 다음의 제도는 포함하지 않는다'로 되어 있는데, 일본이 정치 및 행정상의 권력을 행사할 수 있는 지역에 '포함되지 않는' 지역으로는 울릉도, 제주도, 이즈, 오가사와라군도 등과 더불어 다께시마도 열거되었다.

(다) 그러나, 제6항에는 '이 지영에 포함된 어떤 규정도 포츠담 선언 제8항에 언급된 최종적 결정에 관한 연합국의 정책을 나타내는 것으로 해석되어서는 안 된다' 포츠담 선언 제8항: '일본의 주권은 혼슈, 홋카이도, 규슈 및 시코쿠 및 우리가 결정하는 작은 섬들에 국한되는 것으로 정한다'라고 명확히 기술되어 있다.

● SCAPIN 제1033호

(가) 1946(쇼와21)년6월 연합국은 소위 '맥아더 라인'을 규정하는 SCAPIN 제1033호에 따라 일본의 어업 및 포경허가구역을 결정하였다.

(나) 제3항에는 '일본선박 또는 그 승조원은 다께시마로부터 12마일 이내로는 접근해서는 안 되며, 또한 이 섬과의 어떠한 접촉도 허용되지 않는다'고 기록되어 있다.

(다) 그러나, 제5항에는 '이 허가는 해당 구역 또는 기타 어떤 구역에 관해서도 국가통치권, 국경선 및 어업권에 관한 최종적 결정에 관한 연합국의 정책 표명은 아니다'라고도 명기되어 있다.

(3) '맥아더 라인'은 1952(쇼와27)년4월에 지영에 의해 폐지되었으

며, 그로부터 3일 후인 4월28일에는 평화조약이 발효됨에 따라 기존의 행정권 정지의 지영 등도 필연적으로 효력을 상실하게 되었다.

한국측은 SCAPIN에 의거하여 연합국은 다께시마를 일본의 영토로 인정하지 않았다고 주장하며, 이를 다께시마의 영유권이 한국에 있음을 주장하는 하나의 근거로 내세우고 있다. 그러나 모든 SCAPIN에는 영토귀속의 최종적 결정에 관한 연합국 측의 정책을 나타내는 것으로 해석해서는 안 된다는 점이 명기되어 있으며, 따라서 그러한 지적은 전혀 타당하지 않다고 할 수 있다.

또한, 일본의 영토는 그 후 발효된 샌프란시스코 평화조약에 의해 확정되었다. 이를 볼 때도 동 조약이 발효되기 이전에 다께시마를 어떻게 다루었는가가 그 이후의 다께시마 귀속 문제에 영향을 주지 않는다는 점은 명확하다.

(6) 샌프란시스코 평화조약에서의 다께시마 문제

① 1951(쇼와26)년9월 서명된 샌프란시스코 평화조약은 조선의 독립에 관한 일본의 승인을 규정함과 동시에 일본이 포기해야 하는 지역으로 '제주도, 거문도 및 울릉도를 포함한 조선'이라고 규정하였다.

② 이 부분에 관한 영미 양국의 초안내용을 알게 된 한국은 같은 해 7월 양 주미한국대사가 애치슨 미 국무장관에게 서신을 제출하였다. 그 내용은 "우리 정부는 제2조 a항의 '포기하다'에 해당하는 말을 '일본이 조선 및 제주도, 거문도, 울릉도, 독도 및 파랑도를 포함하는 일본이 조선을 병합하기 전에 조선의 일부였던 섬들에 대

한 모든 권리, 권한 및 청구권을 1945년 8월 9일 포기하는 것을 확인한다'로 변경해 줄 것을 요망한다"는 것이었다.

③ 이러한 한국측의 의견서에 대하여 미국은 같은 해 8월 러스크 극동담당 국무차관보를 통해 양 대사의 서신에 대하여 다음과 같은 회신을 보내어 한국측의 주장을 명확히 부정하였다.

'…미합중국 정부는 1945년 8월 9일 일본이 포츠담 선언을 수락한 사실이 그 선언에서 언급한 지역에 대한 일본의 정식 또는 최종적인 주권 포기를 구성하는 것이라는 이론을 (샌프란시스코 평화)조약이 반영해야 한다고는 생각하지 않는다. 독도, 또는 다께시마 혹은 리앙코르 바위로 알려진 섬에 관해서 말하자면, 통상 사람이 살지 않는 이 바위섬은 우리가 아는 바에 의하면 조선의 일부로 취급된 적이 결코 없었으며, 1905년경부터 일본의 시마네현 오끼섬 지청의 관할 하에 있다. 이 섬에 대해 옛날부터 조선이 영유권을 주장해 왔다고는 볼 수 없다….'

이상의 문서교환으로부터도 알 수 있듯이 다께시마가 일본의 영토임이 인정되어 왔음은 명백한 사실이다.

④ 또한 밴플리트 대사의 귀국보고에서도 다께시마는 일본 영토이며, 샌프란시스코 평화조약에 따라 포기한 섬들에는 포함되지 않는다는 것이 미국 측의 결론임이 기록되어 있다.

(7) 미군 폭격훈련구역으로서의 다께시마

① 일본이 아직 연합국의 점령하에 있을 때인 1951(쇼와26)년7월 연합국 총사영부는 연합국 총사영부 각서(SCAPIN) 제2160호에 따라 다께시마를 미군의 해상폭격훈련구역으로 지정하였다.

② 샌프란시스코 평화조약 발효 직후인 1952(쇼와27)년7월 미군이 계속하여 다께시마를 훈련구역으로 사용하기를 희망하자 일미행정협정(주: 구 일미안보조약에 근거한 것으로, 현재의 '일미지위협정'으로 이어짐)에 근거하여 동 협정의 실시에 관한 일미간의 협의기관으로 설립된 합동위원회는 재일미군이 사용하는 폭격훈련구역의 하나로 다께시마를 지정함과 동시에 외무성에 그 취지를 알렸다.

③ 그러나 다께시마 주변 해역의 강치 포획 및 전복과 미역 채취를 원하는 지역 주민들의 강력한 요청이 있었으며, 미군 역시 같은 해 겨울 다께시마를 폭격훈련구역으로 사용하기를 중지하였기 때문에 1953(쇼와28)년3월 합동위원회는 이 섬을 폭격훈련구역으로부터 해제할 것을 결정하였다.

④ 일미행정협정에 따르면 합동위원회는 '일본 국내 시설 및 구역을 결정하는 협의기관으로서의 임무를 수행'하는 것으로 되어 있다. 따라서 다께시마가 합동위원회에서 협의된 후 재일미군이 사용하는 구역으로 결정되었다는 사실은 다시 말하자면 다께시마가 일본의 영토임을 보여주는 사실이라고도 할 수 있다.

(8)「이승만 라인」의 설정과 한국의 다께시마 불법점거

① 1952(쇼와27)년1월 이승만 한국대통령은 '해양주권선언'을 발표하였는데, 이는 국제법에 반하는 소위 '이승만 라인'을 일방적으로 설정하고 이 라인의 안쪽에 있는 광대한 구역에 대한 어업관할권을 일방적으로 주장함과 동시에 그 라인 내에 다께시마를 포함시켰다.

② 1953(쇼와28)년3월 일미합동위원회에서 다께시마를 재일미군의 폭격훈련구역으로부터 해제할 것을 결정하였다. 이로 인해 다께시마에서의 어업이 다시 시행되게 되었다만, 한국인도 다께시마와 그 주변에서 어업에 종사하고 있다는 사실이 확인되었다. 같은 해 7월에는 일본의 해상보안청 순시선이 불법어업에 종사하는 한국 어민에 대하여 다께시마에서 철거할 것을 요구하자 한국어민을 보호하고 있던 한국관헌에 의하여 총격을 받는 사건이 발생하였다.

③ 다음 해인 1954(쇼와29)년 6월 한국 내무부는 한국 연안경비대의 주둔부대를 다께시마로 파견하였음을 발표하였다. 같은 해 8월에는 다께시마 주변을 항해중인 해상보안청 순시선이 다께시마로부터 총격을 받았으며, 이 사건으로 인해 한국의 경비대가 다께시마에 주둔하고 있음이 확인되었다.

④ 한국측은 지금도 계속하여 경비대원을 상주시킴과 동시에 숙사 및 감시소, 등대, 접안시설 등을 구축하고 있다.

⑤ '이승만 라인'의 설정은 공해(公海)에 대한 위법적인 경계 설정이며, 한국의 다께시마 점거는 국제법상 아무런 근거가 없이 행해지고 있는 불법점거이다. 한국이 이러한 불법점거에 근거하여 다께시마에서 행하는 모든 조처는 법적 정당성을 가지는 것으로 볼 수 없다. 이러한 행위는 다께시마의 영유권을 둘러싼 일본의 입장에 비추어 보더라도 결코 용인될 수 없는 것이며, 다께시마에 대하여 한국측이 취하는 모든 조치 등은 행해질 때마다 엄중한 항의를 하고 있으며 행위를 철회할 것을 요구하고 있다.

(9) 국제사법재판소에 제소 제안

① 한국의 '이승만 라인' 설정 이후 한국측이 행해 온 다께시마의 영유권 주장, 어업종사, 순시선에 대한 사격, 구축물 설치 등에 대하여 일본은 누차 항의를 반복해 왔다. 그리고 이 문제를 평화적 수단으로 해결하기 위하여 1954(쇼와29)년 9월 구상서를 통하여 다께시마의 영유권 문제를 국제사법재판소에 회부할 것을 한국측에 제안하였지만, 같은 해 10월 한국은 이 제안을 거부하였다. 또한, 1962(쇼와37)년3월 일한외상회담에서도 고사까 젠따로(小坂 善太郎) 외무대신이 최덕신 한국외무부장관에게 본 문제를 국제사법재판소에 회부할 것을 제안하였지만, 한국은 이를 받아들이지 않았으며 그 상태로 현재에 이르렀다.

② 국제사법재판소는 분쟁의 두 당사자가 재판소에 해결을 요청한다는 점에서 합의하였을 때 최초로 성립하는 것으로 되어 있다. 따라서 만일 일본이 일방적으로 제소를 한다 하더라도 한국측이 이에 응할 의무는 없으며, 한국이 자주적으로 응하지 않는 한 국제사법재판소의 관할권이 설정되는 일은 없다.

③ 1954년 한국을 방문한 밴플리트 대사의 귀국보고(1986년 공개)를 보면 미국은 다께시마가 일본령이라 생각하고 있으나 본건을 국제사법재판소에 의뢰하는 것이 적절하다는 입장을 취하고 있다. 이러한 제안을 한국 측에 비공식적으로 하였으나, 한국은 '독도'는 울릉도의 일부라고 반론하였다는 취지의 내용이 기록되어 있다.

제2절 다께시마문제를 이해하기 위한 열가지 포인트[21]

2008년 2월 일본 외무성은 "다께시마 문제를 이해하기 위한 10포

---

21) 『다께시마 문제를 이해하기 위한 10포인트』, 외무성 대양주국 북동아시아과, 2008년2월
일본외무성홈페이지: http://www.mofa.go.jp/mofaj/area/takeshima/

인트"(Pamphlet "10 Issues of Takeshima"를 공간하여, 1950년대 초반에 시작되어 1960년대 중반에 종지된 외교구술서를 통한 독도 영유권문제에 관한 일한정부간의 포괄적 논쟁의 재개를 한국에 향하여 제의했다.

일본 외무성의 의도는 주로 제3국과 일본국민을 대상으로 독도가 일본의 영토라는 국제여론을 주도하고 일본 국민에게 영토의식을 고취하려는 것으로 보여지나, 한국에 대해 중요한 것은 "다께시마 10포인트"는 한국정부에 대해 독도영유권문제의 논쟁 재개의 도전장의 의미를 갖는다는 것이다.

(1) 일본은 옛날부터 다께시마의 존재를 인식하고 있었다.

오늘날의 다께시마는 일본에서 일찍이 '마쯔시마'로, 반대로 울릉도가 '다께시마'나 '이소다께시마'로 불렸다. 다께시마와 울릉도의 명칭에 대해서는 구라파의 탐험가 등에 의한 울릉도 측위의 잘못으로 일시적인 혼란이 있었으나, 일본이 '다께시마'와 '마쯔시마'의 존재를 옛날부터 인지하고 있었던 것은 각종 지도와 문헌으로도 확인할 수 있습니다. 예를 들어, 경위선을 투영한 간행 일본지도로서 가장 대표적인 나가꾸보세끼스이(永久保赤水)의 '改正日本輿地路程全図'(1779년초판)외에도, 울릉도와 다께시마를 한반도와 오끼제도 사이에 정확하게 기재하고 있는 지도는 다수 존재한다.

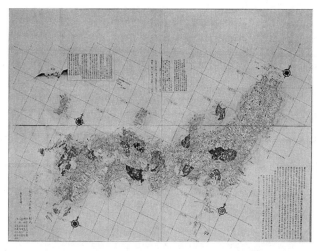

2-3 改正日本興地路程全図(1846년)[22]

(2) 한국이 옛날부터 다께시마를 인식하고 있었다는 근거는 없다.

① 한국이 옛날부터 다께시마를 인식하고 있었다는 근거는 없다. 예를 들어, 한국측은 고문헌 '삼국사기'(1145년), '세종실록지리지'(1454년), '신증동국여지승람'(1531년), '동국문헌비고'(1770년), '만기요람'(1808년), '증보문헌비고'(1908년)등의 기술을 근거로 '울릉도'와 '우산도'라는 2개의 섬을 예로부터 인지하고 있었으며, 그 '우산도'가 바로 오늘날의 다께시마라고 주장하고 있다.

② 그러나 '삼국사기'에는 우산국이었던 울릉도가 512년에 신라에 귀속했다는 기술은 있지만, '우산도'에 관한 기술은 없다. 또한 조선의 다른 고문헌중에 나오는 '우산도'의 기술을 보면 그 섬에는 다수의 사람들이 살고 큰 대나무를 생산한다는 등 다께시마의 실상과

22) 사진제공: 기후겐도서관 http://www.library.pref.gifu.jp/map/worlddis/mokuroku/kochizu
/menu06.html

맞지 않는 바가 있으며, 오히려 울릉도를 상기시키는 내용으로 되어 있다.

③ 또한 한국측은 '동국문헌비고' '만기요람'에 인용된 '여지지'(1656년)를 근거로 '우산도는 일본이 말하는 마쯔시마(현재의 다께시마)'라고 주장하고 있다. 이에 대해 '여지지'의 원래 기술은 우산도와 울릉도는 동일의 섬이라고 하고 있으며 '동국문헌비고'등의 기술은 '여지지'에서 직접 정확하게 인용된 것이 아니라고 비판하는 연구도 있다. 이 연구에서는 '동국문헌비고' 등의 기술은 안용복의 신빙성이 낮은 진술을 아무런 비판도 없이 인용한 다른 문헌('彊界考' '彊界誌1756년')을 원본으로 삼고 있다고 지적하고 있다.

④ 한편 '新增東國輿地勝覽'에 첨부된 지도에는 울릉도와 '우산도'가 별개의 2개 섬으로 기술되어 있다. 만약 한국측의 주장처럼 '우산도'가 다께시마를 가리키는 것이라면, 이 섬은 울릉도 동쪽의, 울릉도보다 훨씬 작은 섬으로 그려질 것이다. 그러나 이 지도의 '우산도'는 울릉도와 거의 같은 크기로 그려졌으며 한반도와 울릉도 사이(울릉도의 서쪽)에 위치하는 등 전혀 실재하지 않는 섬이라는 것을 알 수 있다.

2-4 新增東國輿地勝覽[23]

(3) 일본은 울릉도로 건너갈 때의 정박장으로 또한 어채지로 다께시마를 이용하여, 늦어도 17세기중엽에는 다께시마의 영유권을 확립했다.

① 1618년 돗또리번 호끼노구니 요나꼬(鳥取藩伯耆国米子)의 주민인 오오야진기찌(大谷甚吉), 무라까와이찌베(村川市兵衛)는 돗또리번주(藩主)를 통해 바꾸후로부터 울릉도(당시의 다께시마)도해면허를 받았다. 그 이후 양가는 교대로 매년 한번 울릉도에 도항해 전복 채취, 강치포획, 대나무 등의 삼림채벌에 종사했다.

② 양가는 장군가의 접시꽃 문양을 새긴 선인을 내세워 울릉도에서 어업에 종사하고, 채취한 전복은 장군가에 헌상하는 것을 일상화하는 등 이른바 이 섬의 독점적 경영을 바꾸후의 공인하에 행했

23) 이상태, 「고지도가 증명하는 독도의 영유권」, 독도학회학술회발표론문, 2009년10월 P21

다.

③ 그 동안 오끼에서 울릉도로 가는 길목에 해당하는 다께시마는 항행의 목표나 도중의 정박장으로서 또 강치나 전복포획의 좋은 어장으로서 자연스럽게 이용되기에 이르렀다.

④ 이와 같이 일본은 늦어도 에도시대 초기인 17세기 중엽에는 다께시마의 영유권을 확립했었다고 생각한다.

⑤ 가영 당시 바꾸후가 울릉도나 다께시마를 외국영토로 인식하고 있었다면 쇄국영을 발해 일본인의 해외 도항을 금지한 1635년에는 이들 섬에 대한 도항을 금지했을 것이지만, 그런 조치는 취해지지 않았다.

(4) 일본은 17세기말 울릉도 도항을 금지했지만 다께시마 도항은 금지하지 않았다.

① 바꾸후로부터 울릉도 도항을 공인받은 요나고의 오야, 무라까와 양가는 약 70년에 걸쳐 아무런 방해없이 독점적으로 사업을 진행하였다.

② 1692년 울릉도에 향한 무라까와가는 다수의 조선인들이 울릉도에서 어류채취에 종사하고 있는 광경에 조우했다. 또 이듬해에는 오야가가 마찬가지로 다수의 조선인과 조우하며, 안용복, 박어둔의 2명을 일본에 데리고 들어갔다. 이 때 조선왕조는 국민들의 울릉도 도항을 금지했었다.

③ 상황을 알게 된 바꾸후의 명을 받은 쓰시마번(에도시대에 대조선외교·무역의 창구역할을 했음)은 안용복과 박어둔의 두 사람을 조선에 송환함과 동시에, 조선에 대해 어민들의 울릉도 도항 금지

를 요구하는 교섭을 시작했다. 그러나 이 교섭은 울릉도의 귀속을 둘러싸고 의견이 대립해 합의를 보지 못했다.

④ 쓰시마번으로부터 교섭 결렬의 보고를 받은 바꾸후는 1696년1월, 조선과 우호관계를 존중하여, 일본인의 울릉도 도항 금지를 결정하고, 이를 조선측에 전하도록 쓰시마번에 명령했다.

울릉도의 귀속을 둘러싼 이 교섭 경위는 일반적으로 '다께시마 잇껜(竹島一件)'이라고 부른다.

⑤ 한편, 다께시마 도항은 금지되지 않았다. 이것으로도 당시부터 일본이 다께시마를 자국 영토라고 생각했음은 분명하다.

(5) 한국이 자국 주장의 근거로 인용하는 안용복의 진술 내용에는 많은 의문점이 있다.

① 바꾸후가 울릉도 도항 금지를 결정한 후, 안용복은 다시 일본으로 건너왔다. 그 후, 다시 조선에 송환된 안용복은 울릉도 도항 금지를 어긴 자로서 조선 관리의 취조를 받는데, 이 때의 안용복의 진술이 현재 한국의 다께시마 영유권 주장의 한 근거로 인용되고 있다.

② 한국측 문헌에 따르면, 안용복은 일본에 왔을 때 울릉도 및 다께시마를 조선령으로 한다는 서계(書契) 즉 문서를 에도바꾸후로부터 받았으나, 쓰시마의 번주가 그 문서를 빼앗았다고 진술한 것으로 되어 있다. 그러나 일본측 문헌에 의하면, 안용복이 1693년과 1696년에 일본에 왔다. 등의 기록은 있으나, 한극측이 주장하는 것과 같은 서계를 안용복에게 주었다는 기록은 없다.

③ 더욱이 한국측 문헌에 의하면, 안용복은 1696년 일본에 왔을

때 울릉도에 다수 일본인이 있었다고 말한 것으로 되어 있다. 그러나, 안용복이 일본에 온 것은 바꾸후가 울릉도 도항 금지를 결정한 후의 일로서, 당시 오야, 무라까와 양가는 모두 이 섬에 도항하지 않았다.

④ 안용복에 관한 한국측 문헌의 기술은 안용복이 국금을 어기고 국외에 도항하여, 그 귀국 후 취조를 받았을 때의 진술에 의거한 것이다. 그의 진술은 상기 내용뿐만 아니라, 사실에 맞지 않는 바가 많으나 그런 것들이 한국측에 의해 다께시마 영유권의 한 근거로 인용되어 왔다.

(6) 일본정부는 1905년 다께시마를 시마네현에 편입하여, 다께시마 영유 의사를 재확인했습니다.

① 오늘날의 다께시마에서 강치 호획이 본격적으로 행해지게 된 것은 1900년대 초기였다. 그러나 곧 강치어업이 과열 경쟁 상태가 되자 시마네현 오끼도민 나까이요자부로는 사업의 안정을 도모하기 위해 1904(메이지 37)년9월 내무, 외무, 농상무의 3대신에게 '리앙코섬'[24]의 영토 편입 및 10년간의 임대를 청원했다.

② 나까이의 청원을 접수한 정부는 시마네현의 의견을 청취한 후 다께시마를 오끼도청의 소관으로 해도 지장이 없고, '다께시마'의 명칭이 적당하다는 것을 확인했다. 이에 따라 1905(메이지 38)년1월 각의 결정에 의해 이 섬을 '오끼도사의 소관(隱岐島司의 所管)으로 정하는 동시에, '다께시마'로 명명하고 그 취지를 내무대신으

---

24) '리앙코섬'은 다께시마의 서양이름 '리앙쿠르섬'의 속칭. 당시 구라파 탐험가에 의한 측량의 잘못 등으로 울릉도가 종래 불리던 '다께시마'와 아울러 '마쯔시마'라고도 불리게 되며, 현재 다께시마는 종래 불리던 '마쯔시마'와 아울러 '리앙코섬'이라고 불리게 되었다.

로부터 시마네현지사에게 전달했다. 이 각의 결정으로 일본은 다께시마 영유 의사를 재확인했다.

③ 시마네현지사는 이 각의 결정 및 내무대신 훈영에 의거해 1905(메이지38)년2월 다께시마가 '다께시미'로 명명되어 오끼도사의 소관이 되었음을 고시함과 동시에, 오끼도청에도 이를 전달했다. 이는 당시 신문에도 거재되어 널리 일반에게 전해졌다.

④ 또 시마네현지사는 다께시마가 '시마네현 소속 오끼도사의 소관'으로 정해짐에 따라 다께시마를 관유지대장(官有地台帳)에 등록하는 동시에, 강치 포획을 허가제로 했다. 강치 포획은 그 후 2차대전으로 1941(쇼와 16)년에 중지될 때까지 계속되었다.

⑤ 조선에서는 1900년의 '대한재국 칙령41호'에 의해 울릉도를 울도로 채칭함과 동시에 도감을 군수로 한다는 것을 공포한 기록이 있다고 되어 있다. 그리고 이 칙령 가운데, 울릉군이 관할하는 지역을 '鬱陵全島와 竹島石島'로 규정하고 있는데 여기서 말하는 竹島는 울릉도 근방에 있는 '죽서(竹嶼)'라는 작은 섬이지만, '석도'는 바로 지금의 '독도'를 가리킨다고 지적하는 연구자도 있다. 그 이유는 한국의 방언으로 '돌(石)'을 '독'으로 발음하여, 이를 발음대로 한자로 고치면 '獨島'로 이어지기 때문이라는 것이다.

⑥ 그러나, '석도'가 오늘날의 다께시마(독도)라면, 왜 칙령에서 '독도'를 사용하지 않았는가, 또 한국측이 다께시마의 옛 이름이라고 주장하는 '우산도'등의 명칭을 사용하지 않았는가 라는 의문이 생긴다.

⑦ 만일 이 의문이 해소된다 하더라도, 이 칙령의 공포를 전후해 조선이 다께시마를 실효적으로 지배했던 사실이 없어 한국에 의한

다께시마 영유권은 확립되지 않았다고 생각된다.

(7) 샌프란시스코 평화조약 기초과정에서 한국은 일본이 포기해야 할 영토에 다께시마를 포함시키도록 요구했지만, 미국은 다께시마가 일본의 관할하에 있다고 해서 이 요구를 거부했다.

① 1951(쇼와 26년)9월에 서명된 샌프란시스코 평화조약은 일본의 조선독립 승인을 규정하는 동시에, 일본이 포기해야 할 지역으로서 '제주도, 거문도 및 울릉도를 포함한 조선'으로 규정했다.

② 이 부분에 관한 미·영 양국에 의한 초안 내용을 알게 된 한국은 같은 해 7월, 양유찬 주미 한국대사로부터 애치슨 미국국무장관 앞으로 서한을 제출했다. 그 내용은 '한국 정부는 제2조 a항의 "포기한다"라는 말을 "(일본국이) 조선 및 제주도, 거문도, 울릉도, 독도 및 파랑도를 포함하는 일본에 의한 조선 합병 이전에 조선의 일부였던 섬들에 대한 모든 권리, 권원 및 청구권을 1945년8월9일에 포기했음을 확인한다,"로 바꿀 것을 요망한다.'는 것이었다.

③ 일미행정협정에 의하면, 합동위원회는 '일본국내의 시설 또는 구역을 결정하는 협의기관으로 임무를 수행한다'고 되어 있었다. 따라서 다께시마가 합동위원회에서 협의되고, 또 주일미군이 사용하는 구역으로 결정이 내려졌다는 것은 곧 다께시마가 일본의 영토임을 보여주고 있다.

(9) 한국은 다께시마를 불법점거하고 있으며, 일본은 엄중하게 항의를 하고 있다.

① 1952(쇼와27)년1월, 한국의 이승만 대통령은 '해양주권 선언'을

발표하여, 이른바 '이승만 라인'을 국제법에 반해 일방적으로 설정하고, 그 라인 안에 다께시마를 포함시켰다.

② 1953(쇼와28)년3월, 일미합동위원회에서 다께시마를 주일미군 폭격훈련구역에서 해제하기로 결정했다. 이로써, 다께시마에서의 어업이 재개되었지만, 한국인도 다께시마와 그 주변에서 어업에 종사하고 있는 것이 확인되었다. 같은 해 7월에는, 불법 어업에 종사하는 한국 어민에게 다께시마에서 철거하도록 요구한 해상보안청 순시선이 한국 어민을 보호하던 한국 관헌의 총격을 당하는 사건도 발생했다.

③ 이듬해인 1954(쇼와29)년6월, 한국 내무부는 한국 해안경비대 주둔 부대를 다께시마에 파견했다고 발표했다. 또 같은 해 8월에는 다께시마주변을 항행 중이던 해상보안청 순시선이 이 섬으로부터 총격을 당해, 이로 인해 한국의 경비대가 다께시마에 주둔하고 있는 것이 확인되었다.

④ 한국측은 현재도 계속 경비대원을 상주시키는 동시에 숙사와 감시소, 등대, 접안시설 등을 구축하고 있다.

⑤ 한국에 의한 다께시마 점거는 국제법상 아무런 근거 없이 이루어지고 있는 불법 점거이며 한국이 이런 불법 점거에 의거하여 다께시마에서 행하는 어떤 조치도 법적인 정당성이 있는 것은 아니다. 이와 같은 행위는 다께시마 영유권을 둘러싼 일본의 입장에 비추더라도 결코 용인할 수 있는 행위가 아니며, 다께시마를 둘러싸고 한국측이 어떤 조치 등을 취할 때마다 엄중한 항의를 거듭하는 동시에, 그 철회를 요구해오고 있다.

(10) 일본은 다께시마 영유권에 관한 문제를 국제사법재판소에 회부할 것을 제안하고 있지만 한국이 이를 거부하고 있다.

① 일본은 한국에 의한 '이승만 라인' 설정 이후, 한국측이 행하는 다께시마의 영유권 주장, 어업 종사, 순시선에 대한 사격, 구조물 설치 등에 대해서, 루차에 걸쳐 항의를 거듭해 왔다. 그리고 이 문제의 평화적 수단에 의한 해결을 도모하고자 1954(쇼와29)년9월, 구상서(口上書)로 다께시마 영유권문제에 대해 국제사법재판소에 회부할 것을 한국측에 제안했으나, 같은 해 10월 한국측은 이 제안을 거부했다. 또 1962(쇼와37)년3월의 일한외상회담 때도 고사까젠따로(小阪善太郎) 외무대신이 최덕신 외무부장관에게 이 문제를 국제사법재판소에 회부할 것을 제안했으나, 한국은 이를 받아들이지 않은 채, 현재에 이르고 있다.

② 국제사법재판소는 분쟁의 양 당사자가 동 재판소에서 해결을 도모한다는 협의가 있어야 비로소 가동하는 체제로 되어 있다. 따라서 만일 일본이 일방적으로 제소를 한다고 해도 한국측이 이에 응할 의무는 없으며, 한국이 자주적으로 응하지 않는 한 국제사법재판소의 관할권은 설정되지 않는다.

③ 1954년에 한국을 방문한 밴 플리트대사의 귀국보고서(1966년 공개)에는 미국이 다께시마를 일본영토라고 생각하고 있으나 이 문제를 국제사법재판소에 회부하는 것이 적당하다는 입장이며, 이 제안을 한국에게 비공식적으로 했으나, 한국은 '독도'는 울릉도의 일부라고 반론했다는 내용이 기록되어 있다.

제4장 대한민국정부의 독도영유권문제에 대한 기본적인 입장

한국정부의 독도가 자국의 영토이라는 입장은 확고한 것이다. 한국정부는 독도는 역사적·지리적·국제법으로 명백한 한국의 고유영토이다라고 주장하고 있다.

대한민국정부는 고유영토인 독도에 대해 분쟁은 존재하지 않으며, 어느 국가와의 외교 교섭이나 사법적 해결의 대상이 될 수 없다는 확고한 입장을 가지고 있다.

그리고 독도에 대한 대한민국의 영유권을 부정하는 어떤 주장에 대해서도 단호하고 엄중히 대응하면서 국제사회에서 납득할 수 있는 냉철하고 효과적인 방안을 통한 "차분하고 단호한 외교"를 전개해 나갈 것이라고 주장하고 있다.

제1절 독도영유권문제의 개요[25]

(1) 독도에 대한 지리적 인식

① 지리적으로 독도는 우리 동해상에 울릉도로부터 87.4km 떨어져 있는 아름다운 섬이다.

② 일찍이 조선 초기에 관찬된 「세종실록」지리지(1432년)에서는 "우산(독도)·무릉(울릉)…두 섬은 서로 멀리 떨어져 있지 않아 풍일이 청명하면 바라볼 수 있다"고 하였다.

③ 이를 증명하듯, 울릉도에서 날씨가 맑은 날에만 육안으로 보이는 섬은 독도가 유일하며, 울릉도 주민들은 자연스럽게 울릉도의 부속도서로서 독도를 인식하고 있었다.

---

25) 대한민국외교통상부 홈페이지: http://www.mofat.go.kr/press/hotissue/dokdo/index.jsp에서 인용.

울릉도에서 바라 본 독도

대한민국 외교통상부 홈페이지에서 인용

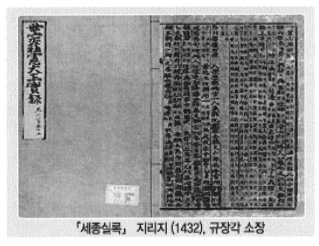

「세종실록」 지리지 (1432), 규장각 소장

대한민국 외교통상부 홈페이지에서 인용

(2) 옛 문헌 속의 독도

① 최근의 조사결과에 의하면, 울릉도는 선사시대부터 사람들이 살고 있었다는 가능성이 높아지고 있지만, 문헌에 등장하는 것은 6

세기 초엽(512년) 신라가 우산국을 복속시키면서부터였다.

② 이 우산국의 판도를 「세종실록」지리지(1432년)에서 무릉도(울릉도)와 우산도(독도)라고 하였다.

③ 그 뒤의 주요 관찬문헌인 「고려사」지리지(1451년), 「신증동국여지승람」(1530년), 「동국문헌비고」(1770년), 「만기요람」(1808년), 「증헌문헌비고」(1908년)등에도 독도의 옛지명인 우산도를 적고 있어, 그 지명이 20세기 초엽까지 계속되는 것을 알 수 있다.

④ 이러한 점에서 볼 때 독도는 지속적으로 우리 영토에 속했음을 분명하게 알 수 있다.

(3) 일본 에도·메이지 시대의 독도 소속에 대한 기본인식

① 조선 숙종 때 안용복의 일본 피랍(1693년)으로 촉발된 조선과 일본 간의 교섭결과, 울릉도 도해금지령(1696년)이 내려짐으로써 독도 소속문제가 매듭지어졌다.

② 또한 일본 메이지(明治)시대에 들어와서 일본의 최고 국가기관인 태정관(太政官)에서는 미마네현(島根県)의 지적(地籍)편찬과 관련하여 내무성(内務省)의 건의를 받아 죽도(竹島) 외 일도(一島), 즉 울릉도와 독도가 일본과 관계없다는 것을 명심하라는 지영(1877년)을 내렸다.

③ 이러한 것들은 일본에서도 독도가 일본의 영토가 아니였음을 보여주는 명백한 증거들이다.

(4) 대한제국의 독도에 대한 확고한 인식과 통치

① 20세기에 들어와 대한제국은 광무 4년 「칙령 제41호」(1900년)

로 울도군 관할구역에 석도(石島), 즉 독도를 포함시키는 행정조치
를 통해 이 섬이 우리 영토임을 확고히 하였다.

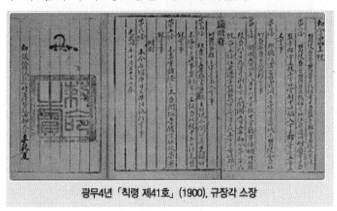

광무4년 「칙령 제41호」 (1900), 규장각 소장

대한민국 외교통상부 홈페이지에서 인용

② 1906년 울도(울릉도)군수 심흥택은 일본 시마네현 관민으로
구성된 조사단으로부터 독도가 일본령으로 편입되었다는 사실을 알
게 되자, 즉시 강원도 관찰사에게 "본군(本郡)소속 독도가…"라고
하면서 보고서를 올렸다.

③ 이는 「칙령 제41호」(1900년)에 근거하여 독도를 정확하게 통
치의 범위내로 인식하며 관리하고 있었다는 증거이다.

④ 한편, 이 보고를 받은 당시 국가 최고기관인 의정부에서는 일
본의 독도 영토 편입이 사실 무근 이므로 재조사하라는 「지영 제3
호」(1906년)를 내림으로써, 당시 대한제국이 독도를 영토로서 확고
하게 인식하여 통치하고 있었음을 잘 말해주고 있다.

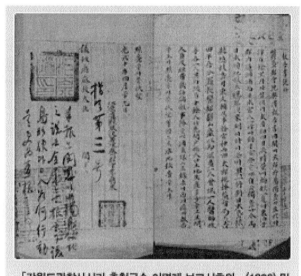

「강원도관찰사서리 춘천군수 이명래 보고서호외」 (1906) 및
의정부 참정대신 「지령 제3호」 (1906), 규장각 소장

대한민국 외교통상부 홈페이지에서 인용

(5) 일본의 불법적인 독도영토 편입

① 대한제국의 일본의 독도 편입에 이의가 있음에도 불구하고,
일본은 1890년대부터 시작된 동북아에 대한 제국주의 침략 과정에
서 발생한 러·일전쟁(1904년-1905년)시기에 무주지 선점 법리에
근거하여 「시마네현 고시 제40호」(1905년)로 독도를 침탈했다.

② 이러한 일본의 행위는 고대부터 대한제국에 이르기까지 오랜
기간 동안 확립되어 온 독도에 대한 확고한 영유권을 침해하였다는
점에서, 어떠한 이유에서도 정당화될 수 없는 불법이며, 국제법적
으로 아무런 효력이 없는 행위이다.

(6) 제2차 세계대전 이후 대한민국의 독도 영유권 재확인

① 1945년 제2차 세계대전의 종전과 더불어, 일본은 폭력과 탐욕에 의해 약취한 모든 지역으로부터 축출되어야 한다는 카이로선언(1943년)에 따라 우리 고유 영토인 독도는 당연히 대한민국 영토가 되었다.

② 아울러 연합국의 전시 점령 통치시기에도 SCAPIN 제677호에 따라 독도는 일본의 통치·행정범위에서 제외된 바 있으며, 샌프란시스코 강화조약(1951년)은 이러한 사항을 재확인하였다.

③ 이후 우리는 현재까지 독도를 실효적으로 점유하고 있다.

④ 이러한 사실에 비추어 볼 때, 독도에 대하여 역사적, 지리적, 국제법적으로 확립된 우리의 영유권은 현재에 이르기까지 중단 없이 이어지고 있다.

대한민국이 설치한 독도등대가 보이는 사진

제2절 독도문제를 이해하기 위한 16포인트

2008년 2월 일본 외무성은 다께시마영유권에 대한 홍보활동의 일환으로 "다께시마 문제를 이해하기 위한 10포인트"(Pamphlet "10 Issues of Takeshima"를 공간하기에 이른다. 한국정부와 독도문제연

구단체들은 이를 일본정부의 한국에 대한 독도영유권문제의 논쟁 재개의 도전장으로 받아들이고, 독도의 영유권은 물리력에 의한 실효적 지배만으로 보전할 수 없고 일본의 끈질긴 다께시마영유권논리를 압도하는 역사적 · 국제법적 논리의 개발 · 정립이 선행되어야 한다는 의미에서 독도학회에서는 2009년에 '세계인이 독도를 이해하기 위한 16포인트'를 공간했다.

(1) 독도가 최초로 거론되는 일본의 고문헌도 독도를 한국영토로 기록하고, 동해쪽 일본의 영토는 오끼도(隱岐島)를 한계로 한다고 하였다.

일본정부가 1960년에 한국정부에 보낸 외교문서에 의하면, 일본 고문헌에 '독도'가 최초로 나오기 시작한 것은 1667년에 편찬된 『은주시청합기(隱州視聽合記)』라는 보고서부터이다. 일본 외무성의 설명에 의하면 이 책은 이즈모(出雲)의 관리인 사이토(斎藤豊仙)가 번주의 명을 받고 1667년 가을에 오끼도(隱岐島)를 순시하면서 보고 들은 바를 기록하여 보고서로 작성하여 바친 것이다. 이 책에서 처음으로 독도를 '마쯔시마(松島)'로, 울릉도를 '다께시마(竹島)'로 호칭하면서 언급했다고 하였다. 그런데 이 책의 기록내용은 독도와 울릉도에서 고려를 보는 것이 마치 일본의 이즈모(出雲)에서 오키(隱岐)를 보는 것과 같아서, 이 두 섬 울릉도(竹島)와 독도(松島)는 고려에 속한 것이고, 일본의 서북쪽 경계는 오끼도(隱岐島)로서 한계를 삼는다고 밝히고 있다.

일본에서 최초로 '독도'의 존재를 기록한 1667년의 『은주시청합기(隱州視聽合記)』도 울릉도와 '독도(松島)'는 고려(조선)영토이고, 일본의 서북쪽 국경은 오끼도(隱岐島)를 한계로 한다고 기록한 것은 역사적 진실이 그러했기 때문이다.

(2) 일본정부가 역사적 근거로 제시하는 1618년의 '다께시마도해면허'와 1656년(일설 1661년)의 '마쯔시마도해면허'는 오히려 울릉도(다께시마)와 독도(마쯔시마)가 한국영토임을 증명하는 자료이다. 왜냐하면 당시 '도해면허'는 일본 도쿠가와 바꾸후가 쇄국정책 시대에 자국민이 외국에 건너갈 때 발급한 허가장이었기 때문이다.

일본정부는 최근에 '역사적'으로 '독도'는 일본 고유영토라고 주장하면서, 그 근거로 도쿠가와바꾸후가 일본 어업가 오오다니(大谷甚吉)와 무라까와(村川市兵衛) 두 가문에게 1618년에 내여준 '다께시마도해면허(竹島渡海免許)'와 1656년에 내여 준 '마쯔시마도해면허(松島渡海免許)'를 들면서, "일본이 1618년부터 약 80년간 독도를 영유 또는 실효적 점유를 했다."고 주장하고 있다. 그러나 이 두 개의 '도해면허(渡海免許)'내용을 보면 오히려 '다께시마(울릉도)'와 '마쯔시마(독도)'가 조선영토임을 더욱 명확하게 증명해 주는 자료임을 알 수 있다. 왜냐하면 이 두 개의 '도해면허'는 '외국'에 건너갈 때 허가해 주는 '면허장'이었기 때문이다.

따라서 도꾸가와바꾸후가 내여 준 1618년의 '죽도도해면허'나 1656년의 '송도도해면허'가 독도를 일본 고유영토라고 주장할 증명이나 근거는 전혀 될 수 없다. 만일 '마쯔시마도해면서'가 독도의 일본 교유영토임을 증명하는 자료가 된다면 '다께시마도해면허'는 울릉도가 일본 고유영토라는 증명이 되어 일본정부는 울릉도가 일본 고유영토라고 먼저 주장해야 논리적 일관성이 있을 것이다. '도해면허'

는 외국에 건너가는 면허장이었기 때문에 '다께시마(울릉도)도해면
허'와 '마쯔시마(독도)도해면허'는 오히려 울릉도(다께시마)와 독도
(마쯔시마)가 일본영토가 아니였고 외국인 조선영토임을 증명하는
명백한 자료가 된다. 17세기 당시에 도꾸가와바꾸후도 이 두 섬이
조선영토임을 잘 알고 독도와 울릉도 두 섬을 조선영토로 인정하여
외국에 월경할 수 있는 '도해면허'를 발급했음을 이 자료는 명백하
게 증명해주는 것이다.

(3) 1693년(일설 1692년) 안용복의 일본 납치로 시작된 울릉도와
독도 영유권론쟁에서, 일본 도꾸가와바꾸후정부는 1696년1월 울릉
도와 독도를 조선영토로 재확인하고, 일본 어민들의 출어를 금지시
켜 이미 이때에 울릉도와 독도 영유권논쟁에 종지부를 찍었다.

1693년 봄에 조선어부 안용복 등과 일본어부들의 충돌 사건을 계
기로 대마도도주가 울릉도와 독도를 욕심내어 1693년부터 1695년
까지 약 3년간 한 · 일 양국 사이에 영유권논쟁이 있었다.

1696년1월28일 에도의 도쿠가와바꾸후 장군에게 대마도도주가 새
해 인사를 하러 에도에 올라가게 되었다. 바꾸후 장군과 관백은 호
끼슈(伯耆州)태수 등 4명의 태수들이 나란히 앉은 자리에서 울릉도
(다께시마)문제에 대해 대마도 도주와의 질의 · 응답을 종합하여 참
조한 후, 다음과 같이 명령하였다. 그 요지는 ① 다께시마(울릉도)
는 일본의 호끼(伯耆)로부터의 거리가 약 160리이고 조선으로부터
의 거리는 약 40리 정도로서 조선에 가까워 조선영토로 보아야 하
며. ② 앞으로는 그 섬에 일본인들의 도해(渡海 : 국경을 넘어 바다
를 건너는 것)를 금지하며. ③ 이 뜻을 대마도 태수가 조선측에 전

하도록 하고. ④ 대마도 태수는 돌아가면 형부대보(刑部大輔:대마도의 재판 담당관)를 조선에 파견하여 이 결정을 알리고 그 결과를 바꾸후 장군과 관백에게 보고하도록 명령한 것이었다.

도꾸가와바꾸후 장군과 관백의 1696년1월28일의 이 결정으로 '다께시마도해면허'와 '송도도해면허'는 취소되었고, 일본어부들의 울릉도와 독도 출어는 엄격히 금지되었다.

(4) 1696년1월 일본정부가 울릉도와 독도를 조선영토로 재확인 결정한 사실은 외교 문서화되어 조선정부와 교환되었다.

도쿠가와 막부 장군과 관백이 1696년1월28일 울릉도와 독도를 조선영토로 재확인하고, 일본 어부들의 울릉도와 독도 출어를 금지하는 결정을 내림과 동시에 이 재확인 결정을 대마도 도주가 대마도 형부대보(刑部大輔)를 조선에 보내어 조선정부에 알리고 외교교섭을 마친 후 그 결과를 막부 장군에게 보고하도록 명령하자, 대마도 도주는 돌아와 이 외교절차를 집행하기 시작하였다.

조선 예조팜의 이선부(李善溥)와 일본 대마도 형부대보 평의진(平義眞) 사이에 두 차례 외교문서 왕복이 있은 후, 1699년1월 일본측으로부터 조선측에 조선의 답서를 에도의 바꾸후장군에게 잘 전달했다는 최후의 확인 공한이 도착하여 외교절차가 모두 종결되었다.

그리하여 일본 대마도 도주가 장기번 태수와 결탁하여 조선의 울릉도와 우산도(독도)를 탈취하려고 시작한 울릉도와 독도 영유권논쟁은 1696년(숙종 22년)1월 도꾸가와바 꾸후장군의 울릉도와 독도가 조선영토이며 일본어부들의 월경 고기잡이를 금지한다는 재확인 결정에 의하여 완전히 종결을 보았고, 이에 관한 외교문서의 교환도 1699년1월 최종적으로 모두 끝내게 되었다.

(5) 1696년1월 일본정부의 '울릉도 · 독도=조선영토' 재확인은 울릉도만이 아니라 독도의 조선영토 재확인도 포함된 것이다.

도꾸가와 바꾸후는 독도(松島)를 울릉도(竹島)의 부속도서로 간주하였다. '마쯔시마도해면허'를 신청한 배경이나 도꾸가와 바꾸후가 이를 승인하여 면허를 내여준 배경이나 모두 마쯔시마(독도)는 '竹島之內松島(울릉도 안의 독도)', '竹島近辺松島(울릉도와 가까운 변두리의 독도)', '竹島近所之小島(울릉도 가까운 곳의 작은 섬)' 등 그들의 표현에서 나타나듯이 '독도(松島)는 울릉도(竹島)의 부속도서'라는 사실과 그 인식에 의거한 것이다. 도꾸가와 막부로서는 이미 1618년 '다께시마(울릉도)도해면허'를 승인한 이상 울릉도(竹島)의 부속도서인 독도(松島)에 월경하여 고기잡이를 해오는 면허인 '松島(독도)도해면허'를 40년 후에 승인하는 것은 당연한 것이라고 간주한 것이었다.

이 사실을 더욱 명료하게 기록한 것은 1877년(일본 명치 10년) 태정관과 내무대신이 울릉도와 독도는 조선영토로서 일본과 관계없는 땅이라는 결정을 내렷을 때의 문서이다. 이 문서에는 1692년(조선 숙종 18년, 일본 元祿5년) 조선인(安龍福)이 일본에 왔을 때 바꾸후정권과 조선정부의 왕복문서 교환 끝에 다께시마(울릉도)와 그 외 일도 즉 독도(松島)를 이미 조선영토로 확인하였다고 기록했고, 일본 내무성과 태정관은 이와 함께 조선 숙종년간(일본 元祿년간)에 조선과 왕복한 문서들을 첨부하면서 '죽도와 그 밖의 일도(竹島外一島)'의 '일도(一島)'가 바로 '독도(松島)'를 가리키는 것임을 설명하는 다음과 같은 문서를 첨부하였다.

"다음에 일도(松島)가 있는데 마쯔시마(독도)라고 부른다. 둘레의 주위는 30정보 정도이며, 다께시마(울릉도)와 동일선로에 있다. 오끼(隱岐)로부터의 거리가 80리 정도이다. 나무나 대는 드물다. 바다짐승이 난다."

즉 일본 내무성이 1696년1월 도꾸가와 바꾸후 장군이 울릉도(다께시마)와 독도(마쯔시마)를 조선령으로 재확인하여 결정할 때의 문서를 필사 정리하여 1877년 태정관에게 제출한 질품서 부속문서에서 '다음에 일도(一島)가 있는데 마쯔시마(독도)라고 부른다'고 하여 '그밖의 일도(一島)'가 독도(마쯔시마)임을 명확히 밝혀서 1696년 1월의 결정이 다께시마와 마쯔시마를 모두 포함함을 명백히 한 것이다.

(6) 1696년1월 이후 일본지도들은 모두 일본정부의 '울릉도 · 독도=조선영토' 재확인을 반영하여 울릉도와 독도를 조선영토로 그렸다. 그 대표적인 예가 하야시시헤이(林子平)의 삼국접양지도(三国接壤之図)이다.

1696년1월 이후 일본의 모든 지도들은 울릉도(다께시마)와 독도(마쯔시마)가 조선영토임을 명료하게 표시하였다. 그리고 일본지도나 시마네현 지도에서는 울릉도와 독도를 제외하였다.

예컨대, 일본 실학파의 최고 학자인 하야시시헤이(林子平, 1738~1793)는 1785년경에 『삼국통람도설(三国通覧図説)』이라는 책을 간행하면서 그 부록 지도 5장의 일부로서 「삼국접양지도(三国接壤之図)」와 「대일본지도(大日本地図)」를 그렸는데, 국경과 영토를 명료하게 구분해서 나타내기 위해 나라별로 채색해서, 조선은 황색으로 일본은 녹색으로 채색하였다. 동해 가운데 있는 울릉도와 독도(우산도)는 조선의 황색으로 채색했겠는가? 아니면 일본의 녹색으로 채색했겠는가?

하야시시에인는 동해 가운데 울릉도와 독도(우산도)를 정확한 위치에다 그려 넣었고, 울릉도와 독도를 모두 조선색깔인 황색으로 채색하여 조선영토임을 명백하게 표시했다. 그렇게 해놓고서도 혹시 훗날 무지한 일본인들의 억지가 있을 것을 염려했는지, 이 지도들은 울릉도와 독도 두 섬 옆에 다시 '朝鮮ノ持=(조선의 것)'라고 문자를 적어 넣어 울릉도와 독도가 조선영토임을 거듭해서 더욱 명확하게 강조하였다.

하야시의 『삼국통람도설(三国通覧図説)』과 삼국접량지도(三国接壤之図)는 1832년 프랑스어로 번역, 세계에 널리 보급되어 울릉도와 독도가 한국영토임을 증명해 주고 있다.

(7) 일본정부는 1905년 독도를 일본영토로 편입했다며 국제법상 적법하다고 주장하고 있지만, 이는 독도를 당시 '주인없는 섬'이라고 전제하고 있기 때문에 완전히 불법이고, 무효이며, 성립되지 않는 것이다.

일본정부는 시마네현 어업가 나까이의 청원서를 승인하는 형식을 취하여 1905년1월28일 일본 내각회의에서 독도를 일본영토로 편입한다는 결정을 하였다.

이때 일본 내각회의 결정에서 '독도'를 일본영토로 편입한 전제로서 근거가 된 것은 독도(리앙꼬도)는 "다른 나라가 이 섬을 점유했다고 인정할 형적이 없다"고 하여 독도가 임자가 없는 '무주지(無主地)'라고 주장한 것이었다. 즉 '한국영토인 독도'를 '무주지'로 날조한 것이었다. 따라서 독도가 1905년1월 이전에 '무주지'가 아니라 '한국영토'였음이 증명되면, 이 '무주지선점론'에 의거한 일본 내각회의의 결정은 완전히 무효화되는 것이었다.

독도는 서기 512년(신라 지증왕 13년) 우산국이 신라에 통일된 이래 계속하여 한국영토로 존속해 왔으므로, 역사적 진실은 '한국이라는 주인이 있는 섬'이었다. 또한 일본의 자료들에서도 예컨대, 1696년의 일본정부 공문서, 1870년의 일본 태정관(太政官)과 외무성 공문서, 1876~77년의 일본 태정관과 내무성 공문서 등과 같이 독도는 '한국이라는 주인이 있는 섬'이라는 사실을 밝히고 있다.

따라서 독도를 '무주지'라고 거짓으로 전제하면서 '무주지 선점론'에 의거하여 일본에 영토편입한다는 일본 내각회의의 결정은 독도가 1905년1월 이전에 '무주지'가 아니라 '한국소유의 유주지(有主地)'였기 때문에 국제법상 완전히 위법이며 무효의 결정인 것이다.

(8) 일본정부는 1905년 독도의 영토편입을 국제적으로 고시하지 못하고 지방 현(縣)내부의 고시로만 하였다. 이는 명백히 독도의 소유주인 한국과 세계가 알지 못하도록 처리하려 한 것이었다.

당시 국제공법은 '무주지'라고 할지라도 그 '무주지'를 영토로 편입할 때에는 그곳이 면한 나라들에 사전 조회하거나 국제적 고시(告示)를 요구하였다.

독도는 울릉도의 부속도서이고 한국의 우산도(독도, 석도)로서, '영토편입'을 형식상 청원한 나까이와 내무성도 이를 한국영토로 인지했으므로, 일본정부는 당연히 한국정부에 이를 사전 조회해야 했고 또 사후 통보했어야 하는데 어떠한 조회와 통보도 하지 않았다. 일본정부는 '독도'를 일본에 '영토편입'한다는 내각회의 결정을 한 후, 내무대신이 1905년2월15일 훈영으로 시마네현 지사는 1905년2월22일자의 '다께시마(竹島)편입에 대한 시마네현(島根縣) 고시 제40호'로서 고시문을 시마네현 공무원 소식지인 '현보(縣報)'에 조그맣게 게재했으며, 이 고시 내용을 지방신문인 '야마가게신문(山陰新聞)' 1905년2월24일자로 조그맣게 보도했다.

국제법이 요구한 영토편입고시는 '고시'는 '국제고시'인데 일본은 중앙정부의 『관보(官報)』에 게재하여 중앙정부 수준에서 국제고시하지 못하고 이 시안에 대해서만 예외적으로 지방의 관용소식지인 '현보'에 게재하여, 사실상 '비밀'에 붙이려고 하였다. 왜냐하면 '관보'에 게재하면 동경에 있는 주일본 한국 공사관과 각국 대사관 그리고 공사관에서 이를 알게 될 것이기 때문이었다.

그러므로 일본이 '독도'를 '무주지'라고 전제하여 '무주지 선점론'에 의가하여 '영토편입'을 결정을 하고 '지방현청이 고시'한 것은, '독도'가 무주지가 아니라 한국이라는 주인이 있는 '유주지'였고, 고시 방법도 적절한 절차를 무시한 것이기 때문에 국제법상 성립되지 않은 불법의 결정이며 완전히 무효의 결정인 것이었다.

(9) 일본은 1945년 패전 후 "한국에 반환한 영토는 1910년8월 당시 일본이 병탄한 영토에 한정하고 1905년 편입한 독도는 해당되지 않는다"고 주장하고 있으나, 연합국의 구일본영토 처리 원칙은 1894년1월1일을 기준일로 하여 그 이후 일본이 병합한 영토는

모두 원주인에게 반환하는 것이었다.

연합국을 대신하여 미국이 1947년3월20일자로 연합국의 「대일강화조약」미국초안(제1차 초안)을 작성했는데, 영토조항의 제1조에서는 다음과 같이 일본영토는 '1894년1월1일 현재의 영토'로 한정한다고 명백히 밝혔다.

제1조 일본의 영토 한정은 제2·3···항에서 한정되는 바와 같이 1894년1월1일 현재의 것으로 될 것이다.
이러한 한정은 혼슈(本州)·규슈(九州)·시고꾸(四国)·홋까이도(北海道)의 4개 기본 섬과 주변의 모든 작은 섬들을 포함할 것이다.

제1차 미국초안에서는 제1조에 일본의 영토규정을 넣고, 그 내용에서 일본의 영토는 1894년1월1일 현재의 영토로 한정한다고 명료하게 규정하였다. 이 원칙은 샌프란시스코 강화조약의 기본원칙으로 적용되었다.

제1차 미국초안은 제4조에서 한국영토를 다루었는데 그 내용은 "일본은 이에 한국(한반도)과 제주도·거문도·울릉도·독도를 포함한 근해의 모든 작은 섬들에 대한 모든 권리와 권원을 포기한다"고 하여, 독도가 한국영토임을 명확히 규정하였다.

연합국측의 규정은 일본 영토를 '1894년1월1일 현재의 영토로 한정'하였고, 1894년 이후 일본이 다른 나라로부터 약취한 모든 영토는 모두 원주인에게 반환하도록 처리한 것이며, 1905년 일본이 대한제국으로부터 약취한 독도도 당연히 1894년1월1일 이후에 약취한 영토에 해당되어 한국에 반환된 것이었다.

(10) 연합국은 1946년1월29일 연합국최고사령부 지영 제677호로 독도를 일본영토에서 제외하여 한국에 반환하였다. 그 후 연합국은 이를 수정하지 않았다.

일본이 1945년9월2일 항복문서에 조인한 후, 동경에 설치된 연합국 최고사령부는 수개월의 조사 후에 1946년1월29일 「연합국 최고사령부 지령(SCAPIN: Supreme Command Allied Powers Instruction) 제677호」로서 '약간의 주변 지역을 정치상 행정상 일본으로부터 분리하는데 관한 각서'를 발표하고 집행하였다. 이 SCAPIN 제677호 제3조에서 '독도(Liancourt Rocks. 竹島)는 일본영토에서 분리 제외되어 한국에 반한되었다.

연합국 최고사령부는 이 SCAPIN 제677호를 '일본의 정의(the definition ofjapan)'라고 표현하였다. 연합국 최고사령부는 당시 국제법상 합법적 기관이였으므로, 연합국 최고사영부가 '독도'를 원주인인 한국(당시 미군정)에 한환하여 한국영토로 결정한 것은 국제법상 효력을 갖는 것이었다.

대한민국은 1948년8월15일 정부 수립과 동시에 미군정으로부터 한반도와 독도 등을 인수받아 한국영토로 하였고, 1948년12월12일에는 유엔총회에서 대한민국이 독립주권 국가로서의 국제적 지위와 그 영토지배를 공인받았다.

SCAPIN 제677호 제5조에서, 일본영토 정의에 수정을 가할 때에는 연합국 최고사영부가 반드시 다른 특정한 SCAPIN(연합국 최고사령부 지령)을 발표하야 하며, 그렇지 않는 한 SCAPIN 제677호의 '일본의 정의'가 미래에도 적용됨을 명백히 밝혔다.

연합국 최고사령부는 1952년 해체될 때까지 '독도'의 영토귀속을 수정한 다른 특정 SCAPIN을 발표한 일이 없다.

연합국 최고사령부는 1946년6월22일 SCAPIN(연합국 최고사령부 지영)제1033호 제3조에서 '일본인의 어업 및 포경업의 허가 구역' (통칭 맥아더 라인)을 설정했는데, 그 b항에서 '일본인의 선박 및 승무원은 금후 북위 37도15분, 동경 131도 53분에 있는 리앙쿠르 암(독도)의 12해리 이내에 접근하지 못하며, 또한 이 섬에 어떠한 접근도 하지 못한다'고 규정하여, 일본인의 독도 접근을 엄격히 금지하였다.

이것은 연합국 최고사령부가 '독도'와 그 영해, 근접수역을 한국의 영토와 영해로 재확인하고 일본인의 독도 접근은 물론이요 독도 주변 12해리 영해와 근접수역에도 들어가지 못하도록 금지하여 '독도' 가 한국영토임을 거듭 명확히 재확인한 것이었다.

그러므로 대한민국의 독도 영유는 SCAPIN 제677호와 SCAPIN 제 1033호에 의하여 국제법상으로도 명확하게 재확인 받은 것이었다.

(11) 연합국은 샌프란시스코 대일본 강화조약 체결에 앞서 1950 년에 작성한 「연합국의 구일본 영토처리에 관한 합의서」에서 독도 를 한국영토로 합의하였다.

연합국은 1950년에 강화조약의 사전준비로서 「연합국의 구일본영 토 처리에 관한 합의서」(Agreement Respecting the Disposition of Former Japanese Territories)를 작성하였다.

이 합의서의 제3항은 대한민국에 반환할 영토로서 "연합국은 대 한민국에게(to the Republic of korea) 한반도와 그 주변의 한국의 섬들에 대한 완전한 주권을 이양하기로 합의했는데, 그 섬들에는 제주도, 거문도, 울릉도, 독도(Liancourt Rocks, Takeshima)를 포함한다.(이하 생략)"고 규정하였다.

즉, 이 합의서는 한국에 반환할 영토로서는 한반도본토와 그 주변의 모든 섬들(all oftshore Korea islands)인데, 여기에 대표적 예로 든 섬은 제주도, 거문도, 울릉도와 함께 '독도'가 대한민국에 이양할 한국영토로 처리하기로 합의되었음을 극명하게 밝히고 있다. 또한 부족 지도에는 '독도'를 한국영토의 구획선 안에 넣어 '독도'가 한국영토임을 명백히 표시하였다.

이 합의서는 연합국이 샌프란시스코에서의 대일본 강화조약을 위해 사전에 준비한 것인데, ① 미국 단일국가의 안이 아니라 48개 연합국 및 관련국의 합의문서이고 ② 샌프란시스코 대일본 강화조약에서 명문화되지 않은 영토부분의 해석서가 된다는 점에서 극히 중요한 것이다.

샌프란시스코 강화조약에서는 '독도'의 귀속문제가 명문으로 조약문에 올라있지 않으므로, 이 경우에는 「연합국의 구일본영토 처리에 관한 합의서」가 극히 중요한 합의문서가 되며, 이 문서에서 '독도'가 대한민국에게 모든 주권을 이양할(that there shall be transferred in full sovereignty to the Republic ofkorea)영토로 합의되어 있는 것이다.

(12) 샌프란시스코 강화조약 본문에서 독도 명칭이 누락된 것은 일본의 로비공작 때문이었다. 미국은 제1차~5차 초안에서는 독도를 한국영토에, 제6차 초안에서는 일본영토에 포함시켰다가 제7~9차 초안에서는 독도영칭을 누락시켰다.

미국이 주도하여 1947년3월20일자로 작성된 제1차 미국초안에서
는 "일본은 한국(한반도)·제주도·거문도·울릉도·독도(리앙쿠르암,
죽도)를 포함하여 한국 연안의 모든 보다 작은 섬에 대한 권리 및
근원을 포기한다"고 하여 '독도'가 한국영토로 분명하게 포함되어
있었다.

그리고 제2차 미국초안(1947년8월5일), 제3차 미국초안(1948년1월
2일), 제4차 미국초안(1949년10월13일), 제5차 미국초안(1949년11월
2일)까지도 '독도'가 명문으로 기록되어 한국영토에 포함되어 있었
다.

그러나 제6차 미국초안(1949년12월29일)부터는 '독도'의 이름이
빠지게 되었다. 이는 일본측의 맹렬한 로비가 있었기 때문이었다.

일본측은 당시 일본정부 고문이였던 시볼드(W. J. Sebald)를 내
세워 독도를 일본영토에 편입시켜 주면 이 섬을 미군의 기상 및
레이더 기지로 제공하겠다고 맹렬히 로비하였다. 그 결과 제6차 미
국초안(1949년12월29일)에서는 독도가 일본영토에 포함되었다.

그러나 미국 내에서도 시볼드의 로비에 반대가 있었고, 영국·오
스트라리아·뉴질랜드 등 다른 연합국도 동의하지 않았으므로, 제7
차 미국초안(1950년8월9일), 제8차 미국초안(1950년9월14일) 및 제
9차 미국초안(1951년3월23일)에서도 독도(다께시마)를 일본영토 조
항에서도 지우고, 한국영토 조항에서도 지웠다.

(13) 샌프란시스코 강화조약 본문에서의 독도 명칭 누락에 미국
측 내부 의견은 일치하지 않았다. 미국 국무부 지리 담당관은 독도
를 한국영토로 표시해 넣자고 강력하게 주장하였다.

미국 국무부 동북아시아처에서 샌프란시스코회담을 준비하던 피어리가 샌프란시스코조약 이후 영토분쟁이 일어날 수 있는 지역에 대한 정보를 요구한데 대하여 국무부 정보조사국에서 오랫동안 지리문제 전문가로 활약한 보그스는 1951년7월13일 독도의 영토귀속문제를 해석할 중요한 답변을 보냈다. 보그스는 이 답변에서 "독도는 한국령이며 그러므로 독도는 한국령이라는 문구를 첨가해야 한다"고 주장하였다.

보그스는 이 답변서에서 "일본은 한국의 독립을 승인하며, 제주도와 거문도, 울릉도 및 독도를 포함해 한국에 대한 모든 권리와 권원과 청구권을 포기한다"고 기술할 것을 주장하였다.

(14) 샌프란시스코 강화조약에서 영국·뉴질랜드·오스트레일리아는 독도를 한국영토로 명기할 것을 희망하고, 영국초안에서는 독도를 한국영토에 포함시켰다.

미국이 독도를 제1～5차 미국초안까지는 한국영토에 포함시켰다가 제6차 초안에서는 일본영토로 수정하여 옮기자, 영국·뉴질랜드·오스트레일리아가 질문서를 보냈는데, 미국의 수정안에 반대하는 항의서였다.

특히 영국은 독자적인 새로운 대일본강화조약초안을 3차까지 만들었다.

영국은 제2차 영국초안(1951년3월)과 제3차 영국초안(1951년4월)에서 제주도와 독도는 한국영토로 귀속시켰고, 대마도와 오끼도는 일본영토로 귀속시키는 입장과 견해를 거듭 명확히 하였다.

이에 당황한 미국정부는 영국을 설득하여 미·영 합동초안을 만들

게 되었다. 미·영 합동초안에서는 독도 명칭 자체를 조약 초안에서
빼고 애매모호하게 처리하였다.

미·영 합동초안(1953년5월3일자)을 작성하기 위한 연합국 실무자
들의 토론회 회의록이 일부 남아 있는데, 뉴질랜드는 독도가 한국
영토임에도 불구하고 미국의 일방적인 초안 작성으로 후에 일본이
분쟁을 일으킨 여지를 남기는 것이라고 명료하게 지적하였다.

이상과 같은 과정으로 1951년9월8일 미국 샌프란시스코에서 체결
된 연합국 '대일본강화조약'의 미국초안에서 독도가 처음 5차례(제1
~5차 초안)일본영토로 수정 표시되었으나, 미국 내 반대의견과 뉴
질랜드·오스트레일리아·영국 등의 반대 의견으로 이후 3차례(제7~
9차 초안)는 아예 빠졌다. 그러나 영국초안에서는 독도를 한국영토
에 포함시켰다. 미·영합동초안과 본 조약문에서는 독도는 한국영토
에 포함시켰다. 미·영합동초안과 본 조약부문에서는 독도명칭이 누
락되었다.

(15) 샌프란시스코 강화조약에서의 독도 명칭 누락으로 일본의
로비는 결국 실패했고, 독도의 영토귀속에 대해 연합국이 이전 합
의한 '독도는 한국영토'라는 합의 결정이 계속 유효하게 되었다.

연합국측은 연합국 최고 사령부가 1946년1월29일 SCAPIN(연합국
최고사령부 지령)제677호에 의해 '독도'를 일본 영토에서 제외하여
한국에 반환하면서, 제5조에서 이 결정을 수정하고자 할 때에는 반
드시 연합국(최고사령부)이 다른 특정한 지령을 발해야 한다고 명
백히 규정하였다.

이를 '독도'의 경우에 적용하면, 만일 연합국이 SCAPIN 제677호

의 결정을 수정해서 예컨대 '일본에서 제외하여 한국에 반환했던 독도를 수정하여 일본에 부속시킨다'는 '수정'을 가하고자 할 때는 연합국 측이 다른 특정한 지영을 발하거나 그에 해당하는 명문 규정을 해야 하게 되어 있다.

그런데 연합국 최고사령부는 1952년 해체되고 일본이 재독립할 때까지 그러한 다른 특정의 지영을 발표하지 않았으므로 '독도'는 여전히 연합국 측도 한국영토로 인정하여 국제법이 보장하는 한국 영토로 되어있는 것이다.

일본측은 이를 잘 알고 1951년 대일본 강화조약 초안 작성 때 맹영한 로비를 전개하여 1차례(제6차 미국초안) '독도'를 일본영토에 포함시키는 명문규정을 삽입하는 데까지 성공했으나 최종단계에서 연합국 측이 이를 삭제하여 연합국 측의 명문 규정에 의한 '수정'에 실패하였다.

그러므로 1951년 샌프란시스코에서 체결된 대일본 강화조약에서 '독도'를 일본영토에 포함시킨다는 내용의 명문 규정이 없는 한, 1946년의 SCAPIN 제677호1950년의 「연합국의 구일본영토 처리에 관한 합의서」에 의하여 연합국 측은 '독도'를 한국 영토로 인정한 것이 되며, 일본은 국제법상 '독도'에 대해 영유권을 주장할 수 없는 것이다.

샌프란시스코 강화조약에서 독도를 일본영토로 인정받지 못했고 계속 한국영토로 공인되었다는 사실은 강화조약 체결 이듬해에 일본 매일신문사에서 펴낸 『대일본평화조약』(1952년5월)의 해설 지도에도 잘 표시되어 있다.

(16) 샌프란시스코 강화조약에서의 독도명칭 누락은 결과적으로 독도를 한국영토로 공인한 것이다. 왜냐하면 샌프란시스코 강화조약도 연합국이 독도를 한국영토로 인정한 1945~1951년의 명문화된 영토규정의 일관된 체계에 의거하기 때문이다.

연합국의 대일본 강화조약에서 한국영토 관계는 제2장 영토의 제2조 a항에서 "일본은 한국의 독립을 인정하며, 제주도·거문도·울릉도를 포함한 한국(한반도)에 대한 모든 권리·권원·청구권을 포기한다"고 되어 있다. 여기서는 일본이 포기하는 대표적 섬 이름에 제주도·거문도·울릉도만 명시되어 있고 독도가 명시되어 있지 않다.

일본정부는 이것을 가지고 연합국의 대일본 강화조약에서 독도가 일본영토임을 연합국에 의해 인정받았다고 주장하고 있다. 그러나 이것은 전혀 그렇지 않다. 한반도 주변 2천여개의 섬 이름을 모두 명기할 수 없으므로 3개 섬만 명기하고, 다른 섬들은 연합국의 1945년~1951년의 명문화된 영토규정에 맡긴 것이다. 예컨대 거제도와 오류도도 있는데 이들이 강화조약 문서에 일본이 포기하는 섬으로 명기되어 있지 않으니 모두 일본영토라고 주장하면 억지가 되는 것과 같다. 연합국은 1945~1951년의 모든 영토규정에서 독도를 시종일관 한국영토로 정의하고 명문으로 규정하였다.

미국은 원래 독도를 제1차 초안부터 제5차 초안까지 5차례는 한국영토에 넣고 일본영토에서는 제외했다가, 일본의 로비를 받고 제6차 초안에서 딱 한번 일본영토에 넣고 한국영토에서 삭제했다. 그러나 연합국의 뉴질랜드·오스트레일리아·영국 등이 독도를 한국영토에 넣은 초안 작성을 지지하자, 결국 강화조약 최종안에서는 독도 명칭을 아예 누락시켜 다루지 않게 된 것이었다.

그 결과 독도의 영토귀속에 대해서는 연합국이 강화조약 이전에 독도의 영토귀속을 명문으로 명백하게 결정한 나라의 소유로 계속 인정하고, SCAPIN 제677호와 「연합국의 구일본영토에 관한 합의서」가 계속 유효하여 독도가 한국영토로 계속 공인된 것이었다.

만일 1951년에 연합국의 대일본 강화조약문에서 연합국이 독도를 일본영토안에 넣거나 일본영토라고 명문으로 규정했더라면, 이미 1946년에 동일한 연합국이 한국영토라고 판정하여 한국에 반환되어서 대한민국이 주권을 행사하고 있는 기정결정 및 기정사실과 충돌하여 논쟁 또는 분쟁이 일어날 수 있었을지도 모른다. 연합국의 대일본 강화조약에서 독도가 일본영토라고 명문화되어 있다고 가정할지라도 독도는 이미 국제법상 합법적으로 대한민국이 소유하고 있기 때문에 독도 영유에 조금이라도 변동 수정을 가져오려면 반드시 대한민국의 승인과 동의가 있어야 가능한 것이었다. 하물며 연합국의 대일본 강화조약에서 독도의 명칭을 한국·일본 양측에 모두 누락시켜 조약문에 거론하지 않음으로써 문제를 불명료하게 회피해 넘겼다면, 더 논의할 여지도 없이 5년 전의 명문에 의한 연합국 결정과 법령(지령)에 의해 국제법상 합법적으로 한국영토로서 주권을 행사하고 있는 대한민국의 소유가 여전히 국제법상 합법적으로 지속되는 것이다. 이미 강화조약준비의 합의문서인 1년 전의 「연합국의 구일본영토 처리에 관한 합의서」에서도 연합국 합의 결정에 의해 대한민국의 독도영유가 국제법상 합법적으로 보장되었기 때문이다.

또한 한국이 서기 512년부터 독도를 고유영토로서 영유해 왔기 때문에 독도는 역사적으로도, 국제법상으로도, 지리적으로도, 실효적 점유에서도 모두 완벽한 한국영토인 것이다.

제5장 독도(다께시마)의 영유권을 둘러싼 한일양국의 사학계의 주장

독도(다께시마)영토분쟁은 해양영토분쟁에서 나타나는 모든 쟁점들이 얽혀있는 사례이다. 일반적으로 해양영토분쟁은 각종 조약들과 국제법 그리고 유엔해양법협약을 중심으로 전개된다. 조어도 분쟁의 경우도 마찬가지이다. 역사적 권원을 둘러싼 공방, 국제조약의 적용을 둘러싼 논쟁 그리고 유엔해양법협약의 조항 해석을 둘러싼 논쟁 등이 주요 논점이 되고 있다. 이들 논점 가운데서 핵심 쟁점은 일본의 '무주지 선점론'과 한국의 '역사주권 주장'이다.

일반적으로 영토나 영유권을 역사적 혹은 국제법적 관점에서 논할려면 무주지의 토지를 영토로 만들려고 하는 정부의 의사와 그 토지에 대한 실효적 관리행사를 얼마나 지속적으로 했는가에 따라 결정된다. 즉 다시 말하면, 국가가 주체가 되어 누가 먼저 영토를 발견하여 지속적으로 경영하여 왔는가 하는 역사성과, 현재 누가 실효적으로 점유하고 있는가를 소속결정의 권원으로 삼고 있다.

일본과 한국은 모두 독도(일본명: 竹島)는 자국의 고유영토라고 주장하고 있다.[26] 일본정부는 일본과 독도와의 관련성을 최대한 부각시켜서 일본의 요건에 맞추어 "현재 국제법 하의 영토취득요건은

---

26) 일본외무성의 홈페이지: http://www.mofa.go.jp/mofaj/area/takeshima/index.html에는 竹島は、歴史的事実に照らしても、かつ国際法上も明らかに我が国固有の領土です。(독도는 역사적사실에 비추어 보아도, 더욱이는 국제법상으로도 명확히 우리나라의 고유 영토이다.)라고 밝히고 있다.

영토취득 국가의사, 국가의사의 공적 공표, 영토를 취득하는 적당한 세력의 수립(독도주변 측량과 강치의 노획)이라고 하여 영유권을 주장하고 있다.[27]

한국은 동해(일본해) 중간에 떠 있는 작은 섬 독도―물새들의 고향을 고대시대이후 줄곧 관리해온 역사성을 바탕으로 실효적 점유를 하고 있는 고유영토라고 정의를 하고 있다.

본문에서는 "객관적 사실을 존중하고 각자의 견해를 배려하는" 시각에서 일·한 양국 사학계의 다께시마=독도에 대한 영유권논리를 살펴보기로 하자.

제1절 일본 사학계의 독도영유권에 관한 주장

일본의 독도에 대한 영유권주장논리로서는 고유영토론과 국제법론이 있다.

1. 역사적인 배경

조선(이조)시대에 들어와 고려말기의 많은 유민들이 울릉도에 잠입하였다. 태종(1401~18년)은 이 유민들을 단속하기 위하여 울릉도주민들의 본토귀환을 명령하여 70여명을 붙잡아서 본토에 강제연행을 진행하는 이른바 '공도정책'을 취하였다. 그 결과 울릉도는 1881년에 이르기까지의 450년간이나 조선정부에 의하여 공도로 되어왔다.

다께시마는 옛날부터 마쯔시마(松島)란 이름으로 일본인들에게 알려져 있고 그것이 일본영토의 일부라고 생각되어 일본인들에게 항해상 또는 어업상에서 이용되어 왔다.

---

27) 신용하,『독도의 민족영토사연구』, 지식산업사, 1996년, P266-267

특히는 도꾸가와(德川) 3대장군 이에미쯔(家光)시대인 1618(元和 4)년에는 호끼국(伯耆国) 요네꼬(米子)의 주민인 오오다니(大谷)와 무라까와(村川)양가는 번주(藩主)인 마쯔히라(松平)를 통하여 바꾸후(幕府)로부터 울릉도(당시에는 다께시마라고 불리고 있었음)도해 면허를 받아 가지고 다께시마(竹島)에 대한 지배가 허용됨과 아울러 이 섬을 중계지로 하여 이용함과 동시에 그 후 매년 울릉도에 어업을 하여 수확물인 전복을 바꾸후(幕府)에 늘 헌상하고 있었다.

오오다니(大谷)와 무라까와(村川)양가 도해면허(독점적개발권)를 받아서부터 80년간, 외국으로부터 아무런 점유선언과 항의도 없이 울릉도에 대한 경영을 진행하여 왔다. 양가는 울릉도에 도항하는 도중에 있는 다께시마(당시에는 마쯔시마 불리움)를 경영하고 이용하여 왔던 것이다. 1639년에 장군 이에미쯔(家光)는 쇄국령을 발포하여 외국무역을 금지하였지만 울릉도와 다께시마(당시에는 마쯔시마라 불리움)에 대한 도해면허는 금지되지 않고 계속되었다.

일본의 문헌에서 제일 처음으로 다께시마(당시에는 마쯔시마라 불리움)가 등장하는 것은 1667(寛文 7)년에 이즈모(出雲)번사인 사이또호센(斉藤豊仙)이 편집한 『은주시청합기(隱州視聴合記)』[28]중의 아래의 기사이다.

隱州視聴合記 (松江藩士 · 斉藤豊仙 著 1667년)

隱州在北海中故云隱岐島, 從是, 南至雲州美穂関三十五里, 辰巳至泊州赤碕浦四十里, 未申至石州温泉津五十八里, 自子至卯, 無可往地, 戌亥間行二日

---

28) 『은주시청합기(隱州視聴合記)』는 1667년에 사이토 호센(齋藤豊仙)의하여 편찬되었다. 그는 이즈모노쿠니(出雲國) 또는 이즈모 지방으로 불린 운슈(雲州)의 관리로 번주(藩主)의 명령을 받고 1667년 가을에 오키시마(隱伎島)를 순시한 뒤 자신이 보고 들은 것을 종합해서 『은주시청합기』라는 이름의 보고서를 올린 것이다.

一夜有松島, 又一日程有竹島, 俗言磯竹島多竹魚海鹿, 此二島無人之地, 見高麗如自雲州望隱州, 然則日本之乾地, 以此州爲限矣

번역:

일본의 온슈(隱州)는 북해중에 있는데 남쪽으로는 이즈모(出雲)의 미호세끼(美穗關)가 35리 떨어져있고 남동쪽으로는 하꾸슈(佰州)의 아까자끼우라(赤崎浦)가 40리, 남서쪽으로 는 세끼슈(石州) 온센쓰(溫泉津)가 58리 떨어져 있다. 북에서 동쪽으로는 연결되는 곳이 없고 북서쪽으로는 이틀 낮과 하루 밤을 가는 곳에 송도가 있고 이곳에서 다시 1일 낮을 가면 죽도가 있는데 이 두 섬은 사람이 살지 않는 곳이며 이 섬에서 고려를 바라보는 것이 일본의 이즈모(出雲) 지방에서 온슈(隱州)를 바라보는 것과 같다. 그런즉 일본의 북쪽 경계는 이주를 한계로 한다라고 되어있다.

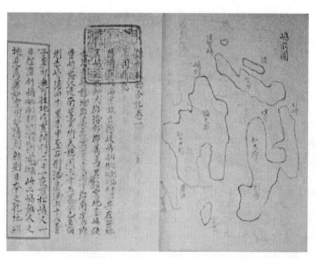

1667년에 편찬된 『은주시청합기(隱州視聽合記)』

　동년 8월에 사이또(斎藤)가 번주(藩主)의 명령에 의하여 은기도
(隠岐島)를 순시한 뒤 자신의 보고 들은 것들을 종합하여 기록한
것이다. 이 기술 중에 있는 은기(隠岐)에 가까운 '마쯔시마(松島)'라
는 것이 현재의 다께시마(竹島)이고 다시 하루 정도 가면 있는 다
께시마(竹島)라는 것이 울릉도이다.

　그 후 1692년(元緑5)년에 울릉도 해역에 있어서의 어업활동을 둘
러싸고 일본인과 조선인들 사이에 쟁투가 발생하고 있었다. 이에
대하여 바꾸후(幕府)는 대마 번주인 소요시쯔꾸(宗義倫)[29]에게 조선
정부와 교섭을 할 것을 명령하였다. 소요시쯔꾸(宗義倫)는 1693년9
월에 다다요에몬(多田与右衛門)을 대표로 하는 사신을 부산에 파견
하여 교섭을 시도하였지만은 바꾸후(幕府)의 쇄국정책으로 하여 16
96(元緑9)년부터 일본인의 울릉도(당시의 다께시마)에로의 도항을
금지하기로 했다. 일본에 있어서 울릉도와 다께시마(당시의 마쯔시
마)는 명확히 구별되어 죽도는 일본의 영토이라는 인식하에 죽도에
로의 도항활동은 금지되는 일이 없이 평온하고 지속적으로 진행되
어 왔다.

　지도로서는 호레끼(宝歴)년간(1751～1763년)에 편집된 『다께시마
도설(竹島図説)』에 마쯔시마(松島)·다께시마(竹島)에 관한 이하와
같은 기사가 실려 있다.

　隠岐国松島ノ西島ヨリ海上道規凡四十里許リ北方ニ一島アリ名テ竹島ト曰
フ 此ノ島日本ニ接シ朝鮮ニ隣シ地形三角ニシテ周囲 凡ソ十五里許リ

---

29) 宗義倫(소요시쯔꾸)는 対馬府中藩의 제4대번주(藩主)이다. 1671(寛文11)월3월26일, 제3대번
　　주인 宗義真의 차남으로 태어났다. 1692년6월27일, 부친의 은거로 하여 가업을 상속하여
　　제4대번주로 된다.

(中略)

伯州米子ヨリ竹島マテ海上道規百六十里許アリ　米子ヨリ出雲ヘ出隠岐ノ松島ヲ歴テ竹島ニ至ルナリ　但隠岐ノ福島ヨリ松島マテ　海上道規六十里許松島ヨリ竹島マテ四十里許ト云也

이 기사에서는 은기(隠岐)에 가까운 섬을 마쯔시마(현재의 다께시마), 먼 곳에 있는 섬을 다께시마(현재의 울릉도)로 하고 있다. 이 책자는 바꾸후(幕府)에 의하여 울릉도도항이 금지 된 후에 편저 되었음에도 불구하고 현재 말하고 있는 다께시마(竹島)를 '은기국의 마쯔시마'라든가 '은기의 마쯔시마'로 부르고 있는 점에는 주목할 만한 것이다.

그리고 1801(享和원년)년에 야다다까도오(矢田高当)가 집필한 『장생죽도기(長生竹島記)』에도 이하와 같은 한 구절이 있다.

さらば隠岐島後より松島（現在の竹島）は方角酉の沖に当たる卯方より吹出す風二日二夜辿り　道法三十六丁二里として海上行程百七十里程の考えなり山なり嶮粗形りと云……　さりながら如何なる故か炎天の刻用水不自由なるとかや　竹島渡海之砌竹島丸往き通ひにはかならす此島江津掛りをなしたると云　当時も千石余の廻船夷そ松前行にはかならす大風に吹出されし時はこれそ聞云ふ竹島哉と遠見す　本朝西海のはて也[30]　（ここでいう「竹島」も、現在の鬱陵島のことである。）

위의 글을 통하여 당시 다께시마마루(竹島丸)가 울릉도에 도항할 시에 다께시마(당시의 마쯔시마)를 도중의 기항지로서 늘 이용하고

---

30) 川上健三、『竹島の歴史地理学的研究』、古今書院、1996(初版,1966)、p53~54

있었던 상황을 알 수 있다. 이것으로부터 일본은 훨씬 옛날부터 다께시마(당시의 마쯔시마)를 도해도중의 기항지로서 아용하고 있었음을 알 수 있다.

1696(元祿9)년경에 돗또리(鳥取藩)번의 관리인 고다니이헤이에이(小谷伊兵衛)가 그린 '죽도평면도(竹島之絵図)'에는 다께시마의 동서량도 및 부속 암초들을 정확하게 그려져 있다.

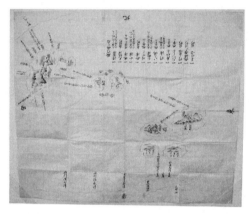

1669년에 그린 '죽도평면도(竹島之絵図)'

1720년대(享保년중)에 돗또리(鳥取藩)번주인 이께다이에규조(池田家旧蔵)의 '죽도도(竹島図)'는 바꾸후(幕府)의 명령에 의하여 그려진 것으로서 바꾸후(幕府)에 제출된 공적성질을 가진 것이다. 그리고 나가구보세끼스이(長久保赤水)의 1775(安永4)년에 그린 '일본홍지로정전도(日本興地路程全図)'와 1804(文化元年)년에 곤도쥬조(近藤守重)의 '변요분계도고(辺要分界図考)'중의 '금소고정분계지도(今所考定分界之図)'등을 비롯하여 에도시대중기 이후의 고지도에서는 은기(隱岐)와 조선과의 사이에 두 섬을 그리고 은기(隱岐)에 가까운 섬

을 마쯔시마(현재의 다께시마), 조선에 가까운 섬을 다께시마(현재
의 울릉도)로 구별하여 있는 것이 특징이다.

2. 일본의 다께시마에 대한 영토편입조치

명치유신이후, 당시는 아직도 공도정책을 실시하고 있었던 울릉도
에 출발하여 목재채벌이랑 어업활동에 종사하는 사람들이 나타났
다. 1876(明治9)년7월에는 부또헤이까꾸(武藤平学)가 나가사끼(長
崎)와 우라지보스또크사이를 여행하여 얻은 지식을 가지고 '마쯔시
마(松島) 개척제의안'을 외무성에 제출하고 동년 12월에는 사이또시
찌로(斎藤七郎)가 '마쯔시마개척원서(松島開拓願)'를, 1877(明治10)년
1월에는 도다게이기(戸田敬義)가 동경부에 '죽도도항원서(竹島渡海
之願)'을 제출하였다. 그런데 이들 모두가 울릉도를 일본의 영토인
다께시마(竹島)로 오인하고 개척원서를 제출했던 것이다. 명치정부
는 다께시마(당시에는 마쯔시마라고 불렀음)와 울릉도와의 관계를
밝히기 위하여 1880(明治13)년9월에 군함 '아미기(天城)'룰 파견하여
실지조사를 진행한 결과, 이들의 개척원서는 현재의 울릉도에 대한
것임을 확인하였다.[31]

1881(明治14)년 조선정부의 수토관이 울릉도를 시찰할 때 이 섬
에서 목재채벌을 하고 있는 일본인을 발견하여 동년 7월에 조선정
부는 일본외무성에 대하여 도항금지법에 관하여 제출하고 항의를
제의하였다. 이것에 대하여 일본정부는 울릉도가 조선령임을 확인
하고 1883(明治16)년에 울릉도에로의 도항금지를 취하였다.[32]

---

31) 田村清一郎、『島根県竹島の新研究』、報光社、1965年、p 33~34
32) 川上健三、『竹島の歴史地理学的研究』、古今書院、1996年、p 194

北緯三十七度三十分、　　東緯百三十度四十九分ニ位置スル日本称松島（竹島）朝鮮称蔚陵島ノ儀ハ従前彼我政府議定ノ儀モ有之日本人民妄リニ渡航上陸不相成候条心得違ノ者無之様各地長官ニ於テ論達可致旨其省ヨリ可相達此旨及内達候也

明治16年3月1日

太政大臣

内務卿　　　　　　　　　　　　　　　　　　　　　山田顕義 殿

당시 조선정부는 일본정부에 대하여 울릉도를 자국영토라고 인식하여 도항금지를 제출하였지만, 다께시마(당시의 마쯔시마)에 대하여서는 일본인들의 도항금지를 제출하지 않았으므로 자국의 영토라는 인식이 없었다는 걸로 된다.

1897(明治30)년경,

別紙内務大臣請議無人島所属ニ関スル件ヲ審査スルニ右ハ北緯三十七度九分三十秒東緯百五十五分隠岐島ヲ距ル西北八十五浬ニ在ル無人島ハ他国ニ於テ之占領シタリト認ムヘキ形跡ナク一昨三十六年本邦人中井養三郎ナル者ニ於テ漁舎ヲ構ヘ人夫ヲ移シ猟具ヲ備ヘテ海驢猟ニ着手シ今回領土編入並ニ貸下ヲ出願セシ所此際所属及島名ヲ確定スルノ必要アルヲ以テ該島ヲ竹島ト各ヶ自今島根県所属隠岐島司ノ所管ト為サントスト謂フニ在リ　依テ審査スルニ明治三十六年以来中井養三郎ナル者該島ニ移住シ漁業ニ従事セルコトハ関係書類ニ依リ明ナル所ナレハ国際法上占領ノ事実アルモノト認メ之ヲ本邦所属トシ島根県所属隠岐島司ノ所管ト為シ差支無之儀ト思考ス　依テ請議ノ通閣議決定相成可然ト認ム

内務大臣訓令

그 다음 정부는 이 내각회의결정상항을 시마네현(島根県)의 지사인 마쯔나가부기찌(松永武吉)에게 훈영하였다.

訓第八七号
北緯三十七度九分三十秒東緯百三十一度五十五分隱岐島ヲ距ル西北八十五浬二在ル島ジマヲ竹島ト称シ自今其所属隱岐島司ノ所管トス　此旨管内二告示セヲルベシ
右訓令ス
明治三十八年二月十五日

内務大臣　芳川顕正

島根県知事　松永武吉　殿

이 내각회의결정 및 내무대신훈영에 근거하여 시마네현(島根県)지사는 1905(明治38)년2월22일에 시마네현(島根県)고시제40호에 의하여 본섬을 명칭과 그 소속소관에 관하여 다음과 같이 고시함과 동시에, 은기도(隱岐島)청에 대하여서도 동일한 내용을 훈영하였다.

島根県告示第四十号
北緯三十七度九分三十秒東緯百三十一度五十五分隱岐島ヲ距ル西北八十五浬二在ル島ジマヲ竹島ト称シ自今本県所属隱岐島司ノ所管ト定メラル
明治三十八年二月二十二日

島根県知事　松永武吉

다께시마(竹島)가 시마네현(島根県)에 편입된 후 동지사는 훈영에

의하여 다께시마(竹島)조사와 측량을 진행하고 은기도(隱岐島)관서
는 1905(明治38)년5월3일에 다께시마(竹島)의 면적이 23町3反3畝
步[33]이라는 보고서를 지사에게 제출하였다. 이것에 의하여 시마네
현(島根県)은 국토로 토지대장에 등록하였다.[34]

더욱이는 1905(明治38)년4월, 시마네현(島根県)은 어업단속규칙을
개정하여 강치어업을 허가하고 동년 6월5일에 나까이요사부로(中井
養三朗)등 4명에 의하여 설립등기된 '다께시마어렵합자회사'에 대하
여 면허를 주었다.[35]

당초 다께시마(竹島)국유지에 대한 대부는 나까이요사부로(中井養
三朗)에게 5년간의 허가기간을 주었고 그 후에도 5년에 한번 씩 동
인에게 계속하여 허가 되어 있었다만은, 1929(昭和4)년에 강치수렵
권이 야와따쬬시로(八幡長四郎)에게 이전되어 있었으므로 동섬에서
의 강치수렵과 전복 그리고 미역 등의 채집은 1941(昭和16)년에 전
쟁에 의하여 중지될 때 까지 계속되어 왔으며 면허자들로 부터의
토지사용료가 매년 국고에 납부되었다.

이 처럼 다께시마(竹島)에 대한 일본의 실효적인 지배는 제2차세
계대전이 종료할 때 까지 평온하게 계속되어 왔던 것이다. 그리고
1945(昭和20)년11월1일에 고유재산법 실행령 제2조에 의하여 다께
시마(竹島)는 해군으로부터 대장성에 이관되어 현재에 이르고 있
다.[36]

---

33) 町, 反, 畝步는 일본의 명치시대의 면적 계양단위임.
34) 川上健三、『竹島の歷史地理学的研究』、古今書院、1996年、p 212~217
35) 川上健三、『竹島の領有』、外務省条約局、1953年、p 60
36) 太壽堂鼎、「竹島紛争」、国際法外交雑誌64卷4.5合併号、1953年、p 137

3. 일본의 다께시마편입 이후의 실효적지배

근대국제법의 통념에 의하면 대략 일국의 영토권에 대한 확립을 위하여서는 선점의 법리에 의하여 그 객체가 무주의 토지로서 한편 이것을 영토로 만들기 위한 국가의 명확한 의사표시와 그것에 대한 현실적인 점유 그리고 실효적인 지배[37]를 동반할 필요가 있다.

독도는 불모의 무인도이지만 역사적으로는 일본인이 일찍부터 인지하고 있었으며 그 영유권을 지켜온 토지이다. 그것은 법적으로 주인 없는 토지임을 의미하지 않는다. 이것은 일본 영토의 일부로서 1905(昭和38)년에 정식으로 편입하였다고 하더라도 제3국으로부터 이의가 있거나 일본정부의 독도에 대한 영유조치에 관하여 타국의 아무런 항의를 받는 일은 없었다.

일본은 다께시마에 대하여 국가로서의 영유권에 관한 명확한 의사 표시와 그 실효적인 지배를 하여 왔으며 다께시마가 국제법상 일본의 영토라는 법적인 근거를 충분히 갖추고 있다.

영토편입과 행정권

(1) 1905(明治38)년8월19일, 시마네현(島根県)지사인 마쯔나가부기찌(松永武吉)는 수행인원 3명과 스스로 다께시마(竹島)에 대한 시찰을 진행하였다. 지사인 마쯔나가부기찌(松永武吉)는 동 은기도(隠岐島)관서에 군사우편으로 엽서를 보내고 있다. 엽서에

---

37) 실효적인 재배의 이미에 관하여서는 의견이 갈라져 있다. 즉 토지의 현실적인 사용 또는 정기적인 거주와 같은 물리적인 지배라고 해석하는 설과 해당 지역에 대한 지배권에 대한 확립이라는 해설이 있다. 근년의 국제재판관례는 모두 후자의 설법을 지지하고 있다. 예를 들면 정기적인 거주인구가 존재하더라도 국가의 지배가 거기에 미치지 못한다면 선점은 유효로 인정을 받지 못하고 반대로 무인도더라도 군함이랑 공적인 선박에 의한 정기적인 순시 같은 방법으로 국가기능을 미치는 것을 통하여 그것을 선점할 수 있다.

는 '明治三十八年八月一九日新領土竹島ヲ巡視ス、オ先ニ失敬御
免、一行ハ松永知事、佐 藤警務長、藤田、大塚ノ四人ナリ(명
치 38년8월19일에 새로운 영토인 독도를 순시하였음, 실례를
구함, 일행 마쯔나가지사, 사또우경무장, 후지다, 오오즈까 등
4명임'라고 적고 있다.)

(2) 1906(明治39)년3월22일의 다께시마시찰은 어업, 농업, 위생,
측량 등 많은 전문가들로 조직된 조사단이었다. 3월30일에 마
쯔에(松江)로 돌아왔다. 이번 시찰의 보고서는 다께시마도항일
지와 합하여 오꾸하라헤끼운(奧原碧雲)의 작으로 된 '다께시마
및 울릉도'란 제목으로 1907(明治40)년4월에 출판되어 있고 별
도로 동도관서의 '다께시마의 시찰'이란 제목으로 복명서로 기
록되어 있다.

(3) 1926(大正15)년7월1일, 은기도(隱岐島)청의 폐지와 동반하여
다께시마는 신설된 시마네현은기지청(島根縣隱岐支庁)의 소관
에 이전되었다.

(4) 1939년(昭和14)년4월24일, 오찌군고까(穩地郡五箇)촌회는 다께
시마를 고까무라(五箇村)구역에 편입할 것을 의결하였다.

(5) 1940(昭和15)년10월1일에 실시한 국세조사보고서에서는 독도
의 면적을 5.86으로 기록하고 시마네현오찌군고까무라(島根縣
穩地郡五箇村)의 다께시마로 하고 있다.

(6) 1940(昭和14)년8월17일, 공용지로서는 폐지되고 마이즈루찐쥬
부(舞鶴鎭守府)에 군용지로서 인계되었다.

(7) 1941(昭和16)년11월28일, 마이즈루찐쥬부(舞鶴鎭守府)사영관에
의해 시마네현오찌군고까무라(島根縣穩地郡五箇村)의 야와따

죠시로우(八幡長四郎)씨에게 독도의 사용을 허가 했다.

(8) 제2차세계대전에서의 패전으로 하여 해군성이 없어지므로 하여 국유재산법영실시영(大正10年、法43)제2조에 의하여 1945(昭和20)년11월1일에 다께시마해군용지는 해군성으로 부터 대장성의 소관으로 이전되었다.

영토편입과 어업권

(1) 1618(元和4)년1월28일, 오오다니(大谷)와 무라까와(村川) 두 사람은 다께시마를 바꾸후(幕府)로부터 배영하여 강치어렵과 전복채취를 진행하여 왔다.

(2) 1692(元禄5)년, 오오다니(大谷)의 다께시마도항은 3월27일의 7시에 울릉도를 출항아여 다께시마를 목표로 하면서 세끼슈하마다우라(石州浜田裏)에 착항하였다.

(3) 1868(明治元年)년, 은기도(隱岐島) 및 세끼슈(石州)의 어민과 벌목인들은 울릉도용 배의 출항을 개시시켰다. 그 사이의 항로는 은기(隱岐)—다께시마(竹島)—울릉도(鬱陵島)란 이 루트이고 다께시마는 의연히 일본인들의 항로표식으로 이용되어 왔다.

(4) 1905(明治38)년2월에 다께시마의 소속이 확정됨을 계기로 하여 4월14일에 어업단속규칙을 개정하여 다께시마의 강치어업을 허가하였다. 나까이(中井)들은 다께시마어렵합자회사를 결성하여 강치어업권을 획득했다.

(5) 1905(明治39)년4월30일, 나까이요사부로(中井養三朗)는 도관서에 대하여 '다께시마경영에 관한 진징서'를 제출하여 다께시마

전도에 대한 장기적인 대부 및 해면전용면허를 진정하고 있
다. 이것에 대하여 현은 5개년을 년한으로 섬 전부에 대한 차
용을 허가했으나 1907(明治40)년6월30일에 어업단속규칙의 일
부가 개정됨으로 하여 실현되지 못했다.

(6) 1911(明治44)년12월에 어업단속규칙을 폐지하고 시마네현(島根
県)어업단속규칙을 공포하여 허가해면에 있어서의 해초와 조
개류의 채집을 강치어업자에게 허용하기로 했다. 그 후 강치
어업허가는 1931(昭和6)년 까지 나까이(中井)등 일본어민들에
의하여 어업활동이 진행되고 1931(昭和6)년 이후는 야와따(八
幡), 이께다(池田), 하시오까(橋岡)등에게도 허가가 주어지고
종전할 때까지 계속되었던 것이다.

(7) 시마네현(島根県)은 1952(昭和27)년5월16일에 시마네현규칙제2
9호에 의하여 시마네현 해면어업조정규칙(1951년8월29일, 현
규칙제88호)의 일부를 개정하고 '제4조, 어업허가'에 '15강치어
업(때려잡고 총으로 잡는 것을 포함)'을 첨가하여 강치어업을
지사의 허가범위로 정하였다.

(8) 시마네현에서는 일미합동위원회에 의하여 다께시마가 미군의
폭격련습지역으로부터 해제된 것을 계기로 1953(昭和28)년6월
10일날자로 다께시마에 있어서의 강치어업을 하시오까(橋岡),
야와따(八幡), 이께다(池田)등 3명에게 허가를 주었다.

(9) 1953(昭和28)년6월19일, 시마네현해면어업조정규칙(1951년8월2
9일, 현규칙제88호)제4조의 규정에 기초하여 오찌군고까무라
(穩地郡五箇村)다께시마의 앞 해면에 있어서의 강치어렵을 하
시오까(橋岡), 야와따(八幡), 이께다(池田)에게 허가를 주었

다.[38]

여하를 불문하고 제2차세계대전이 종결될 때 까지 일본은 다께시마에 대하여 미국의 일본에 대한 점령관리의 한시기를 제외하고는 행정권, 어업권을 행사하여 왔던 것이며 주로는 강치어업장으로서 또 때로는 해군용지로서 이것을 지속적으로 관리하고 이용하여 왔던 것이다.

4. 일본의 다께시마에 대한 국제법적론거

다께시마=독도귀속문제에 있어서 일본정부는 역사적으로도 국제법상에서도 자국의 영토라고 주장하고 있다. 국제법상에서도 자국의 영토라는 것은 대체 어떤 것일까? 국제법이란 것은 어떤 법률이며 국제법상의 어떤 법규에 비추어 다께시마=독도가 일본의 것이라고 하는 것일까? 본문에서는 이상의 문제의식을 가지고 국제법상에서의 영토취득요건과 일본의 다께시마=독도에 대한 국제법적주장을 관찰할려고 한다.

국제법이란

국제법에 대하여 대체적으로 말한다면 국가와 국가지간의 관계를 규제하는 법이다. 헌법, 민법, 형법, 등의 법은 한 나라의 국내에 있어서 국가와 국민의 관계와 국민(개인과 단체)상호의 관계를 규제하는 것이다. 국민의 행위(예를 들면: 상업 거래를 한다던가, 도로교통과 같은 사실 상의 행동을 한다던가)를 할 때는 국내법(본국

---

38) 田村清三朗、『鳥取県竹島の新研究』、報光社、1965年、p 40-143

이거나 체류하고 있는 나라의 법)에 구속되지만 국가의 행동은 국
제법에 의하여 규제된다. 국가는 국제관습법(다년간에 걸친 국가관
습이 법적인 확신으로 되어 있는 것)에 구속되고 또는 타국과 사이
에 체결된 조약에 구속된다.

국제법은 이전에 미국과 구라파렬강들의 법이었다. 국제법의 주
체국(독립국)에 한해서 그 나라들에 의해 구성된 국제법사회는 마
치 회원제구락부와 같은 것이었다. 일본은 개국 후 타국과의 교류
하는 규칙으로서의 국제법을 열심히 배웠다. 유신 후에도 조약개정
치외법권의 철폐, 관세자주권의 회복을 실현하고 명실공히 주권국
으로 되기 위하여 국내법제의 정비와 함께 국제법의 준수에 노력하
여 왔다. 제2차세계대전후 다수의 지역이 독립하여 주권국(=국제법
의 주체)으로 되고 오늘에 이르러서는 전 세계의 나라가 국제법사
회의 성원으로 되어 있다. 이에 따라서 국제법자체도 일부 변모를
하고 있다.

의연히 국제법은 늘 준수되지 않고 있고 국내법처럼 위반자에 대
한 강제수단(재판, 경찰 등)이 정비되어 있지 않으므로 법이라고
말할 수 없다라는 말을 들을 때도 있다. 하지만 법이 지켜지지 않
고 있다고 하여 법이 아니라고 말할 수는 없다. 국내법도 가끔 지
켜지지 않고 있다. 국제사법재판소에는 한 국내의 재판소처럼 강제
적관할권이 없고[39] 국제경찰과 같은 조직도 아직은 없는 것이 사실
이지만 그것은 주권평등의 원리에 기초한 국제사회의 한계이며 국
제사회 발전의 현황이기도 하다. 그렇다고 할지라도 국가는 국제법
의 법규법성을 인정하고 있다. 그 증거로 어느 나라나 할 것 없이

---

39) 국제법은 분쟁당사국이 국제재판에 교부하는 것에 합의함으로써 비로서 성립된다.

어떠한 핑계를 대 가지고 (어떤 때는 이유를 나타낼 수 없을 때도 있지만 그래도) 자기의 행동은 국제법상에 부합된다고 주장하고 있으므로 '국제법은 법으로 인정할 수 없다'라던가 그리고 구속력이 없다고 주장하여 행동하는 나라는 없다는 것이다.

국제법과 영토취득

국제법 상에서 영토취득방법 혹은 이 영토는 자국의 것이라고 주장하는 근거로서 이하와 같은 경우가 있다. (1)양도: 강화조약에 의한 양도, 평시의 매매, 교환 등 이다. (2)정복: 병력에 의하여 타국의 영토를 확정적으로 점령하여 일방적으로 합병하는 경우. (3)선점: 국가가 점령 의사를 가지고 무주의 토지를 실효적으로 점유. (4)첨부: 자연현상 또는 매축에 의한 해안선의 변경. (5)시효: 자국의 영토가 아닌 영토에 영유의식을 가지고 상당한 기간 중단되지 않고 평온하고 공연히 통치. 국제법상에서의 영토취득방법에는 이상의 다섯가지 유형이 있다. 하지만 '정복'에 관하여서는 현행의 국련헌장하에서 합법적이라고 할 수 없다.

그 안에서 '선점(先占)'에 관하여 좀 더 상세하게 보면 그 요건들은 국가의 영유의사, 영유의사의 표시, 대상이 무주지(어느 주권국의 영역도 아닌 토지)일 것, 국가에 의한 점유적 소위(또는 국가가 국민이 진행하는 점유적인 소위를 추인)가 있어야 한다. 그저 항해자가 무인도를 발견하고 명명했다던가 국가가 영유의사를 품고 있었지만 점유를 위한 소위가 따라가지 못하였을 경우 '선점(先占)'의 요건을 갖추지 못한 것으로 된다.

다른 한 방면으로는 근년에 이르러 상기의 유형의 어느 경우에 해당하는가를 엄밀하게 구별하는 것이 아니라 해당 영토에 대한 지배의 실효성을 더욱 중시하는 '국가권능의 평온하고 계속적인 발현'라고 하는 권원이 국제판례를 통하여 나타나고 있다. 이것은 행정권에 대한 행사와 같은 국가권능의 발현을 증명할 수 있는가 없는가, 분쟁당사국의 어느 쪽이 보다 많이 국가권능 발현의 증거를 제시했는가에 의하여 영유권을 판정한다. 그리고 역사적인 주장보다도 지배(주권행사)의 실효성이 중요하며 실효성이 없는 주장은 공격받기가 쉽다는 것이다. 하지만 실효적인 지배라는 것은 군대랑 경찰을 상주시킨다는 것과 동등하지 않다. 다수의 주민이 존재하는 지역이면 그곳에 관청을 설치하여 행정을 진행하고 경찰을 두어서 질서를 유지할 것이 필요한 경우도 있지만은 무인도에 관하여서는 정기적인 주위에 대한 순회만으로도 실효적인 지배로 될 수 있다. 또 물리적인 지배가 아니라 그 토지에서의 활동에 대하여 과세를 하거나 그 토지에서 발생한 사건에 대하여 재판권을 행사하는 등의 행위도 국가권능의 발현(주권행사의 예)이다.

의연히 국가권능의 발현은 '평온'할 것을 요구하고 타국의 항의를 받으면서 진행되었을 경우 평온한 표현이라고 말할 수 없다. 또 영토분쟁이 구체적으로 발생한 날 이후에 당사자가 법적지위를 개선하기 위해 취한 조치는 고려되지 못한다.

국제법상의 영유권분쟁에서 '발견'은 미성숙권원(inchoate title)로 인정되며 영유권(권원)으로 되기 위하여서는 합리적인 기간 내에 '실효지배'로 보완하지 않으면 안되게 되어 있다. 더욱이 무인 혹은 정주하기에 적합하지 않은 지역에서는 약간의 실료지배의 증거라도 인정한다고 되어 있다. 그 증거로서는 과세거나 재판기록과 같은 행정, 사법, 입법의 권한을 행사한 이의가 없는 직접적 증거가 요구되어 불명료한 기록에 의한 간접적인 추정은 인정되지 않는다. 또 타국의 항의 등에 의한 분쟁가 현저화한 이후의 법적립장의 개선을 목적으로 한 활동은 영유권의 근거로 될 수 없다고 되어 있다.

상기의 국제법적 각도로 볼 때 1905년의 일본의 다께시마편입은 국제법적 유효성을 가지고 있다는 것이다. 그 이유로는 ①다께시마 문제에 관해서는 분쟁이 존재하며, 그것도 법적분쟁이 존재한다. ②다께시마가 분쟁이라고 할 경우 이른바 결정적 기일은 1954년을 넘길 수 없다. ③일본은 다께시마를 실효적으로 점유한 실적이 있으나 한국이 다께시마를 실효적으로 점유한 증거는 없다. ④한국에 대하여 다께시마 선점을 '통고'하는 것은 선점의 유효성의 요건이 아닐 뿐 아니라 독도선점이 은밀하게 이루어진 일도 아니다. ⑤일본의 다께시마선점에 대하여 한국이 항의한 사실이 없다. ⑥다께시마의 울릉도 속도론은 법적으로 의미가 없는 것이며 나아가 다께시마는 울릉도의 속도가 아니다. ⑦연합군최고사영부지영 제677호는 다께시마를 일본의 영토로부터 최종적으로 분리한 법적문서가 아니며, 대일평화조약 제2조에 다께시마가 언급되지 않은 것은 독도가 일본영토로 처리되었다는 것을 의미한다는 것 등이다.

따라서 1905년 일본의 다께시마에 대한 영토편입조치는 완전히 국제법의 규칙에 따른 합법적인 수속에 의한 것이라고 하면서 한국이 국제법소송에 응할 경우 일본의 절대적인 승산을 자신하고 있다.

제2절 한국의 독도영유권에 대한 고유영토론

대한민국의 독도고유영토론에 대한 연구는 많은 학자들과 단체들에 의하여 연구되어 왔으며 그 대표작인 학자들로는 한양대학교 석좌교수인 신용하[40]교수를 들 수 있다.

1. 날씨가 맑은 날 독도는 울릉도에서 육안으로 볼 수 있다.

일한양국의 본토에서 육안으로 독도를 볼 수 있는가 없는가하는 것은 일한 양국 중 독도를 누가 먼저 발견하고 이용하여 왔는가하는 문제와도 직관되는 문제로서 아주 중요한 문제라고 할 수 있다. 앞에서 서술하다시피 독도와 제일 가까운 거리에 있는 일본의 시마네현 오끼제도에서 부터 독도와의 거리는 약 158km로서 육안으로 독도를 관찰할 수 없다. 하지만 한국의 울릉도에서 독도와의 거리는 87km로서 날씨가 개인 날에는 육안으로 관찰할 수 있다.

「세종실록지리지」에 의하면 우산도와 무릉도는 "날씨가 청명한 날이면 서로 바라볼 수 있다"고 기록되어 있다. 「세종실록지리지」는 세종조 당시 조선왕조의 자국영토에 관한 기록을 담고 있다. 한국측은 이 기록에서의 무릉도는 울릉도이고 우산도는 지금의 독도라고 하면서 독도가 자국의 영토임을 역사적으로 입증된다고 하고 있다. 이에 반하여 일본학자들은 울릉도에서 독도가 보이지 않는다고 주장한다. 그들은 우산도는 울릉도의 근처에 있는 죽도, 혹은 관음도라고 주장한다.

하지만 이 두 섬은 울릉도에서 기상상황이 극히 좋지 못한 상황에서도 육안으로 관찰할 수 있기에 굳이 날씨가 맑은 날에 보인다

---

40) 신영하교수는 서울대학교 명예교수이고 한양대학교 석좌교수이며 독도학회 회장이다. 그의 주요 유관독도저서들로는 '한국과 일본의 독도영유권 논쟁', '독도 보배로운 한국영토'등이 있다.

고 기록할 필요가 없다. 이 때문에 1960년대 일본 외무성의 조사
관인 가와까미겐조는 「세종실록지리지」의 기록은 울릉도에서 독도
를 본 것이 아니라 본토에서 울릉도를 본 것이라고 주장하였다. 그
는 울릉도에서 독도를 볼 수 없다는 것을 입증하기 위해 해상에서
물체를 볼 수 있는 거리를 구하는 공식까지 제시하기까지 하였다.
그는 지구가 둥글기 때문에 해상에서 시선이 닿을 수 있는 거리를
계산하는데 다음과 같은 수식을 사용하였다.

$D=2.09(\sqrt{H}+\sqrt{h})$

D: 시달거리(해리)1해리=1.852km

H :목표물의 수면으로부터의 높이(m)

h: 눈의 높이(관측자가 선 지점의 해발높이m+관측자의 눈높이
m)

그는 목표물의 수면으로 부터의 높이(H)를 독도 서도 정상의 높
이 157m로 잡고, 바닷가에서 선 사람의 눈높이, 즉 수면에서 눈까
지의 높이(h: 4m)로 대입하여 계산한 결과 시달거리는 30.5해리라
고 하였다. 울릉도에서 독도까지의 거리가 92km이므로 울릉도에서
독도를 볼 수 없다고 하였다. 따라서 독도를 보기 위해서는 배를
타고 34km이상 바다에 나가야 한다고 주장하였다. 아울러 울릉도에
서 독도에 이르는 해역은 한류와 난류가 교차하기 때문에 안개가
잦아서 독도를 볼 수 있는 맑은 날은 극히 한정되어 있다고 한
다.[41]

일본의 이러한 주장에 한국측은 울릉도의 최고봉에 오르지 않더
라도 약 120m만 올라가면 날씨가 맑은 날이면 충분히 육안으로 독

---

41) 영남대학교 민족문화연구소,『독도를 보는 한 눈금의 차이』, 도서출판서, 2006년, PP19-20

도를 관찰할 수 있는 것이라고 반로하면서 울릉도에서의 눈높이를 4m로 정해 의도적인 결론을 유도하려는 속셈을 가지고 있었다고 비판하였다.

이쯤되면 혹시 직접 보면 될 거가지고 복잡한 수학공식을 적용하여 논란을 벌일 것이 있는 것 일가고 생각하는 사람도 있을 것이다. 하지만 그만큼 독도를 육안으로 관찰한다는 것은 쉽지 않다는 이야기도 되겠다. 왜냐하면 독도 근해는 항상 짙은 안개가 드리워져 있다. 1년365일 가운데 안개가 끼지 않는 날은 겨우 60~90일 정도이다. 울릉도에서 독도를 볼 수 있는 시기는 1년 중 일기가 가장 청명한 9월부터 이듬해 2월 사이에 가능하다고 한다.

2. 독도의 역사적 권원의 정립: 신라왕조의 우산국지와 독도에 대한 영유

고대시대에 조선반도에는 신라, 고구려, 백제 삼국이 있었다. 이외에도 많은 소국들이 있었다만 이들 삼국에 부속되어 있었다. 같은 시기에 일본열도에도 30여개의 소국이 있었는데, 이들 소국을 통합하여 야마또(大和)국가가 건설되었다.

한국의 독도영유의 명확한 역사적 근원은 삼국시대인 서기 512년에 우산국(于山國)이 신라에 부속되어 그 일부가 된 때부터이다. 삼국시대의 역사서인 『삼국사기(三國史記)』[42]에 독도와 관련된 기록이 나타나 있다. '우산'이란 이름이 조선의 정사에 등장한 것은 『삼국사기(三國史記)』가 처음이다. 이 사서는 고려시대의 1145년에

---

42) 삼국사기(三國史記)란 조선반도에 현존하는 역사서 가운데서 가장 오래 된 것으로, 고려 인종 23년(서력1145년)에 김부식(金富軾)이 편찬한 삼국의 역사서이다. 이른 바 기전체(紀傳體)의 정사(正史)로서, 본기(本紀)·지(志)·표(表)·열전(列傳)으로 구성되어 있으며, 합리적인 유교 사관에 입각하여 역사를 서술하였다.

편찬되었는데 이 사서 속에서 우산국은 다음과 같이 기술되어 있다.

삼국사기, 권4, 지증왕(智證王)

13년(기원512년) 여름 6월, 우산국이 부속해 와 해마다 그 땅의 선물을 공물로서 헌상했다. 우산국은 명주(현재의 강원도)의 동쪽해상에 있는 섬나라이고 별명을 울릉도라고 한다. 이 섬은 사방이 100리 정도이고 그 때까지는 교통이 불편한 것을 이용해 부속하지 않았다. 이찬의 이사부가 하슬라주의 군주가 되어 생각하되, '우산국 사람들은 어리석고도 사나워, 무력만으로는 항복시킬 수 없지만, 계략을 가지고 임하면 부속시킬 수 있다'고 생각했다. 그래서 많은 목제 사자를 만들어, 군선에 나누어 실었다. 그 나라 해안에 도착하자, 속여서 다음과 같이 말했다. "너희가 만약 복속하지 않는다면, 이 맹수를 풀어놓아, 밟아 죽이게 하겠다." (이것을 듣고) 그 나라 사람들은 무서워하면서 복속했다.[43]

울릉도에는 사적으로서 조선 남방형의 지석묘가 있는 것으로 보아, 기원전부터 한민족이 거주하고 있었던 모양이다. 그 사람들이 우산국을 세운 것 같은데 신라가 융성하자 신라에 정복당한 것이다.

삼국사기외에도 야사인 『삼국유사(三國遺事)』[44]에도 같은 내용의

---

43) 『三國史記』 卷4 新羅本紀4 智證麻立干 13年條
十三年夏六月, 于山國歸服, 歲以土宜為貢。 于山國在溟州正東海島, 或名鬱陵島, 地方一百里, 恃嶮不服, 伊湌異斯夫為何瑟羅州軍主, 謂于山人愚悍, 難以威來, 可以計服, 乃多造木偶獅子, 分載戰船, 抵其國海岸, 誑告曰：汝若不服, 則放此猛獸踏殺之, 國人恐懼, 則降。

44) 고려 충렬왕 때의 보각국사(普覺國師) 일연(一然:1266~89)이 신라·고구려·백제 3국의 유사(遺事)를 모아서 지은 역사서로서 활자본이며 5권 2책이다. 편찬 연대는 미상이나, 1281~1283년(충렬왕 7~9) 사이로 보는 것이 통설이다. 본서는 김부식(金富軾)이 편찬한 『삼국사기(三國史記)』와 더불어 현존하는 한국 고대 사적(史籍)의 쌍벽으로서, 《삼국사기》가 여러 사관(史官)에 의하여 이루어진 정사(正史)이므로 그 체재나 문장이 정제(整齊)된 데 비하여,

우산국을 정복한 기술이 있지만, 이러한 자료는 정사가 아니기에 필요가 없는 한 취급하지 않기로 한다.

이상의 역사상의 기록으로부터 알 수 있듯이 독도가 한국의 고유 영토가 된 것은 삼국시대인 서기 512(지증왕13)년에 '우산국'이 신라에 복속된 때부터라고 많은 한국측 사학자들이 주장하고 있다. 이 사실은 『삼국사기』신라본기 지증왕 13년조와 열전 이사부조에 두 차례나 기록되어 있다고 한다.[45]

하지만 삼국사기의 본문 인용부분에서 볼 수 있듯이 본문 중에 우산국과 울릉도는 나오지만 독도에 관한 언급은 단 한마디도 없다. 뿐만 아니라 삼국시대의 역사를 담고 있는 또 다른 책인 『삼국유사』의 경우에도 마찬가지이다.

『삼국유사』권1, 기이1, 지철로왕

아슬라주 동해중에 순풍으로 이틀거리에 우릉도가 있으니 주위가 26,130보이다. 도이가 그 해수의 깊음을 믿고 교만하여 조공하지 않거늘 왕이 이찬 박이종으로 하여금 군사를 거느리고 가서 치게 하였다. 이종이 나무로 사자를 만들어 큰 배에 싣고 위협해 말하되 "항복하지 않으면 이 짐승을 놓으리라"하니, 도이가 두려워서 항복하였다. 이종을 포상하여 그 주백으로 삼았다.

이름과 지명은 비록 다르지만 지증왕이 우산국에 대한 정벌을 담고 있는 기록임을 가히 알 수 있다. 하지만 이 책에도 독도에 관

《삼국유사》는 일연 혼자의 손으로 씌어진 이른바 야사(野史)이므로 체재나 문사(文辭)가 《삼국사기》에 못 미침은 사실이나, 거기서 볼 수 없는 많은 고대 사료(史料)들을 수록하고 있어 둘도 없이 소중한 가치를 지니고 있는 문헌이다.

45) 신용하, 『독도의 민족영토사 연구』, 지식산업사, 1996년

한 언급은 일언도 없다. 그럼 한국 많은 사학자들의 서기 512년
신라때부터 우산국이 한국의 고유영토란은 설은 도대체 어디에 근
거를 둔 것일까?

서기 512년부터 독도는 한국의 영토였다는 것이 역사적으로 증명
되었다는 주장을 입증하는 자료로 활용되는 것이 15세기 중엽에
만들어진 『세종실록지리지』[46]이다. 이 책자 중에 하기의 문장이 독
도의 고유영토론에 많이 인용된다.

우산과 무릉 두 섬이 현의 정동쪽 바다 가운데에 있다. 두 섬이 서로
거리가 멀지 않아 날씨가 청명하면 가히 바라볼 수 있다. 신라때에 우산
국, 또는 울릉도라 하였는데, 지방이 1백리이다.

사람들이 지세가 험함을 믿고 복종하지 아니하므로, 지중왕12년에 이사
부가 하슬라주군주에게 이르기를, "우산국 사람들은 어리석고 사나와서 위
엄으로는 복종시키기 어려우니, 가히 계교로써 하리라."하고는, 나무로 사
나운 짐승을 많이 만들어 여러 전선에 나누어 싣고 그 나라에 가서 속여
말하기를, "너희들이 항복하지 아니하면, 이 사나운 짐승을 놓아서 너희들
을 잡아먹게 하리라."하니, 그 나라 사람들이 두려워하여 와서 항복하였
다.

고려 태조 13년에, 그 섬사람들이 백길토두로 하여금 방물을 헌납하게
하였다. 의종 13년에 심찰사 김유립 등이 돌아와서 고하기를, "섬 가운데
큰 산이 있는데, 산꼭대기로부터 동쪽으로 바다에 이르기 1만여 보이요,

---

46) 8권 8책. 규장각도서. 1425년에 발간된《경상도지리지》를 비롯한 8도지리지를 모아 편찬한
《신찬팔도지리지(新撰八道地理志)》를 수정하고 정리하여 1454년(단종 2)에 만들어졌다.
《세종장헌대왕실록》의 제148권에서 제155권까지 8도에 관한 내용이 8권으로 실려 있는데,
당시의 경제·사회·군사·산업·지방제도 등이 자세히 기록되어 있어 역사지리학과 지방사
연구에 필요한 자료를 제공한다. 구성은 제148권의 경도한성부(京都漢城府), 구도개성유후사
(舊都開城留後司), 경기도관찰부터 충청도, 경상도, 전라도, 황해도, 강원도, 평안도, 한길도의
순으로 되어 있다.

북쪽으로 가기 8천여보이며, 촌락의 터가 일곱 곳이 있고, 간혹 돌부처·
쇠북·돌탑이 있으며, 멧미나리·호본·석남초등이 많이 난다."하였다.

　우리 태조 때, 유리하는 백성들이 그 섬으로 도망하여 들어가는 자가
심히 많다 함을 듣고, 다시 삼척사람 김인우를 명하여 안무사로 삼아서
사람들을 쇄출하여 그 땅을 비우게 하였는데, 인우가 말하기를, "땅이 비
옥하고 대나무의 크기가 기둥 같으며, 쥐는 크기가 고양이 같고, 복숭아씨
가 되처럼 큰데, 모두 물건이 이와 같다."하였다.

　이상의 『세종실록지리지』를 인용하면서 삼국시대로부터 독도가
한국의 고유영토라고 하는 경우, 상기 재료의 밑줄 친 부분만을 잘
라 아래와 같이 인용한다.

　우산과 무릉 두 섬이 현의 정동 쪽 바다 가운데에 있다. 두 섬이 서로
거리가 멀지 않아 날씨가 청명하면 가히 바라볼 수 있다. 신라 때에 우산
국이라 칭하였다.

3. 고려(高麗)왕조의 울릉도와 독도에 대한 영유와 통치
　우에서 보다시피 신라시대의 우산국에 대한 인식은 우산국=울릉
도이며 우산도의 이름은 등장하지 않았지만, 이러한 인식은 고려에
그대로 전승되었다고 보여 진다. 통일신라를 계승하여 한반도에 새
로운 왕조를 세운 고려왕조는 옛 왕조를 이어 원래의 우산국 영토
인 독도와 울릉도를 영유하고 정치적 통치권을 행사하였다. 서울대
학교 사회학교수이며 독도학회 회장인 신용하씨는 고려왕조가 울릉
도와 독도에 해한 영유와 통치를 이하의 다섯 단계로 나누어 설명
하고 있다.

제1단계는 고려 태조 왕건이 울릉도 사람들로부터 그들의 왕으로
서의 알현과 공물을 받고 울릉도 사절들에게 고려의 관직을 주어
고려왕조의 울릉도와 독도에 대한 영유와 통치권을 재확인한 단계
이다.

1. 왕건이 918년에 고려를 건국하고 929년12월에 고창(지금의 경
   북 안동)전투에서 견훤을 크게 격파하여 후삼국의 통일을 이루
   자, 울릉도 사람들은 930년(태조13)9월, 백길(白吉)과 토두(土
   頭)를 사절로 보내 태조를 알현하게 하였다. 태조는 백길에게
   는 정위(正位), 토두에게는 정조(正朝)의 관직을 주었다고 한
   다.

2. 이 때 태조가 울릉도 대표들에게 관직을 준 것은 명백한 통치
   권 행사이다. 또한 이 시기에는 옛날 우산국 영토인 울릉도에
   다수의 주민이 거주하였으므로 그들 역시 옛 우산국 영토인
   독도에도 나아가 어로활동을 전개하였을 것임은 논란의 여지가
   없다고 한국학자들은 말하고 있다.

제2단계는 현종(顯宗: 재위1009~1031년)때에 울릉도 주민들이 여
진족의 일파인 동북여진의 침략을 받아, 농업이 피폐되고 피난민이
본토에 건너오자 고려 조정이 농기구를 보내는 등 대책을 강구하였
던 시기이다.

울릉도와 독도는 1018년(현종9) 동북여진의 침략을 받아 농사를
지을 수 없는 상태가 되였으므로, 이 해 11월에 고려 조정에서는
이원구를 울릉도에 파견하여 농기구 등을 보냈다. 또한 이듬해 7월
에는 여진족의 침략을 피하여 본토로 도망해 온 울릉도 피난민들을
모두 울릉도로 귀환하도록 명령하였고, 3년 뒤인 1022년(현종13)7

월에는 여진족의 노략을 피하여 본토로 피난 왔다가 아직도 귀환하지 않고, 남은 일부 우산국 사람들을 예주(禮州:지금의 덕원과 원산)에 영구히 민호로 편성해서 살도록 하고 식량을 조달해 주었다.

제3단계는 덕종(德宗: 재위1031~1034년)때에 울릉도를 우릉성(羽陵城)이라고 하여 우릉성주를 두고 중앙정부가 적극 지원하면서 방어능력을 키우려고 노력하던 단계이다. 이 시기에는 이민족의 침략을 막기 위하여 울릉도를 요새화하려는 노력이 시도되었다.

제4단계는 인종(仁宗: 재위1122~1146년)때에 울릉도와 독도를 중앙 정부에서 직접 관장하지 않고 지방관제에 편입시켜 명주도(溟州道: 지금의 강원도)에 속하게 편제하였던 시기이다. 이 시기에는 동북 여진의 침략도 옛날이야기가 되고, 그 이후 인구도 격감하여 중앙 정부가 직접 행정에 관여할 필요를 절감하지 않았으므로, 울릉도와 독도를 강원도(명주도)에 편입하였다.

제5단계는 의종(毅宗: 재위1146~1170년)때부터 울릉도에 백성을 옮겨 살게 하는 정책, 즉 사민(徙民)정책을 추구하던 단계이다. 의종은 1157년에 울릉도의 토질이 비옥하여 옛날에 주현(州縣)을 둔 일이 있어 가히 백성들을 살게 할 수 있다는 말을 듣고, 사민정책을 실시하려고 김유립을 파견하여 조사하게 하였다. 김유립의 실지조사 결과, 토지에 암석이 많아 다수 주민의 거주가 어렵다는 보고를 받고 이를 중단한 일이 있다. 그 후 무신정권시대에 최충헌이 동해안의 군민들을 이주시켜 울릉도에 살도록 하였으나, 후에 여러 차례 풍랑으로 배가 뒤집혀 뱃사람들이 다수 사망하는 일이 일어나자 사민정책을 중단하였다.

여기서 명확히 알 수 있는 것은, 고려왕조는 신라왕조를 계승하여 우산국 영토인 울릉도와 독도를 영유하고 통치하였으며, 1018년에 동북여진의 큰 침략을 받고 울릉도가 황폐해지자 이에 대한 매우 적극적인 통치대책을 강구하였다는 사실이다.[47] 동북여진의 침략 후 울릉도의 인구가 감소하자, 고려 후기에 중앙정부는 사민정책을 추진하였으나 별 성공을 거두지 못하였다.

그러나 동해안 주민들의 자발적인 울릉도 이주를 고려왕조의 관청이 금지한 것도 아닌 오히려 장려하는 편이였으므로, 원래 남아 있는 울릉도 도민(우산국 국민)들과 자발적 이주민들에 의하여 고려 말기까지 일정 수의 고려 국민이 울릉도에 거주하였다. 이들의 생업은 어업과 농업이었는데, 독도가 울릉도 어민들의 생활터전의 일부였음은 논란의 여지가 없다고 한국 학자들은 말하고 있다.

이러한 상태에서 고려 말기(14세기 말엽)에 일본 해적들이 창궐하여 고려의 동해안과 남해안, 중국의 동남해안이 노략질을 당하였는데, 그때 울릉도도 다시 피해를 입었다.

고려사 지리지(1451년) 울진현조에서는 "울릉도는 무릉도 또는 우릉도라고도 호칭되었는데, 이는 우산국 지였으며 우산국은 다시 우산 또는 무릉으로부터 풍일청명한 날이면 바라볼 수 있다."라고 기록되어 있다. 또한 세종실록지리지(1454년) 울진현조에는 "우산과 무능의 두 섬이 울진현 정동의 해중에 있으며 두 섬 사이의 거리가 크게 떨어져 있지 않아서 날씨가 청명하면 서로 가히 바라볼 수 있다. 신라시대에는 두 섬이 우산국령이었고 무능은 울릉도라고도 호칭되었다"라고 기록되어 있다. 또한 신증동국여지승람(1531년)

---

47) 신지현, 『독도령유권에 대한 연구』, 『인천교육대학론문집』 제22집, 1988년

울진현조에는 "울진현 속 산천에 우산도와 울릉도가 있는데, 울릉도는 무능 또는 우릉으로 호칭되었고 동 섬은 울진현의 정동해 중 (정동해중)에 있으며… 일설에는 우산과 울릉이 하나의 섬으로서 즉 모도와 자도 관계이다."라고 기록하고 있다.

제6장 일·한양국의 다께시마(독도)영유권주장에 보여지는 허와 실

본장에서는 일본과 한국이 주장하는 독도(다께시마)영유권주장에 보여지는 일한 양국의 독도에 대한 영유권주장의 허(虛)와 실(實)을 살펴보려고 한다. 일한양국정부와 사학계의 독도에 대한 영유권주장에 있어서 양국 모두가 집요하게 자국의 국익만 추구하기 때문에 그 논리성에 진실성이 결여되고 독도자료 사용에 있어서 자기에게 유리한 것만 선택이용하고 불리한 재료에는 눈을 돌리려하지 않고 완전히 무시하며 혹은 자기에게 유리하도록 자의적인 해석과 의미적인 부여를 하는 경우가 많다.

제1절 일본의 다께시마영유권주장에 보여지는 허와 실

일본의 외무성의 홈페이지에는 '독도는 역사적 사실에 비추어 보아도, 더욱이 국제법상에서도 확연히 우리나라의 고유영토이다.(竹島は、 歷史的事實に照らしても、 かつ国際法上も明らかに我が国固有の領土です。)'고 하면서 이것은 일본의 일관적인 입장이라고 피력하고 있다. 그러나 이 같은 이해는 반세기 전 독도의 역사가 잘

알려지지 않았을 당시의 주장 그대로이고 최근의 연구성과가 반영
되지 않은 주장이다. 오늘 날에는 '다께시마의 날'의 조례를 정한
시마네현조차도 독도를 '역사적으로 보아도 일본의 섬'이라고는 주
장해도 '일본의 고유영토'라고는 주장하지 않는다. 적어도 시마네현
의 홈페이지에는 '다께시마는 일본의 고유영토'라는 문구는 없다.

이것은 독도의 역사를 잘 아는 시마네현이 메이지시대(明治時代:
1868-1912년) 독도의 역사를 염두에 두고 내린 결론이라고 생각된
다. 실제로 메이지시대의 최고 관청이며 오늘날의 내각에 해당되는
태정관(太政官)은 1877(메이지10)년에 독도는 일본영토 외라고 정
한 지영을 내무성에 하달했다. 그런 역사사실이 있음에도 불구하고
일본정부가 "다께시마가 일본의 고유영토"라고 하는 표현은 적절하
지 않다.

그리고 독도가 에도시대(江戸時代: 1603-1867)에는 일본에서 마쯔
시마(松島)라고 불리웠다. 독도에는 소나무가 하나도 없음에도 불
구하고 마쯔시마(松島)라고 불린 것은 근처에 있는 대나무섬인 다
께시마(울릉도)와 한 쌍을 이룬다고 생각되었기 때문이다. 그런데
메이지시대가 되어 서양에서 잘못 만든 지도를 그대로 믿고 마쯔시
마라는 이름 자체를 근처에 있는 다께시마(울릉도)에 뺏겨 버리고
대신 독도는 서양식 명칭을 모방해 '량코도'라고 불리게 되었다. 이
것은 일본인들에게 당시 독도가 일본의 '고유영토'라는 인식이 없었
다는 것을 반영하고 있는 사실이라고 할 수 있다. 그러나 이런 사
실도 거의 알려져 있지 않은 것이 실상이다.

일본 외무성의 홈페이지에는 1905년 일본의 량코도의 영토편입이
'일본정부가 근대국가로서 다께시마(독도)를 영유할 의지를 재확인

한 것이며, 그 이전에는 일본이 다께시마를 영유하고 있지 않았다던가 다른 나라가 다께시마를 영유하고 있었다는 말은 더더욱 아니'라고 쓰여 있다.

그러나 1905년1월28일의 일본정부의 각의결정시에는 '…무인도는 타국에서 이 섬을 점령했다고 인정할만한 형적이 없고, …이번에 영토편입 및 대하청원이 있어, 이러한 때 소속 및 도명을 확정시킬 필요가 있음으로 해당되는 섬을 다께시마라고 이름 짓고 지금부터 시마네현 소속 오끼도사의 소관으로 한다는 것이며, …따라서 심사했더니 36(1903)년 이래 나까이 요사부로(中井養三朗)라는 자가 섬에 이주하여 어업에 종사한다는 것이 관계사류를 통해 사실이라고 인정됨으로 이 섬을 우리나라에 속하는 섬으로'한다는 말을 했던 것이다.

여기서는 당시의 국제법에서 말하는 '무주지 선점'이론을 적용시켜 영토편입을 정당화시킨 것이었다. 말 그대로 랸코도는 무인도이다. 그러나 그 당시 한국의 강원도에 속하는 섬이라는 것은 누구나 다 알고 있었는데 그런 랸코도를 '타국이 이 섬을 점령했다고 인정할 만한 흔적이 없다'고 일반적으로 단정할 수 있는 것이었는지가 확실히 문제가 된다. 더더욱 무주지였다고 한다면 지금 독도(다께시마)문제에 관하여 일본의 국제법 학자들이 가장 곤혹스러워 하는 것은 아마도 독도를 일본의 고유영토라고 하면서 선점 조치를 취한 것 사이의 모순일 것이다. 미나가와 다께시(皆川 洗)[48]등 일본의 일부 국제법학자들은 "일본이 독도를 편입한 조치는 원시적인 권원을

---

48) 皆川 洗(みながわ たけし、1920年8月18日-1984年3月3日)は、山形県鶴岡市八間町出身の国際法学者。
竹島に関する論文としては、「竹島紛争と国際判例」、「国際法学の諸問題」、1963年、慶應通信に収録と「竹島紛争とその解決手続」、『法律時報』、1965年9月号などがある。

국제법상의 권원으로 대체한 것이거나 영유의사의 재확인에 해당하는 것으로, 고유영토론과 독도편입사이에는 모순이 없다"고 설명하고 있지만 군색하고 설득력이 없는 말로 들리는 것은 당연한 리치이다. 일본의 국제법학자 중에서도 마쯔쿠마 기요시(松隈 淸)[49]는, "일본이 주장하는 독도고유영토론과 선점조치 사이의 모순을 솔직하게 인정하고 일본의 독도 선점조치를 독도가 일본의 고유영토가 아니다"라는 증거로 보고 있다. 이 외에도 일본의 다께시마고유영토론에 이의를 제기하는 법학자와 사학자들이 다수 존재한다.

일본정부의 다께시마고유영토론에 대한 주장은 론리성이 결핍하고 국제법적인 '무주지선점론'에 입각하여 1905년에 다께시마를 일본에 편입하였다고 하면서도 자고로 다께시마는 일본의 고유영토라고 하는 것은 삼척동자가 들어도 모순된다는 것을 인츰 알아낼 수 있을 것이다.

제2절 한국의 다께시마영유권주장에 보여지는 허와 실

당시 우산국은 다른 이름을 울릉도라고도 했지만 우산국 속에 우산도가 포함되었는지 여부는 명기되지 않았다. 그런데도 한국에서는 잘 알려진 '독도는 우리 땅'이라는 노래의 영향때문인가, 지중왕 시대 이래 '독도는 우리 땅'이라고 믿고 있는 사람들이 과연 많은 것 같다. 일본이나 한국에서는 울릉도와 독도를 한 쌍으로 생각하는 경향이 강하기 때문에 그렇게 인식하고 있는지도 모를 일이다.

---

49) 松隈 淸(まつくま きよし、1925年-2008年6月16日)は、日本の法学者。專門は国際法、外交史。元八幡大学(のち九州国際大学)名誉教授。竹島関連の論文としては、「国際法より觀た李ライン問題と竹島の帰属」、『八幡大学論集』第12巻 3号(1962)などがある。

당대의 한국 사학자들은 이 기록에 의거하여 『세종실록지리지』는 '울릉도'와 '독도'를 우산국이라고 칭했다고 하면서 우산국이 울릉도와 독도를 영토로 한 해상 소왕국이었음을 명백하게 기록하고 있다고 한다. 또 우산국이 서기 512년에 신라에 병합되었다는 것은 영토상으로 울릉도와 독도가 신라에 병합되었음을 의미한다고 한다. 그러나 우산국이 멸망한 512년에서 『세종실록지리지』가 만들어진 1432년까지는 약 900년의 시간적 간격이 있다. 이 시간적 틈을 보완할 수 있는 객관적 사료는 없다.[50]

이러한 것들을 입증하기 위하여 서울대학교 사회학교수이며 독도학회 회장인 신영하씨는 1808년에 편찬된 『만기요람』군정편의 "여지지에서 이르기를 울릉도와 우산도는 모두 우산국의 땅이다. 우산도는 이른바 왜인들이 말하는 송도(松島)이다."라고 한 기록을 들고있다.[51] 그러나 이 자료는 『세종실록지리지』보다도 훨씬 후의 자료로서 『세종실록지리지』에 근거하여 언급하였다고 보아야 할 것이다. 한국측 사학자들의 독도자료에 대한 지나친 의미 부여가 일본측 사학자들의 반발과 반론을 불러일으키고 있다.

독도를 한국땅이라고 한 일본인 사학자 가지무라히데끼(梶村秀樹)마저도 '독도 문제란 무엇인가?'라는 글에서 "독도를 선험적으로 울릉도의 속도라고 보는 관점에서 그것이 당연히 우산국의 판도에 이미 들어가 있어야 할 것이라는 견해가 한국에 일부 있기는 하지만, 멀리 떨어져 있는 무인도인 독도가 우산국의 판도에 들어가 있다는 직접적인 증거도 없다"라고 지적하고 있다. 울릉도와 독도를 우산국이라고 한 한국측의 주장이 일본에 대하여 설득력이 없음을 일본

---

50) 영남대학교 민족문화연구소,『독도를 보는 한 눈금의 차이』, 도서출판서, 2006년, P17
51) 신용하,『독도의 민족영토사 연구』, 지식산업사, 1996년, P27~28

의 반론을 통하여 알 수 있다. 일본은 울릉도+독도=우산국이란 한국측 주장을 역사적인 사실적 근거가 없는 주장이라고 일축하면서 더 나아가서는 우산도와 독도는 별개의 섬이라고 주장한다.

맺음말

이상과 같이 독도(다께시마)에 대한 역사성과 국제법적 견지에서 이를 둘러싼 일한 양국의 영유권 주장의 실과 허에 대하여 고찰하여 보았다. 한국에서는 일관하게 독도(다께시마)에 관한 고유영토론을 주장하고 있는데 반해, 일본은 다께시마(독도)에 관한 고유영토론과 국제법에 의한 일본의 영유권의 타당성을 주장하고 있다. 하지만 양국의 주장을 대비하여 보면 독도에 관한 역사적인 권원의 무게는 한국 측에 있는 것 같이 보인다. 하기에 일본정부가 국제법에 의한 다께시마영유권에 관한 주장이라는 한 수를 더 쓰고 있지 않는가고 생각된다. 하지만 국제법 상의 "무주지 선점론"의 뜻을 고려할 때, 이른바 일본정부의 다께시마에 대한 "고유영토론"과 국제법에 의한 "무주지 선점론"은 상호간에 모순되는 것임을 싶게 보아낼 수 있다.

일본의 영유권주장의 특수성과 한국 영토보전의 특수성에 대해 다음과 같이 정리할 수 있다. 일본의 대외에로의 영토확장은 명치유신이후의 근대에 들어와서 부터이다. 일본은 명치유신을 통하여 부국강병의 정치경제제도를 실시하고 봉건국가로부터 일약 군주주의 제국주의 국가로 탈바꿈하면서 일본열도 주변 소국과 대륙을 향해 영토확장을 부단히 단행했다. 명치시기로부터 시작되는 일본의 이

러한 대외영토확장은 명치로부터 쇼와(昭和)에 이어지고 "대동아공
영권"이라는 기치아래 제2차세계대전 말기에는 광활한 아시아지역
을 점령하여 그 영토 확보를 눈앞에 두고 있었으나, 중국을 비롯한
피침략국들의 견결한 항일운동과 연합군의 반격으로 그 꿈은 좌절
되고 말았다. 샌프란시스코 대일강화조약과 포츠담선언에 의하여
일본영토는 메이지유신 초기의 영토에 국한되고 말았다.

 다시 말하면, 일본영토의 변천은 메이지유신이후의 근대시대에 들
어와서 확장과 축소를 반복한 것인데, 현재 일본과 한국 그리고 중
국 등 주변국들과의 영토분쟁은 근대에 확장된 영토 중에 대일평화
조약에서 조치되지 않은 지역에 대한 축소와 확장의 문제이다. 모
종의 의미에서 말하면 어느 나라를 물론하고 영토라는 것은 고정불
변한 것은 아니다. 하지만 특히 일본영토는 다른 어느 국가의 영토
보다 유연성을 갖고 있었다는 것을 알 수 있다. 근대 일본의 영
토는 대개 모두가 극단적인 방법과 수단으로 확장과 축소를 반복했
다는 것이 특징이다.

 다음으로, 한국영토의 정체성은 고조선시대에 그 뿌리를 두고 있
고, 이어서 고구려, 백제, 신라, 가야, 발해지역에서 고유성을 찾고
있다. 이렇게 볼 때 한국영토는 영사의 변천에 따라 축소와 확장을
반복해왔으나, 전반적으로는 꾸준히 축소되어 왔다고 볼 수 있다.
따라서 한국의 영토의식은 외세의 영토침입에 대해 소극적 대응으
로 최소한의 주권을 유지하는데 그치는 경향이 있었다. 근대 일본
은 무력협박, 위협, 때로는 전쟁 등의 다양한 극단적인 방법으로
영토를 확장해왔던 역사적 경험을 가지고 있다. 근대 한국은 전쟁
이라는 극단적인 방법이 아니더라도 강대국에 쉽게 영토를 양보하

는 경향이 있었다. 이를 역사적 교훈으로 삼는다면, 일본은 영토확
장 의욕이 상당히 강하다. 현재에도 일본은 반드시 독도영유권을
확보하겠다는 의지가 상당히 강하며, 한국은 빼앗겼던 지난날에 대
한 반발심에서인가, 일본의 독도영유권 주장에 대해 한치도 용인하
지 않는 강한 영토의지를 갖고 있다.

 따라서 독도(다께시마)영유권문제를 둘러싼 일·한지간의 분쟁은
단시일 내에 해결을 본다는 것은 불가능한 일이며 앞으로 장기화
할 가능성이 아주 높다. 그리고 복잡다단한 세계와 동북아시아의
국제정치적 변동 속에서 분쟁이 때로는 온화하게 때로는 격렬하게
부딪치면서 동북아시아의 평화와 안전에 위협을 주는 한 개의 잠재
적인 요소로 존재할 것이다.

 일본과 주변 국가들간의 영토분쟁은 제2차세계대전전에 일본에 편
입된 영토가 전후 대일평화조약에 의해 일본영토에서 분리되면서
발생한 것이다. 대일평화조약에서 일본영토에 분리될 영토와 포함
될 영토를 명확히 구분하지 않았다. 당시 대일평화조약을 주도했던
미국을 중심으로 하는 자유진영인 연합국이 영토처리를 명확하게
하지 않은 이유는 쏘련과 중국 등의 공산진영의 반대를 무릅쓰고
가능한 빠른 시일 내에 의도했던 강화조약안을 관철시키기 위해 법
적 정의를 무시하고 정치적으로 결정했기 때문이다.

 따라서 샌프란시스코 강화조약은 자유진영에 속하는 연합국간의
합의에 의한 것으로서 평화조약에 조인하지 않은 공산권국가 및 비
조인국가는 대일평화조약의 법적 구속력을 받지 않는다. 대일평화
조약에 규정된 내용이라고 하더라도 비조인국은 향후 조인국인 당
사자간에 영토문제를 논의할 때, 동 조약에 구속됨 없이 딩사자간

의 합의에 의해 미해결의 영토문제를 결정할 수 있을 것이다.

독도(다께시마)문제는 특히 역사적인 문제라고 짚어 말할 수 있다. 역서적인 문제인 이상 그것을 역사적인 사실에 입각하여 진술하게 논의되어야 한다는 것은 더 말할 나위도 없다. 일한양국정부와 사학계의 독도에 대한 영유권주장에 있어서 양국 모두가 집요하게 자국의 국익만 추구하기 때문에 그 논리성에 진실성이 결여되고 독도자료 사용에 있어서 자기에게 유리한 것만 선택이용하고 불리한 재료에는 눈을 돌리려하지 않고 완전히 무시하며 혹은 자기에게 유리하도록 자의적인 해석과 의미적인 부여를 하는 경우가 많다. 역사자료에 대한 외곡과 지나친 의미 부여로서는 정확한 결론을 결코 얻을 수 없는 것이다.

가장 이상적인 영토분쟁의 해결방법은 역사성의 향방에 따라 영토주권이 결정되어야 한다. 그러기 위하여서는 우선 다국간에 걸치는 사학가들이 테불을 둘러싸고 객관적이고 고심한 역사적인 역구와 의견 교류가 필요하고 이러한 연구성과들이 양국의 정치석상에 반영되어야 할 것이다. 그리고 극단적인 방법을 동원하여 양자 파멸을 초래하는 것보다는 현상유지 상태를 지속시켜 시대의 변화와 추이에 따라 자연스럽게 해결되는 것이 가장 이상적일 것이다.

중국정부와 메디아는 독도문제에 관하여 일관하게 중립적인 태도를 취하면서 표기법상에서는 独島(日本称"竹岛")라고 표기하고 있다. 하지만 중국과 일본사이에 영유권분쟁이 존재하는 조어도(중국명: 钓鱼岛, 일본명: 尖閣諸島)는 독도문제와 아주 근사한 유형의 영토분쟁이라는 것은 중국인들은 인식하고 있다. 중국의 环球新军事라는 웹사이트에서는 「中国的钓鱼岛和韩国的独岛同样问题，不

同命运(중국의 조어도와 한국의 독도는 같은 영토문제이지만 다른 운명을 하고 있다.)」는 제목하에 대서특필하고 있다. 이른바 여기서 말하는 다른 운명이란 한국은 독도에 대하여 실질적 지배를 하고 있고 일본과의 영유권분쟁에서 주도권을 쥐고 있지만 중국은 그렇지 못하다는 것이다. 또 어떤 글들에서는 "왜 중국에는 홍순칠과 같은 애국자가 없었을까?"고 한탄하는 글들도 볼 수가 있다. 한국이 국제법정에 나서는 것을 거절하는 이상 일본은 국제법을 통하여 한국과 독도에 관한 영유권문제를 해결한다는 것은 불가능한 일이다. 요사이는 한일간의 독도영유권문제 보다 중일간의 조어도령유권문제가 아주 첨여하고 치열하게 발전하고 있다. 앞으로 일본과 주변국들간의 영토문제는 동북아시아의 안전을 위협하는 하나의 불안정한 요소로 남아 있을 것이며, 이러한 영토문제에 대한 원만한 해결과 동북아시아의 공동한 발전을 위하여 일본과 한국, 중국, 러시아 등 나라의 지혜가 검험받게 될 것이다.

참고문헌

단행본

김병렬·나이토 세이츄 공저,『한일 전문가가 본 독도』, 한국: 다다미디어, 2006년

김병렬·나이토 세이츄 공저,『독도=다께시마 논쟁』, 학국: 보고사,

영남대학교 민족문화연구소,『독도를 보는 한 눈금의 차이』, 도서출판서, 2006년

愼鏞廈,『韓國과 日本의 獨島領有權 論爭』, 한국: 한양대학교 출판부, 2003년

愼鏞廈,『독도(獨島), 보배로운 한국영토』, 한국: 지식산업사, 1997년

최장근,『일본의 영토분쟁 ─일본제국의 흔적과 일본 내셔널리즘─』, 한국: 백산자
      료원, 2007년

차종환·신법타·김동인 공저,『겨레의 섬─독도』, 한국: 도서출판 해조음, 2006년

정재정 등 공저,『독도와 대마도』, 한국: 지성의 샘, 2005년

신용하,『독도의 민족영토사 연구』, 지식산업사, 1996년

金学俊、『竹島／独島韓国の論理』、日本: 論創社、2004年

内藤正中·金柄烈、『竹島 · 独島史的検証』、日本: 岩波書店、2007年

内藤正中·朴炳渉、『竹島＝独島論争─歴史資料から考える』、日本: 新幹社、2007年

内藤正中、『竹島をめぐる日朝関係史』、日本: 多賀出版株式会社、2000年

大熊 良一、『竹島史稿』、日本: 原書房、昭和43年

김은택·배영일공저,『옛 지도로 보는 독도』, 평양출판사, 2010년6월

논문

이상태,「고지도가 증명하는 독도의 영유권」, 독도학회학술회발표론문, 2009년10월

이기석,「국제수로기구(IHO)의 〈해양과 바다의 경계〉개정4판 발간 준비와 동해

명칭의 국제표준화」, 독도학회학술회발표론문, 2009년10월

고문헌 및 기타 자료

內藤 正中、『竹島 = 独島問題入門(日本外務省竹島批判)』、日本: 親幹社、2008年
外務省記録、『竹島考証(上・中・下)』、エムティ出版

북방사도영유권문제를 둘러싼 일·러 영토분쟁

1. "북방영토"문제란?

일본이 러시아에 빼앗겼다면서 반환을 요구하는 이른바 "북방영토"는 에도로후(択捉), 구나시리(国後), 시코탄(色丹), 하보마이(歯舞)라는 4개의 섬으로 이루어졌는데 일본에서는 일명 "북방4島"라고도 부른다. 그중에서 하보마이는 정확히

말하면 하나의 섬이 아니라 작은 섬 여러 개로 이루어진 군도이다. "북방영토" 중에 가장 큰 섬인 에토로후 섬은 면적이 3185㎢이고 두번째로 큰 섬인 구나시리는 1497㎢이며 시코탄은 255 ㎢이며 하보마이 제도는 여러 개의 섬들 가운데서 제일 큰 섬인 시보츠는 면적이 45㎢다. "북방영토"의 총 면적은 5036㎢로 일본의 치바현(千葉縣)과 거의 비슷한 크기이다.

"북방영토"는 북해도로부터 러시아의 캄차카 반도까지 이어지는 쿠릴열도(Kuril Islands)에 속하는 섬이다. 물론 일본과 러시아 사이에 어디까지가 쿠릴열도에 속하는가 하는 문제에 있어서는 두 당사국 지간에 의견 차이가 있다. 쿠릴열도는 샌프란시스코 평화조약에서 일본이 포기할 것을 명기했으나 "북방영토"는 쿠릴열도 중에서 북해도에 가장 가까운 섬들이다.

쿠릴열도는 태평양 북서부 캄차카반도와 일본의 北海道사이에 1,300km에 걸쳐 있는 열도로서 56개의 섬과 바위섬들이 줄지어 분포하며 태평양과 오호츠크해를 나누는 경계를 이룬다. 러시아 동부 사할린주(州)에 속하며 일본 이름으로는 '치시마(千島)'라고 한다. 쿠릴열도는 판(plate)구조 운동으로 화산활동이 일어나 부채꼴의 호형으로 섬들이 잇달아 형성된 호상열도(弧狀列島)이다. 쿠릴열도의 200km 동쪽에 깊이가 1만m에 이르는 쿠릴 해구가 있으며, 태평양

판의 경계 지역에 위치하여 화산 활동과 지진이 자주 발생하고 온
천도 많이 분포한다. 섬의 면적은 총 1만 5,600㎢로, 100여 개의
화산이 있으며 그 가운데 30여 개가 활화산이다.

기후는 한랭하여 겨울은 매우 춥고 눈이 많이 내린다. 여름에는
안개가 많이 끼어 습윤하고 서늘하다. 때문에 농작물 재배가 어려
워 주민 대부분은 어업에 종사한다. 식생(植生)은 툰드라(tundra)에
서 한대림(寒帶林)까지 매우 다양하게 분포하며 구나시리 등 남부
의 큰 섬들에는 삼림이 무성하여 임업이 발달해 있다.

쿠릴열도는 우루프(Urup, 得撫島)섬과 에도로후(Iturup, 擇捉島)섬
을 경계로 북쿠릴과 남쿠릴로 나눈다. 북쿠릴에는 마칸루시(Makan
rushi, 磨勘留島)섬이 가장 북쪽에 있으며, 슘슈(Shumshu, 占守島),
아틀라소프(Atlasov, 阿賴度島), 파라무시르(Paramushir,幌筵島), 안
치페로프(Antsiferov, 志林規島), 오네코탄(Onekotan,溫禰古丹島),
하림코탄(Kharimkotan, 春牟古丹島), 에카르마(Ekarma, 越渴磨島),
치링코탄(Chirinkotan, 知林古丹島),시아슈코탄(Shiashkotan(Shasuko
tan, 捨子古丹島), 라이코케(Raikoke, 雷公計島), 마투아(Matua, 松
輪島), 라스슈아(Rasshua, 羅処和島) 우시시르(Ushishir,宇志知島),
케토이(Ketoy,計吐夷島), 시무시르(Simushir, 新知島), 브로우토나
(Broutona, 武魯頓島), 치르포이(Chirpoy, 知理保以島), 브랫치르포
이(Brat-Chirpoyev, 知理保以南島), 우루프(Urup, 得撫島) 등의 섬들
이 분포한다.

남쿠릴에는 에도로후, 구나시리, 시코탄, 하보마이 등이 분포한다.
하보마이 군도(群島)에는 모네론(Moneron, 海馬島), 폴론스코고(Pol
onskogo, 多樂島), 젤리오니(Zelyoni, 志發島), 유리(Yuri, 勇留島),

아누치나(Anuchina, 秋勇留島), 하르카르(Kharkar, 春苅島), 탄필레바(Tanfilyeva, 水晶島), 시그날니(Signalny, 貝穀島) 등 10여개의 섬들이 분포하지만, 이 가운데는 바위섬(Rocks)에 지나지 않는 것도 있다.

역사적으로 원래 이 지역은 선주민인 아이누 민족이 거주하던 땅이었다. 일본의 동북지역은 일본 역사에 등장한 시기가 서남지역에 비해 비교적 짧다. 전국시대[52]에 이르러서야 일본 혼슈(本州) 최북단인 현재의 아오모리현(青森) 일대를 지배한 마츠마에번(松前藩)이 북해도 지역에 대한 개발권을 획득하여 아이누인들과의 무역을 시작하였다. 미국이 아메리칸 인디언을 정복한 것과 마찬가지로 마츠마에번은 북해도 지역에 거주하던 아이누 민족을 정벌해서 그들을 북쪽으로 쫓아내고 18세기말에서 19세기에 걸쳐서 북해도 전역을 개발하고 지배하게 되었다. 북해도의 동북쪽 끝 바다 건너에 있는 현재의 "북방영토"에 관해서는 1600년대 무렵에는 어렴풋이 그 존재를 알고 있었으나 정확히 구나시리, 에토로후를 비롯한 여러 섬을 파악하게 된 것은 1786년에 모가미 토쿠나이(最上徳内)라는 사람이 막부의 명령을 받아 북해도 동부, 사할린, 그리고 구나시리, 에토로후 등 지역을 조사한 이후부터이다. 당시 이미 러시아도 이 지역에 진출하고 있었는데 현재 일본이 영유권을 주장하는 북방영토의 가장 큰 섬인 에토로후에도 진출해 있었다. 그러나 일본인들의 진출이 점점 늘어나고 1855년에는 일본과 러시아간에 영유 범위를 협의하여 일로 통호조약을 맺게 되었다. 이때 정한 경계선이 에토로후 섬과 우루푸 섬의 사이에 있으므로 현재까지 일본이 에토

---

52) 기원 1467년부터 1573년 사이까지의 군벌 혼전 시대

로후 섬까지는 일본 땅이라고 주장하는 근거로 사용되고 있다.

1855년의 상기의 조약이 체결될 때까지 사할린은 어느 나라에 속하는가 하는 문제는 확정되지 않았다. 그러므로 사할린에는 일본과 러시아 쌍방이 모두 진출하여 일본인과 러시아인이 공존하는 상태가 되고 말았다. 이를 타개하기 위해서 1875년에 러시아와 일본은 사할린과 쿠릴열도의 교환하는 상트페테부르쿠 조약을 체결하였다. 이 조약의 내용은 사할린 전체를 러시아가 지배하는 대신에 쿠릴열도 전체를 일본측에 할양하는 것이었다. 당시 일본측으로는 사할린의 영유권을 얻는 것 보다 아직 개발이 되지 않았던 북해도의 개발이 먼저였고 사할린을 잃는 대신에 쿠릴열도의 18개 섬들을 일본 땅으로 만들 수 있었으므로 손해보는 장사는 아니었다.

1875년부터 사할린 전체가 러시아 땅이 되였으나 1905년의 일러전쟁에서 승전국인 일본은 사할린 전체를 점령했다. 일러전쟁이 러시아의 패배로 끝나고 미국이 중재한 포츠머스 강화조약을 통해 일본은 추가로 북위 50도선 이남의 남부 사할린을 러시아로 부터 할양 받게 되었다. 1905년부터 일본이 2차대전에서 패할 때까지 사할린 섬 남부와 쿠릴열도 전체가 일본의 지배하에 들어가게 된 것이다.

현재의 일본 영토를 정한 것은 2차대전에서 일본이 패하고 일본의 국제사회 복귀 조건으로 서명한 샌프란시스코 평화조약이다. 이 조약은 일본이 쿠릴열도와 사할린 남부에 대한 지배를 포기할 것이 명기되어 있고 일본이 서명했으므로 "북방영토"가 쿠릴열도의 일부라고 해석할 경우 문제는 끝난 것이지만 쿠릴열도가 어디까지를 말하느냐에 관한 논란이 일었고 미국과 쏘련의 냉전이 시작되면서 미국이 러시아를 견제할 목적으로 일본에게 영토을 넓혀주려고 개입한 것이 원인으로 오늘날까지 이어지는 영토문제가 발생하게 된다.

2차 대전에서 "대일본제국" 패망하고 미군의 GHQ에 의한 軍政을 거쳐서 일본국 헌법이 새로 제정되고 일본 영토는 연합국측이 정한 내용대로 결정되었고 샌프란시스코 평화조약이 서명되면서 일본국은 국제사회에 복귀한다. 2차대전 도중까지는 일본과 쏘련이 불가침조약을 맺은 상태였으나 전쟁 말기에 쏘련이 불가침 조약을 깨고 일본에 선전포고를 했으므로 일본이 항복했을 때 사할린 전부와 쿠릴열도는 쏘련군에 의해 점령된 상태였다. 정확히 말하면 일본 천황이 라디오 방송으로 항복 선언을 한 것이 1945년 8월 15일이고 항복 문서에 서명한 것이 9월 2일, 연합국이 도쿄를 점령한 것이 9월 8일이다. 한편 쏘련군이 쿠릴열도를 점령한 것은 에토로후, 구나시리, 시코탄은 8월28일부터 9월1일까지, 하보마이 제도는 9월3일부터 5일까지이다.

"북방영토"를 일본의 통치 범위 밖으로 지정한 "맥아더라인"에 따르면 현재 이미 일본 반환된 가고시마현(鹿児島県) 아마미 오오시마(奄美大島), 오키나와(沖縄)의 섬들, 오가사와라제도(小笠原諸島)도 제외되어 있다. 일본을 점령한 GHQ의 SCAPIN 677지영으로 하보마이, 시코탄을 포함한 쿠릴열도 전부가 일본의 통치 범위에서 제외되었다.

당시 이 지역에는 일본인이 1만 7천명 정도 살고 있었으나 쏘련과 GHQ의 합의에 따라 1949년까지 대부분의 일본인이 일본 본토로 귀환했다.

"북방영토" 문제도 샌프란시스코평화조약 초안 단계에서 일본이 포기할 쿠릴열도의 범위가 어디까지인지 여러 가지 논란이 있었다. 평화조약의 내용을 논의하는 일본 국회에서 일본 정부는 구나시리, 에토로후의 두 섬은 쿠릴 열도에 포함된다는 취지의 답변을 했다.

지리적으로 보면 구나시리, 에토로후는 캄차카반도에서 북해도로 이어지는 쿠릴열도의 한 부분임을 의심할 여지는 없다. 그러나 하보마이와 시코탄은 이 섬들보다 남쪽에 위치하고 있으며 북해도의 동쪽에 있는 네무로반도(根室半島)의 끝에서 이어진다. 즉 이 섬들은 쿠릴열도의 일부가 아니라 북해도의 일부라고 해석하는 것이 가능한 것이다.

그 후 일본과 쏘련은 1956년에 국교정상화를 하게 되고 이때 일본은 쏘련측에 현재의 북방4島 뿐 아니라 쿠릴열도 전체, 그리고 사할린 남부까지 일본에 반환할 것을 요구했다. 샌프란시스코 조약에서 포기한 영토까지 전부 되돌려달라는 것이 뻔뻔스럽게 들리지만 일본의 입장에서는 쏘련이 조약에 서명하지 않은 것을 반환 요구 근거로 삼았다. 물론 쏘련이 이 요청을 들어 줄 리가 없었다.

결국 회담을 거듭한 끝에 쏘련측이 하보마이 제도와 시코탄 섬을 반환하는 것으로 양측이 합의를 보았으나 여기에 미국이 개입하고 나섰다. 쏘련을 견제하려는 미국은 구나시리, 에토로후의 반환도 쏘련측에 요구하지 않으면 오키나와를 영구히 일본에 돌려주지 않을 것이라고 일본측을 위협했다. 결국 일본과 쏘련이 평화조약을 맺을 때 시코탄, 하보마이를 반환할 것이라는 공동선언문에 그쳤다.

샌프란시스코 평화조약 초안 작성시에 일본이 포기하는 쿠릴열도의 범위를 정하는데 미국측은 구나시리, 에토로후는 쿠릴열도에 포함되지 않으며 일본 영토로 남는다는 주장을 지지했다. 그러나 영국, 프랑스는 구나시리, 에토로후도 쿠릴열도에 당연히 포함된다는 입장이였고 프랑스의 경우는 일본 국회에서 일본 정부 측이 "구나시리, 에토로후는 남쿠릴열도"라고 말한 것을 인용하기도 했다.

사실 일본 정부가 샌프란시스코 조약에서 말한 쿠릴열도에 구나시리, 에토로후가 포함되지 않는다는 입장을 일관되게 주장하기 시작한 것은 1956년부터이다.

결국 일본과 쏘련간의 국교정상화가 이룩되기는 했지만 평화 조약은 체결되지 않았고 1961년에 쏘련의 흐르쇼브는 영토문제는 끝났다고 발언함으로서 하보마이, 시코탄만이라도 돌려받는 것도 끝난 일처럼 보였다. 하보마이, 시코탄 반환을 약속한 쏘련과 일본의 공동선언의 효력도 끝난 것으로 인식되었으나 고르바쵸프 정권 이후 또다시 당시의 공동선언을 존중하는 태도로 바뀌었다.

현재의 일본 정부 공식 견해는 하보마이, 시코탄만 반환 받은 것이 아니라 4島를 일괄적으로 반환 받는 것을 원칙으로 하고 있다. 그러나 정치가들 사이에서는 2島만이라도 먼저 반환 받을 것을 주장하는 2島 선반환론도 있고 2島만 받고 끝내자는 사람도 있다. 최근에는 북방4島의 면적을 절반으로 나눠서 가지는 것은 어떻냐고 주장하는 정치가도 생겼다.

러시아는 일관되게 시코탄, 하보마이를 반환하면 최종적으로 결착이 나는 것이라는 입장이었고 최근에는 2島 반환조차도 비판적이다. 쏘련 시대와 러시아 경제가 어려웠을 시기에는 북방 4島 주민들이 러시아 지배를 받는 것 보다 경제대국인 일본의 지배를 받는 것을 원할 것이라고 기대하는 전망도 있었으나 요즘은 러시아의 경제상황이 점차 좋아지고 있기 때문에 하보마이, 시코탄에 거주하는 러시아 사람들도 일본의 지배를 받는 것을 당연히 찬성하지 않는 다. 일본 정부도 반환 후의 주민들에 대한 정책도 전혀 내놓지 않고 있으므로 이 섬들의 인구 증가와 발전에 따라 현실적으로 점점 반환이 어려워지고 있는 상황이니 진짜로 "북방영토"를 되찾을려는 생각이 있는지 의문시하는 견해도 있다.

이른바 러시아와 일본의 국경분쟁 문제는 19세기 50년대부터 시작되었다. 그러나 이 국토분쟁 문제에 앞서 이 분쟁지역이 러시아와 일본이 서로 주장하는 것처럼 과연 그들의 고유영토였는가 하는 문제부터 살펴보아야 된다.

현재 일본과 러시아 두 나라가 서로 줄곧 자기들의 고유영토였다고 주장하는 이 지역은 원래 아이누민족이 뿌리를 박고 세세대대로 삶을 영위하여온 지역이었다. 사실상 일로 두 나라의 영토분쟁은 원주민인 아이누민족의 존재를 완전히 무시한 근대 지배자중심적인 그릇된 인식이라고 봐야 마땅할 것이다. 때문에 러시아와 일본의 영토분쟁에 앞서 반드시 우선 먼저 이 지역이 원래 아이누민족이 살고 있었던 지역이었다는 각도에서 이 문제에 접근하여야 옳다고 본다.

2. 아이누 민족 개황

아이누민족이란 역사상 일본과 러시아의 접경지역(북해도, 쿠릴열도, 사할린)에 살던 토착 원주민인 소수민족의 하나이다. '아이누'라는 명칭은 '인간'이라는 의미의 북해도 지방의 아이누어 방언에서 온 말이라고 한다. 일본에서는 예전부터 '에조(蝦夷)'로 불렀는데 이는 사할린 아이누어의 '인간'을 뜻하는 '엔츄' 또는 '엔주'라는 단어에서 온 말이라는 일설이 있다. 현재 일본의 아이누족 사람들은 '아이누'란 단어가 일본에서 차별적인 의미로 쓰이고 있다고 여기면서 스스로를 '우타리'('친척', '동포'라는 뜻)라고 부르기도 한다.

현재 아이누족의 일부는 러시아의 사할린, 쿠릴열도, 아무르, 캄차카반도 등지에 살고 있는데 혈통적으로 일본민족과는 다른 북방 몽골리안의 한 종족이다. 역사상에서 언녕 개별적인 부족국가 형태를 지녔으며 아이누족 언어, 즉 아이누어를 가지고 있었다. 지금은 비록 통치국인 러시아와 일본의 정치적, 경제적인 영향으로 말미암아 대부분 사람들이 자기의 민족언어를 쓰지 않지만 북해도에 살고 있는 일부 연세가 많은 노인들은 아직도 아이누어를 사용하는 사람이 조금 있다.

일본의 아이누민족은 오키나와(沖縄)의 원주민들처럼 일본의 근대화 이후 대동아정책의 실시로 말미암아 강제적으로 일본에 편입된 소수민족이다. 일부 원래 쿠릴열도에 자리를 차지하고 삶을 영위해 오던 아이누인들은 1875년도의 일본과 러시아지간의 사할린·쿠릴열도 교환조약(樺太千島交換条約) 이후에 그 대부분이 일본정부에 의해 강제적으로 시코탄도(色丹島)에 이주하였다. "엔츄"라고 부르는 사할린에서 살던 아이누인들은 2차대전 이후에 쏘베트연방 정부에 의하여 강제적으로 사할린에서 퇴거당했다.

현재 일본의 아이누민족은 거의 일본화되어 대부분 일본어를 쓰지만 러시아쪽은 아이누문화가 어느 정도 보존되어 있어 아직도 아이누어가 쓰이고 있지만 일부 러시아화된 아이누족은 러시아어를 쓴다. 종교로는 샤머니즘이 대다수이고, 러시아쪽은 러시아 정교회로 개종한 약간의 아이누족이 있다.

일본의 아이누족은 약 15만명 정도가 남아있는 것으로 추정되는데 아이누족은 스스로의 태생을 숨기거나 대부분의 경우 모르고 있어서 정확한 수자는 알지 못한다. 이는 인종차별로부터 자녀를 보호하기 위해 부모가 알려주지 않기 때문이라고 한다.

아이누족은 죠몽시대(繩文)의 일본의 원주민인 죠몽인의 힌 구성부분이라고 추정된다. 아이누의 전설인 '유카 우포포'에는 "아이누족은 태양의 아이들이 오기 10만년 전에 이곳에 살았다."고 설명하고 있다.

1만년전 죠몽인들은 일본열도에 거주하였었다. 약 2,500년 전, 야요이인들이 아시아의 중국 대륙 및 조선반도로부터 일본열도에 건너갔는데 이로하여 두 개의 문화는 열도내에서 섞이게 되였고, 아이누인들은 점차적으로 밀리워 북쪽의 북해도 지역으로 전이하여 그들의 인류학적 종교적 정체성을 지켜냈다.

3. 일러 제국주의의 아이누지역 병탄

3.1 마츠마에 번(松前藩)에 의한 아이누 민족의 수탈

기원 7세기 중엽부터 야마도(大和)민족은 이른바 "에조정벌"(蝦夷征伐)을 거듭하여 왔다. 옛날부터 일본에서는 '에조' 혹은 '아이누'를 "순종하지 않는 종족"이라 하면서 아이누민족을 정벌하였다. 야마도

시대에 이르러 현재의 칸토(關東)지역이 일본인지역(和人地)로 변모되면서 아이누인들은 일본인들과 잡거하게 되었다. 그러나 수적으로나 문화적으로나 할 것 없이 월등하게 우세에 처한 일본인들에게 밀려 아이누 민족의 세력범위와 삶의 터전은 나날이 줄어들었다.

가마쿠라(鎌倉)시대(1185 - 1333)에 이르러 아이누인들은 혼슈(本州)에서 거의 완전히 밀려나 할 수없이 츠가루(津軽)해협을 건너 북해도에 넘어가 공동체를 형성하고 삶을 영위하게 되었다. 무로마찌(室町)시대(1338-1573)에 이르러서는 일본인들도 북해도로 몰려들기 시작하여 북해도 남부지역에 세력을 펼쳐 아이누인과 잡거하는 국면이 조성되었으며 경제상에서 서서히 지배자와 피지배자의 관계가 형성되었다. 피지배적인 국면에 처한 아이누민족은 절박한 민족적인 위기감을 느끼고 저항하기 시작했으나 현저한 역량상의 차이로 일본인집단의 힘에 굴복하였으며 따라서 북해도 남부지역은 혼슈와 마찬가지로 일본인세력이 완전히 장악한 봉건사회로 탈피하였다.

일본인 집단과 아이누 민족지간의 전쟁 상태가 끝나고 일본인 통치지역이 확립되면서 일본인 세력은 서서히 권력기반을 닦아갔고 아이누민족에게 일본인 집단의 법도를 따르도록 강요하였다. 따라서 아이누인들은 일본인과의 교역과 접촉을 통하여 차츰 일본인 사회에 흡수되어 버렸으며 민족적인 단합이 서서히 해이해져 민족 공통체 의식과 민족문화는 한층 더 위기 상태에 처하게 되었다.

이러한 과정에서 북해도에는 점차 일본인지역과 아이누인지역간의 경계선이 생겼으며 일본인 지역의 가키자끼(蛎崎)정권은 안정적으로 발전됨과 아울러 일본인의 실질적인 지배하고 통치하는 구역도 나날이 확대되어 나갔다.

일본인들이 처음에 아이누인지역에 진출한 것은 일본인 노동력을 동원하여 사금, 목재 등 자원을 약탈하려는 목적이었으나 점차 아이누인과의 교역관계가 바뀌면서 일방적으로 착취하고 약탈하는 관계로 변하였다.

도요도미 히데요시(豊臣秀吉)가 일본을 통일하고 1592년에 조선 침략을 감행할 때 아이누지역에 있던 일본인 정권도 軍役에 동원되었는데 이러한 과정을 통하여 이 지역도 점차 일본의 국가권력 체제에 편입되어 들어갔다.

17세기 초엽에 이르러 도쿠가와 이에야스(德川家康)가 아이누지역의 실권자 집단에 흑인장(黑印狀)을 발급함으로하여 막번(幕藩)체제 하에 마쯔마에번(松前藩)이 생겨나게 되었다. 마쯔마에번은 당시 일본의 최고 국가 권력기관이라고 볼 수 있는 막부(幕府)로부터 교역독점권을 인정받았다. 그 결과 '막부의 아래에 마쯔마에번이 있고 그 밑에 아이누지역'이라는 지배와 피지배의 종적인 관계가 이루어졌다.

1633년 막부가 쇄국적인 국책을 실시하자 마쯔마에번은 정치적인 수요로 아이누인 지역과 일본인 지역을 분리하고 통상교역를 제한하여 아이누인 지역 내에 아이누인과의 교역장소를 따로 지정하고 그것을 가신(家臣)들에게 배분하여 주고 기타의 제번(諸藩)의 상선들의 출입을 금지하였다. 이로 말미암아 아이누인지역의 여러 공동체는 자연히 특정 봉건지배자들인 번사(藩士)들에게 집중적으로 수탈당하는 대상으로 전락되었다. 17세기 전반까지는 이러한 수탈은 대체로 북해도 범위에 한정되어 있었으나 그 후에는 서서히 사할린

지역과 쿠릴열도의 남부 지역까지 확대되었고 이로 인하여 일본인
과 아이누인 지간에는 자주 싸움이 일어나군 하였다.

아이누인들이 이민족인 일본인의 압박과 수탈에 무력적으로 대응
함에 따라 종래의 잡거지역이 일본인지역과 아이누인지역으로 분리
되는 결과를 초래하였으며 막부가 실시하는 쇄국체제로 말미암아
이러한 결과는 한층 더 고착화되었다. 한편 경제적으로 일본인들과
의 교역권을 둘러싼 지배권 다툼으로 인하여 아이누인 세력은 점차
분열되어 갔으며 이러는 과정에서 서서히 일본인 세력에 예속되어
갔다. 이 무렵부터 쯔가루번영(津輕藩領)에 잡거하고있던 아이누인
들은 일본인에 동화되어 갔으며 마쯔마에번 내의 아이누인들은 일
본인과 잡거하게 되는 국면에 처하게 되었다. 이러한 아이누인들의
생활터전의 축소는 일본인지역의 끊임없는 확장으로 인한 것이었
다.

지금의 북해도는 역사적으로 원래 아이누인들의 지역이었으며 마
쯔마에번은 이 지역을 기반으로 성립된 것이었다. 1624~1628년경
마쯔마에번과 아이누인과의 교역장소는 아이누인 거주지역의 중심
위치에 있는 아츠기시(厚岸)였으나 1633년경에는 서해안의 오츠베
(乙部)에서 동해안의 이시자키(石崎)를 잇는 지역까지 확장되었으며
1672년에는 서해안의 간나이(關內)에서 동해안의 이시자키를 잇는
선까지 확장되었다.

당시 새롭게 확장된 일본인지역은 아이누인과의 잡거지역이 되었
지만 실질적으로는 아이누인들이 자율적 공동체를 유지하고 사는
일부 하천지역을 제외하고는 거의 일본인들이 독차지하고 살았다.
1669년 아이누민족은 혼슈의 동북지역의 어민을 동원한 마쯔마에번

의 가혹한 수탈에 반항하여 히다카(日高)의 아이누인 통영 샤크샤
인이 2000여명의 아이누인을 소집하여 시베챠리강에 진지를 구축하
고 봉기를 일으켜 일본인들의 상선을 습격하고 남쪽으로 밀고 내려
가려하였다. 그러나 활과 창을 무기로 하는 아이누인들은 총포를
든 마쯔마에번의 군대를 대적할 수가 없어 화해를 하려했으나 결과
적으로는 샤크샤인은 참수를 당했고 아이누인의 봉기는 참패를 당
했다. 그 결과 마쯔마에번에 의한 착취와 압제는 한층 더 혹독해졌
으며 아이누인들은 절대적인 복종을 강요당하고 사실상의 노예로
전락되었다. 1688~1703년 사이에 마쯔마에번은 아이누인 세력의
쇠퇴, 몰락의 기회를 타서 신속하게 동부의 구니누이(國縋), 가메다
(龜田), 서부의 아이누마우치(相沼內), 구마이시의 칸나이 4곳에 군
대를 파견하여 수비를 하면서 실질적인 점령을 실현하였다.

　18세기 후반에 이르러 일본인의 압제에 대한 아이누인들의 최후
의 조직적인 봉기가 일어났다. 마쯔마에번한테서 구나시리도(國後
島)와 네무로(根室)지방의 교역권과 어렵권을 손에 넣은 상인 히다
야(飛驒屋)가 아이누인들에 대한 포악무도한 폭정을 실시하였는데
그 수하들은 간음과 살육을 서슴치않았다. 1789년 일본인한테 안해
를 살해당한 마메키리를 위수로하는 구나시리의 아이누인들이 봉기
를 일으키자 메나시(目梨)의 아이누인들도 동참하여 교역소와 교역
선을 습격하여 일본인 71명을 살해하였다. 마쯔마에번은 군대를 파
견하여 진압하였으며 봉기의 주동자들을 전부 처형하였다. 이 사건
이후 아이누는 모든 자유를 박탈당하고 철저한 탄압과 통제를 받았
는데 지어는 산행을 할 때 쓰는 도구인 칼마저 무기라는 이유로
압수당했다.

이 시기에 있어서 마쯔마에번이 지배하는 경제적 경계범위는 쿠릴열도 남단의 구나시리에 까지 미치였다. 그러나 이 지역은 이미 러시아의 변방세력이 손을 뻗치고 있어 아이누인들은 러시아의 국적을 강요당하고 있는 상태였다. 러시아세력의 구나시리까지의 남하와 마쯔마에번의 경제적인 북상이 서로 충돌을 일으키게 되면서 막부는 이 지역을 영토화하여야 되겠다는 의식을 가지게 되었다.

3.2 일본의 아이누지역 "영토화"국책

1778년9월 샤바린을 위수로 한 러시아 사절이 치이닷프, 아께시에 와서 아이누와의 교역을 요구하는 것으로 본격적으로 시작된 러시아의 남하에 막부는 커다란 위기를 느끼고 북방의 아이누지역을 자국의 영토로 만들어야 되겠다는 영유의식을 갖게 되였으며 따라서 이른바 "개척"을 시작하였다.

막부는 1785년에 마쯔마에번에 명령하여 아이누지역에 대한 조사를 실시하게 하였고 직접 관리(田(た)沼(ぬま)德(とく)次(じ))를 파견하여 쿠릴열도와 사할린에 대한 조사를 진행하였다. 조사단은 북해도 동부 해안에서 쿠릴열도의 구나시리에 들어갔으며 서부 해안을 북상하여 사할린에 도착하여 시리누시와 아니와곶(岬)을 조사하였다.

1786년 막부의 관리 모가미(最上德内)가 일본인으로서는 처음으로 에도로후를 경유하여 우루프에 도달하였는데 그때 비로소 에도로후와 구나시리에 이미 러시아인들이 살고 있다는 사실을 알게 되었다. 마쯔마에번은 러시아가 남으로 밀고 내려오는 위협에 대처하고저 막부는 "에조지근번체제"(蝦夷地勤番)와 경위(警衛)체제를 세

우고 동부 아이누지역의 아츠케시와 서부의 소야(宗谷)에 번소(番
所)를 설치하였으며 장소청부제(場所請負制)를 아이누지역 개척 및
지배의 말단조직으로 재편성하여 러시아의 남하에 대비하였다. 이
러한 막부의 조치는 동부의 아츠케시와 서부의 소야에 대한 영토화
를 실현하려는 하나의 시도였다.

막부는 영토화정책을 강화하려고 1798년 대규모로 순찰대를 에도
로후에 파견하였다. 순찰대는 러시아가 먼저 세워놓은 식민지 징표
인 십자비(十字碑)를 없애버리고 '대일본에도로후'(大日本惠登呂府)
라는 표식을 세워 일본의 영토임을 선언하였다. 뿐만 아니라 아이
누인들이 우루프에 거주하는 러시아인들과의 교역하는 것을 금지하
였다. 막부의 순찰대가 실시한 상술한 일련의 조치는 러시아와 일
본지간의 아이누지역을 둘러싼 본격적인 영토분쟁을 유발하게 되었
다.

사할린 남부의 아이누인들과 교역관계에 있는 마쯔마에번은 1790
년 장소청부인인 야마무라(村山傳兵衛)를 파견하여 섬의 남부에 위
치한 시라누이에 어장과 교역소를 설치하였고 동부의 해안에 초소
를 설치하였으며 아이누인들을 고용하여 어업생산을 시작하였다.
당시 사할린의 아이누인들은 중국 청나라의 책봉(册封)체제하에 있
었는데 나요르지방의 아이누인 수장은 양충정(楊忠貞)이라는 중국
식 이름까지 사용하고 있었다. 그런 상황에서 1792년 모가미(最上
德內)가 인솔한 막부의 사할린 조사단은 당지의 아이누인들에게 일
본국적을 강요하였는데 이것은 러시아의 先占論과 영유권주장에 대
한 대항적인 조치였다.

3.3 러시아의 아이누인 지역으로의 남하

16세기말부터 17세기초에 이르는 사이에 러시아의 이완4세는 카쟈크부대를 동원하여 시베리아한국(汗國)을 정복하여 러시아에 합병시켰다. 또한 러시아는 17세기에 우크라이나를 합병하여 마침내 '모스크바국가'에서 '러시아제국'으로 탈피하였다. 상인, 카쟈크, 엘마크부대로 이루어진 러시아인들은 모피를 구라파에 수출하려고 16세기 중엽부터 백여년간에 거쳐 시베리아를 가로 질러 극동의 해안에까지 이르렀다. 그들은 강대한 무력으로 당지의 원주민을 제압하였으며 강제로 원주민들에게 "야샤크"라고 부르는 모피세를 부과하였는데 이것이 결국에는 17세기 시베리아 식민지화의 기초로 되었다.

제정 러시아의 특권계층이였던 카쟈크부대[53]를 위수로 하는 변방세력의 끊임없는 동진과 정복으로 러시아는 캄차카반도와 쿠릴제도를 발견하게 되었는데 당시 이 지역은 아직 세상에 알려져 있지 않는 지역이었다. 러시아가 언녕 시베리아를 정복하여 식민지화를 실현했음에도 불구하고 사할린도를 손에 넣지 못한 것은 1689년 청나라와 네르친스크조약을 체결하였음으로 인하여 아무르강의 동쪽은 청나라의 영토에 속했기 때문이었다.

---

53) 러시아어인 '카작(Kasak, Kazak)'이 바뀐 말로 스스로를 카작으로 불렀는데 이 말은 터키어의 '자유인'을 뜻하는 말을 기원으로 삼고 있다. 또한 집단으로서의 카쟈크를 가리키는 러시아어는 카자체스트보이다. 전사집단으로 특화된 슬라브계 민족으로 남부 스텝 러시아 국경지대 살던 슬라브 민족이 이 지역의 투르크계 민족들과 혈통적·문화적으로 융합되면서 형성된 민족이다. 이색적으로 러시아어를 쓰며, 러시아 정교를 믿는 특이한 민족이다. 코사크 정신의 핵심은 숭무와 의리 그리고 애국심과 충성심인데 이는 종교가 다른 이민족들과의 접경지대에서 생존해야만 했던 탓이다. 이들은 16세기 이반 대제 이후, 러시아 황실로부터 봉급을 받으면서 군역에 종사하는 '특수민족'으로 발전했다. 무사집단이지만 농노제를 기반으로 성장한 서구의 기사와는 다르며 코사크는 '무장한 자유인'을 뜻한다. 그래서 아직도 러시아 정부의 관료나 지도자와는 별도로 전통적인 통치제도를 가지고 있다.

러시아인들은 1695년 캄차카반도를 탐험하다가 서해안에서 일본인 표류민을 발견하여 처음으로 일본 본토에 대한 정보를 알았는데 그 후 1700년에 카쟈크부대가 쿠릴열도를 따라 남하하여 드디어 북해도 부근에 이르렀다.

코즈이레프스키가 인솔한 카쟈크부대는 1711년-1713년 사이에 쿠릴열도를 탐험한 이후에 '쿠릴열도지도'를 제작하였다. 이 지도에는 "이토우르프", "우르프", "마츠마이"(지금의 북해도)가 표시되어 있다. 이를 계기로 러시아는 1713년에 쿠릴열도 북부를 완전히 점령하였다. 러시아는 결코 이에 만족하지 않았는데 1719년에 표틀녀제(女帝)는 캄차카반도에 대하여 지리조사를 진행하라는 명령을 내렸다. 1725년 코즈이레프스키는 중앙정부에 올린 캄차카반도와 쿠릴열도에 관한 보고서에서 "에도로후와 우르프, 구나시리는 선주민이 살고 있고 에도로후와 우르프의 선주민은 자유민들이고 구나시리는 마츠마에번과 교역을 하고 있는데 마츠마에번의 신민(臣民)인지는 알 수 없다. 상술한 섬들의 사람들은 전부 아이누인들이다."라고 서술하였다. 러시아는 이 조사보고에 근거하여 1726년에 '15島'[54]를 표시한 "캄차카반도해도"를 만들었다.

1737년6월부터 덴마크인 시찬베르크, 영국인 올튼이 인솔하는 러시아 탐험대는 세 차례에 걸쳐 쿠릴열도에 대한 조사를 실시하였고 "에퐁(일본) 번(藩)의 지배하에 있는것은 마츠마에도(島)뿐이고 그 이외의 섬들은 아직 지배당하지 않았다." …… "만약 명령만 내리면…… 북위43度[55]부터 46度[56]까지의 크고 작은 여러 섬들을 여제

---

54) 15도는 '시무시루'섬으로 북변4개 섬보다 훨씬 북쪽에 위치하고 있는 섬들이다. 쿠릴열도의 지명에 관해서는 《日本の領土》를 참조.

55) 구나시리, 에도로후, 시코탄, 하보마이군도, 누츠캄, 북해도의 노츠끼(野付)반도

56) 우르프

(女帝)의 신하로 삼을 수 있고 46度 이북의 섬들은 아무런 문제없이 당장이라도 편입할 수 있다."라는 조사보고를 올렸다. 이처럼 당시의 러시아정부는 아이누인들의 지역을 임자 없는 땅으로 보았으며 영유권을 확보하기 위하여 수차 탐험대를 파견하였던 것이다.

러시아 1760년경에 언녕 사할린, 연해주, 우르프, 에도로후, 하보마이, 아츠기시(厚岸), 소야, 루루못뻬(留萠)지역까지 밀고 내려와서 통치에 복종하지 않는 아이누인들을 살육하면서 러시아의 식민지임을 선언하였다. 물론 자기의 삶의 보금자리를 빼앗긴 아이누인(사룬구루지역)들은 창과 활로 항전을 벌려 한때 러시아 점령자들을 몰아내기도 하였다. 1766년, 1767년 사이에 카쟈크부대가 또다시 우르프, 에도로후, 하보마이, 아츠기시를 점령하고 강압적으로 아이누인들의 노동을 착취하고 "야사크"를 부과하여 아이누인들의 반항을 불러일으켰다. 그러나 점령 초기에 있어서 러시아의 변방세력인 카쟈크부대가 쿠릴열도를 남하하여 아이누인들의 땅을 점령하고 일방적으로 식민지를 선언한 것은 이른바 러시아 중앙정부가 공식적으로 추진한 일이 아니였기에 이것을 본격적인 영토편입이라고 인정하기는 어려워 보인다.

1771년~1772년 사이에 러시아 점령자와 에도로후의 아이누인들의 모순이 격화되어 커다란 충돌이 발생하였는데 이 사건을 계기로 러시아는 쿠릴열도의 원주민들에게 러시아의 국적에 편입할 것을 강요하였고 자유로운 사냥과 수산물 채취를 금지하였으며 모피세를 부과하였다.

1772경년에 이르러 러시아의 시베리아총독은 캄차카 주둔군 사영관에게 아츠기시에서 북해도에 진입하여 일본인들과 무역을 전개하

라는 지시를 내렸다. 이리하여 구나시리의 아이누인들과의 관계를
개선하고 일본어를 아는 사람을 앞세워 하보마이, 시코탄, 아츠기
시에 들어가 일본상인들과 우호관계를 맺고 일본의 실정을 조사하
였다. 그 후 시베리아 이르크츠크의 상인 샤바린이 우르프에 들어
가 아이누인들과 화해를 하였으며 에도로후와 구나시리에 진출하여
아이누인들에게 "야샤크"를 부과하였다. 이 시기에 1500여명의 아
이누인들이 러시아 신민으로 개적하였으며 이에 대해 1779년4월에
러시아의 에카제리나 여황제는 아이누인들을 "야샤크"를 납부하여
야하는 의무에서 해방시키고 자유민의 권리를 부여하라는 명령을
내렸다.

　러시아 중앙정부가 본격적으로 아이누지역의 영토화를 진척시킨
것은 1785년 이후의 일이었다. 1785년 러시아 황실 과학아카데미
는 《역사지리카랜더》를 발행하여 "쿠릴열도는 쿠릴의 로바타카라
고 부르는 캄차츠카곶(岬)에서 남서방향으로 늘어선 일본 마쯔마에
도까지의 태평양 가운데의 섬을 가르킨다"고 규정하고 우루프, 에
도로후, 구나시리, 시코탄, 마츠마이도까지의 22개 섬을 러시아영
"쿠릴열도"라고 지정하였다.

　러시아 중앙정부는 무주지(無主地)의 탐험과 정복을 위해 언녕
북태평양에 진출한 영국의 자극을 받아 1787년에 상업참의회의 보
론쵸브장관의 건의를 받아들여 러시아 해군의 무로프츠키 대좌에게
러시아의 탐험가들이 새로 발견한 "일본에서 캄차츠카의 로바트카
에 이르는 쿠릴열도의 크고 작은 모든 섬들을 주항하여 지도에 기
술할 것", "마츠마에에서 로바트카에 이르는 모든 섬을 정식으로 러
시아국의 영역에 편입할 것", "최남단의 쿠릴열도와 마츠마에도의

정확한 위치를 규정하고 그 상태를 기술할 것", "아무르강 하구에
있는 큰 섬 사가린(사할린)을 주항하여 그 연안에 있는 하구와 만
(灣)을 기술할 것"을 명령하였다. 그러나 이 명령은 결과적으로 무
로프츠키 해군대좌가 터키·스웨덴과의 전쟁에서 전사하는 바람에
실행되지 못하고 말았다.

변방세력을 앞장에 세워 모피 수탈을 목적으로 시베리아당국은 1
776년에 이른바 영토화 조치를 단행하기는 했지만 이것은 어디까
지나 러시아 중앙정부의 직접적이고도 본격적인 의사표시가 아니였
던만큼 본격적인 영토화 조치라고 인정하기는 어렵다. 실제 러시아
중앙정부가 본격적으로 아이누지역에 대해 영유의식을 가지고 선점
을 단행한 것은 1785년경이었다.

일본은 이러한 러시아가 남하하여 아이누지역에 대한 영토잠식과
점령에 자극을 받아 후발자로서 아이누지역에 대한 영토화정책을
서두르게 되었다. 일본은 러시아의 선점주장을 인정하지 않으면서
오히려 일본이 먼저 차지하였다는 주장을 펴나가면서 아이누인지역
을 영유권 분쟁지역으로 만들어 나갔다. 이러한 판국에 처한 이 지
역의 아이누인들은 대국의 힘에 눌리워 영유권 분쟁에서 원주민으
로서의 발언권을 찾지 못했으며 결국에는 러시아와 일본에 분할되
어 편입되고 말았던 것이다.

3.4 러시아의 사할린 선점과 아이누지역의 지위변동

러시아는 일찍 16세기말부터 모피를 획득하고자 시베리아 동진을
시작하였는데 1632년에 야크츠크를 동부 시베리아의 경영근거지로
삼아 끊임없이 동으로 동으로 밀고 나갔다. 1639년 코사크부대는

우랴강을 내려와서 처음으로 오호츠크해 연안까지 진출하였다. 러시아인들은 아무르강의 유역을 원정하여 당지의 원주민들한테서 강제적으로 "야사크"를 받아내고 식양을 수탈하였는데 불복하는 사람들에 대해서는 서슴없이 피비린 진압을 감행했다. 러시아인의 폭정에 견디지 못한 원주민의 일부는 살던 고장을 등지고 다른 곳으로 도망갔다. 러시아 점령자들은 아무르강지역 뿐만 아니라 선가리강(松花江)과 우수리강지역의 원주민도 지배하에 넣고 에누리없이 "야사크"를 징수하였다.

러시아의 하바로프 탐험대가 처음으로 사할린도의 존재를 안 것은 1652년이었다. 1653년부터 1658년 사이에 러시아인들은 사할린도의 서북해안을 건너가서 원주민인 기리야크족[57]으로부터 "야사크"를 징수하였으며 또한 사할린도를 러시아 영토에 합병시켰다. 이 시기에 사할린의 원주민들은 중국과 전통적인 지배방식인 조공(朝貢)에 의한 책봉관계를 맺고 있는 상태였다.

중국은 러시아의 시베리아 점령을 알고 그것을 저지하기 위하여 싸움을 벌려 1658년에 송화강강류역에서 러시아 점령군의 주력부대에 괴멸적인 타격을 안겼다. 러시아정부는 할 수 없이 자국민의 아무르강 하구 접근을 금지시켰고 1689년에 중국과 "네르친스크조약"을 맺었으며 1727년에는 "카프타조약"을 체결하였다.

중국의 청나라는 러시아와 네르친스크조약을 체결한 후 강희황제의 명령으로 1709년에 사할린도를 탐사하였다. 이리하여 1746년경에 이르러 사할린도의 최남단과 최북단을 제외한 대부분 지역은 창나라의 책봉체제에 들어오게 되었다. 그러나 1750년에 청나라는 동

---

57) 당시의 사할린에는 아이누, 기리야크, 오롯코 3종족의 원주민이 살고 있었다.

북3성을 청조의 발상지라고 지정하고 한족(漢族)의 이주를 엄금하였다. 그러나 그 후 만주의 관청이 통치력이 쇠락하여 사할린 원주민들한테서 조공을 받아낼 만한 정치적, 군사적 힘이 없어 사할린도에 대한 통제와 지배는 허울만 남은 유명무실하게 되고 말았다.

이러한 상태가 지속되는 사이에 1806년 후포스토프가 인솔한 러시아 해군은 사할린의 쿠슌탄에 상륙하였다. 이 시기에 일본은 러시아의 진출을 막아보려고 초소와 교역소를 이미 설치하였지만 러시아 해군은 이러한 시설을 파괴해 버리고 일본인을 포로로 잡았다. 러시아는 이러한 군사적 행동으로 일본의 영유조치를 정면으로 부정하고 무주지인 사할린을 러시아가 선점하였다고 주장하였다.

사할린 남부의 아이누인들은 처음에는 중국의 책봉관계하의 통치에 있다가 러시아가 진출한 후에는 러시아의 국적을 강요당했다. 물론 다른 한편으로는 영토적 야심이 있는 일본측으로부터도 일본 국적을 강요당했다.

3.5 아이누인의 동화와 몰락

아이누민족이 살던 지역을 빼앗기 위한 러시아의 남하와 일본의 북상으로 인하여 초기에는 아이누인과 러시아가 대립, 아이누인과 일본이 대립하는 상황이었으나 역량상의 차이로 말미암아 유효한 대항을 이루어내지 못하고 결과적으로는 동화되어 각각 러시아와 일본에 편입되고 말았다. 러시아가 주로 영유권을 주장하는 쿠릴열도와 사할린도에는 아이누인이 그리 많지 않지만 일본에 편입된 본 아이누지역은 여러 아이누부족 연합체의 본거지였기에 영토 편입의 진척도 그리 순탄하지는 않았다.

막부는 19세기초엽부터 러시아가 남하하여 아이누지역을 손아귀에 넣는 것을 막으려고 아이누민족을 일본민족에 동화시키는 정책을 펴나갔다. 일본이 실시한 조치로는 부정교역개선, 농업생산에 대한 장려, 아이누인의 노동에 대한 충분한 대가 지불, 일본어 보급, 외래종교 금지 등등이 포함된다.

그러나 막부란 원래 봉건제후의 연합체였기에 중앙정부가 발휘하여야할 막강한 정치적인 힘이 없어 상술한 조치들을 강력하게 실시해 나갈 수가 없었다. 그리하여 막부는 편의적인 방법으로 중앙정부의 직할을 그만두고 마쯔마에번에 그 권한을 이양하였다. 정치적인 원견이 없는 마쯔마에번은 장소청부제를 실시하면서 아이누인들을 그저 하나의 노동력으로 밖에 생각하지 않고 그들을 가혹하게 혹사하는데 그쳤다.

장소청부제하에서 일본인들의 가혹한 착취와 압박에 의해 아이누인의 인구는 급속하게 감소하였다. 그 구체적인 례를 일부 들어 보면 일본해쪽의 비고쿠(美國)에서는 1809년에 76명이였는데 1856년에는 16명으로 감소되였으며 내륙 지방의 이시카리에서도 18세기 후반에 3200명이던 것이 1820년에는 1250명으로 감소되였으며 오호츠크해안의 쯔나바시리(網走)에서는 1822년에 1326명이였던 것이 1856년에는 350명으로 격감하였다.

사할린의 시리리오로에서도 아이누인 장로가 죽은 후로 일본인들은 동해안의 아이누인들을 쿠슌탄에 잡아다가 강제노동을 시켰으며 여자들은 일본인이 첩으로 삼아 버렸다. 쿠릴열도의 아이누인들도 마찬가지 상황이였는데 1822년에 원래 2000여명이던 것이 1856년에는 439명으로 줄었다.

상술한 바와 같이 19세기 전반에 북해도, 사할린과 쿠릴열도 남부의 아이누인지역에서는 일본의 장소청부제의 실시에 의해 아이누인들은 가혹한 압박과 착취를 당했으며 그러는 과정에서 아이누민족 고유의 경제기반과 문화전통은 엄중하게 파괴되어 원주민이 지위에서 부속적인 지위로 전락하고 말았다.

위에서 아이누민족이 러시아의 남하와 일본의 북상에 의하여 경제적인 수탈을 당했을 뿐만 아니라 두 대국의 대립에 끼워서 결국에는 근대적인 하나의 국가로 성장하지 못하고 점차 소멸되어가는 과정들 고찰하였다. 모두어 말해서 아래와 같이 귀납할 수 있다.

첫째로, 러시아와 일본이 이른바 선점하였다고 하면서 자기의 영토라고 주장하고 있는 지역은 원래 아이누민족이 세세대대로 삶을 영위하여 온 땅이었으며 그 범위는 북해도, 사할린 남부, 쿠릴열도에 해당한다.

둘째로, 상기의 아이누지역은 역사적으로 보아 북해도 지역에는 일본이 먼저 진출하였고 그 초기에는 비록 영유의식을 갖고 있지는 못했지만 경제적인 면에서 볼 때 종속관계를 유지하고 있었다.

셋째로, 러시아는 일본보다 훨씬 먼저 제국주의국가로 성장하였으며 따라서 영토확장 의식도 먼저 가지고 변방세력을 앞세워 쿠릴열도를 점령하고 식민지화를 실시하면서 선점론으로 그 영유권을 주장하여 왔다. 후에는 변방세력이 아니라 중앙정부가 직접 나서서 쿠릴열도 뿐만 아니라 사할린까지 선점하였다는 논리를 펴면서 영유권을 주장하였다.

넷째로, 러시아의 변방세력이 쿠릴열도를 선점하자 일본은 위기를 느끼고 따라서 쿠릴열도에 대한 영유권을 제기하였으며 러시아 정부가 나서서 사할린 선점을 감행하자 대항적으로 사할린 남부에 대한 영유권을 제기하였다.

다섯째로, 아이누민족은 북해도의 한정된 마쯔마에번 영지에서만 정치적으로 일본에 분할되었지만 그 외의 지역은 경제적인 종속관계에 머물러 있다가 러시아의 남하위협이 점점 커진 다음에 서서히 경제적으로나 정치적으로 일본에 흡수, 동화되었다. 시할린도의 아이누인들은 초기에는 러시아 국적을 강요당했고 후기에는 또 일본에 의하여 일본 국적을 강요당했다.

3.6 일로 제국주의의 아이누지역 분할

아이누인지역 대한 러시아와 일본지간의 영유권 분쟁은 3개 단계로 나누어 고찰할 수 있다. 제1단계는 일로화친조약, 사할린·쿠릴열도 교환조약이고 제2단계는 포츠머스조약이며 제3단계는 대일 평화조약이다.

구미 열강보다 한발 늦게 17세기에 이르러서야 제국주의가 된 러시아는 비록 늦었으나 대외확장의 단맛을 보았는데 18세기에 들어서서부터는 동방으로 눈길을 돌리기 시작하였다. 러시아의 카쟈크 부대와 상인들은 우질 모피를 찾아 부단히 동방으로 진출하여 막대한 부를 획득하였다. 1787년경에 영국은 북태평양지역에 진출하기 시작하였다. 이에 대응하여 러시아 중앙정부는 사할린, 쿠릴열도 등 아이누인들이 살고 있는 지역에 관심을 가지고 러시아의 영토로 만들려는 야심을 품기 시작했다.

그러나 이 시기에 이르기까지 일본은 북해도의 남부지역만을 경제적으로 지배하고는 있었으나 그것은 어디까지나 막부와 마츠마에 번과의 지배관계였지 결코 아이누지역에 대한 영토화를 이미 이룩한 것은 아니였다.

막부가 아이누지역에 대한 영토점유 의식을 갖게 된 것은 1778년 이후였다. 러시아가 영토획득을 목적으로 수차례나 아츠기시에까지 남하하여 일본과의 교역을 요구함에 따라 위기감을 느끼기 시작하였으며 러시아의 남하에 대응하여 막부가 아이누지역에 대하여 영유의식을 가지게 된 경위는 대체로 아래와 같다.

일본에 장기적으로 주재하고 있던 네들란드상관(商館)의 책임자인 훼이트가 1771년 6월 막부에 러시아가 일본의 근해에서 조사를 하고 있으며 아이누지역을 점령하려고 참호를 파고 무기를 반입하고 있다는 정보를 제공하였다. 막부는 이 정보를 접하고 처음으로 러시아가 영토 확장을 하려한다는 것을 알게 되어 위협을 느끼기는 하였지만 그렇다하여 별로 눈에 뜨이는 조치를 취하지는 않았다. 막부가 별다른 조치를 취하지 않자 훼이트는 일본의 지식인들에게 러시아가 남하하여 무주지를 선점하고 있다는 정보를 흘렸다. 센다이(仙臺)의 번사(藩士)인 하야시(林子平)는 "러시아는 랏코섬 즉 우르프를 수중에 넣었고 에도로후島를 노리고 있다. 그렇게 되면 아이누지역의 동북부에 이르게 된다."라고 경고를 하였으며 쿠토(工藤兵助)는 일본의 국력을 가강하기 위하여 러시아에 앞서 아이누지역의 금광, 은광, 동광, 탄광을 개발하여야 한다고 역설하여 막부는 1785년에 에도로후와 사할린에 대한 조사를 진행하였다.

러시아는 경제적인 이익을 추구하는 카쟈크부대와 상인들이 앞장에 서서 실제로 영토획득을 단행하였지만 중앙정부는 당시 일본국

에 대해서는 관심이 많았지만 쿠릴열도와 같은 적은 섬들에는 별로
관심이 없었다. 그리하여 1778년6월30일에 러시아인 샤바린은 구나
시리의 아이누인 우두머리의 안내로 노츠카마프(根實)에 와서 마츠
마에번에 교역을 진행하자고 요구하였다. 그러나 러시아와 교역을
할 마음이 없는 마츠마에번은 다음해에 구나시리도에서 다시 회담
을 하자는 약속만 하고 교역을 거부하였다. 그 이듬해에 샤바린이
재차 아츠기시에 와서 교섭을 재개하려했으나 일본에서는 외국과의
교역은 나가사키에서만 할 수 있다는 이유로 또다시 교섭을 회피하
였다.

  이 시기에 구나시리는 마츠마에번과 러시아세력이 빈번하게 충돌
하는 지역이었다. 마츠마에번은 1754년부터 무역장소를 세우고 아
이누인들과 정기적으로 무역을 진행하여 왔다. 1760년 구나시리에
서 아이누인과 러시아인의 충돌한 사건이 일어났는데 이 사건을 계
기로하여 러시아는 구나시리에서 철수하게 되였으며 마츠마에번은
구나시리, 아츠케시, 키이타프츠를 직할하는 지역으로 선포하였다.

  1781년경에 이르러 러시아인들은 아이누인들과의 관계를 개선하
고 다시 구나시리에 진주하였다. 이로 말미암아 마츠마에번과 아이
누인들의 교역은 일시 중단되었다가 러시아인들이 철수한 이후에 1
782년에 구나시리 아이누인 책임자의 화해요청으로 다시 무역을
하게 되었다. 이처럼 1780년대까지는 러시아와 마츠마에번이 구나
시리에서 밀고 밀리고 하는 상황이 지속되었다.

  1789년에 구나시리와 메나시의 아이누인들은 일본인들의 가혹한
착취에 반항하여 반란을 일으켰지만 마츠마에번에 의해 진압당했으
며 러시아인들도 한때 철수하였다. 1792년에 아담·락스만이 이루

크츠크 시베리아총독의 서한을 가지고 일본인 표류민 구로다(黑田
光太夫)를 송환한다는 명의로 마츠마에에 와서 통상을 재개하자는
제안을 하였다. 막부의 대표와 세 차례에 걸쳐 교섭을 했지만 겨우
나가사끼에서 다시 교섭하자는 대답과 나가사끼 입항허가서만 받아
가지고 돌아갔다.

1798년경에 사할린의 중부 지역은 중국 청나라의 지배하에 있었
고 쿠릴열도의 북부, 중부는 러시아의 지배하에 있었다. 막부는 모
가미, 곤도(近藤重藏) 등이 지휘하는 순찰대를 에도로후에 파견하여
러시아인들이 세운 십자가를 뽑아 버리고 "대일본에도로후"라는 표
식을 세웠으며 이 지역의 아이누인들이 러시아인들과 교역하는 것
을 엄금하였다. 일본 순찰대의 이러한 조치는 일본이 에도로후 이
남과 마츠마에번 이북 지역을 영유하고 있다는 점을 선언하기 위한
목적이었다.

일본의 이러한 영유권 주장에 대하여 러시아는 별로 대수롭지 않
게 여기면서 1799년에 황제의 지지하에 로미(露米)회사가 전면에
나서서 일본과의 통상관계수립을 추진하였으나 일본의 거절로 목적
을 이루지 못하였다. 그 후 러시아는 국내 정세 때문에 한시기 극
동에서의 남하정책을 단행하지 못하고 있다가 1804년에 재차 일본
에 통상을 요구하여 왔다. 알렉산드르1세는 해군대장 레자노프를
견일(遣日)대사 겸 로미회사 식민지전권대표로 임명하여 대일 통상
교섭을 위한 사절단을 파견하였다. 사절단은 나가사끼에 입항하여
우호통상관계를 수립하고 러시아 선박이 나가사끼 이외의 항구에도
입항할 수 있게 해달라고 요구하였다. 그러나 쇄국정책으로 일관한
일본은 러시아 황제 알렉산드르1세의 친서접수를 거부하였다. 러시

아 사절단은 6개월이나 체류하면서 끈질기게 교섭을 시도하였으나 끝내 아무런 성과도 거두지 못하고 귀국하였는데 돌아가는 길에 사할린 남부의 토마리, 아니와(현재의 코르샤코프)에 상륙하여 쿠슌탄(久春古丹)에 있는 일본의 어장시설과 에도로후를 습격하고 그 이듬해인 1805년에 우르프도로 돌아갔다. 러시아는 이 지역이 원래 무주지였고 자기들이 먼저 점령하였기에 러시아영토라는 강한 의식이 있었던 것이었다.

그 이듬해인 1806년에 프호스토프가 거느리는 러시아인 함대는 재차 쿠슌탄에 상륙하여 일본인들의 물자보관소, 창고 등을 불사르고 일본인4명을 포로하였다. 그들은 러시아 함대 기발과 로미회사 기발을 게양하고 진유판(眞鍮板)을 남겼으며 사할린이 러시아에 합병되었고 주민들은 이미 모두 러시아 국적에 들었다는 문서를 아이누 장로에게 교부하였다.

1807년 막부는 에도로후와 구나시리를 직할 통치하려는 목적으로 군대를 파견하였다. 러시아 군대는 에도로후의 나이보와 샤나에서 300명이나 되는 일본군 수비대를 격파하였으며 사할린도의 루우타카, 북해도의 이시리도(利尻島)를 점령하였다. 1808년 로미회사는 쿠슌탄의 아이와항구 및 사할린 식민지 설치에 관한 청원서을 러시아 황제한테 올려 그 재가를 받아 1811년 오호츠크에서 사할린 식민단을 결성하여 바야흐로 출발하려는 시기에 일본측이 구나시리에 정박하여있는 러시아의 군함 '디아니호'의 함장 코로비닌소좌를 비롯한 7명을 포로로 잡아 감금하였다. 막부는 사할린 남부와 에도로후가 일본 영토임을 인정받으려는 목적으로 러시아측에 포로를 석방하는 조건으로 러시아군대가 일본인 부락을 습격한 것에 대하

여 사죄하고 용서를 빌 것을 요구하였다. 결국에 러시아는 할 수없
이 1814년에 이르크츠크 지사와 오호츠크항 장관의 명의로 된 서
한을 가지고 와서 러시아 정부의 의도가 아니였음을 설명한 뒤에야
감금되어 있던 포로가 석방되었다. 막부는 이 사건이 있은 뒤로부
터 제나름으로 사할린 남부와 에도로후 이남의 쿠릴열도가 일본이
영유하는 지역이라고 여겨왔던 것이다.

이 사건을 계기로해서 러시아는 일본과의 경계지역에 "영구불변
의 응접장소"를 지정하고 정상적인 통상을 하자고 제안하였으나 마
츠마에번의 장관[58]은 교역관계의 수립을 거부하고 외국선박의 출입
도 금지한다는 막부의 대외방침을 통고하였다.

19세기 초엽에 막부는 아이누를 동화시키고 그 지역을 완전히 일
본영토로 만들려는 목적으로 부정당한 교역을 금지하고 농업생산을
장려하고 아이누인의 노동에 대해 충분한 대가를 지불하게하는 등
등의 적극적인 조치를 취했다. 그 외에도 일본어를 쓰게 하고 외래
종교를 금지하고 외국인과의 접촉을 엄금하였다. 그러다가 강력한
중앙집권 통치력이 결핍한 봉건제후들의 연합체였던 막부는 번거로
움을 피하고저 1821년에 와서 중앙정부의 직할을 그만두고 그 권
한을 마츠마에번에 넘겨주었다.

19세기 중엽에 들어와서 중국이 약체화되고 구미열강들이 동아시
아에 대거 진출하는 바람에 아무르강과 사할린도의 전략적 지위가
한층 더 높아졌다. 러시아는 또다시 남하하기 시작했다. 그리하여
일본과의 마찰을 피하기 위하여1854년에 화친 조약을 맺으려했다.
그러나 일로 양국이 모두 사할린에 대한 영유권을 주장하는 바람에

---

58) 당시의 일본의 장관은 "奉行" 라고 불렀음.

결론을 내리지 못하고 그저 현상유지를 약속한다는 것을 내용으로 조약을 체결하였다.

모두어 말해서 일본의 마츠마에번은 1754년부터 구나시리와 교역을 시작했고 1760년에 러시아가 먼저 구나시리를 점령하였다. 이에 맞서 막부는 1774년에 구나시리가 마츠마에번의 영토라고 선언하였지만 1776년에 러시아가 재차 점령하였다. 그러는 와중에 아이누민족은 완전히 제국주의의 영토확장의 희생물로 전락하고 말았다.

3.7 러시아와 일본의 국경문제에 관한 교섭

19세기 중엽에 이르러 아시아를 나누어 먹기 위한 구미열강들의 경쟁은 한층 더 격렬해졌다. 인도 차대륙과 중국에 이어 일본도 제국주의 열강의 칼도마에 오르기 시작했다. 1844년 프랑스는 군함을 파견하여 류구(琉球)에 와서 일본과의 통상을 요구했고 1845년에는 영국군함이 나가사끼에 입항하였고 1846년에는 미국군함 2척이 우라가(浦賀)에 내항하여 무력을 시위하면서 일본과의 통상을 요구하였다. 당시 유일하게 일본과 무역관계를 가지고 있던 네덜란드의 국왕은 국제정세의 현황을 봐 더 이상 쇄국을 해서는 안된다고 막부에 조언하였다. 그러나 막부는 종전과 마찬가지로 완고하게 쇄국을 고집하면서 외국, 특히는 서방에 대한 문호개방을 강하게 거부하였다.

이 무렵 중국은 아편전쟁에서 처참하게 패배하여 영국을 비롯하여 프랑스, 미국에 연해지구의 많은 항구를 개방당하고 말았다. 이로 말미암아 러시아는 캬프타[59]를 경유하여 진행되던 러시아와 청

---

59) 캬프타: 러시아어로 Кяхтинская, 중국어로는 布连斯奇. 캬흐타조약 체결 후에 생긴 러시아 측의 마을인데, 러시아와 외몽골의 국경상에 있으며, 청국측의 매매성(賣買城)과 대치하고

나라지간의 무역에서 막대한 손실을 입게 되었다. 구미열강들의 아시아진출로 말미암아 러시아는 자국의 권익과 안전이 위협을 받는다는 위기를 느끼었다. 중국뿐만 아니라 일본의 문호마저 무력으로 열어 재끼려하는 구미열강들에게 뒤질세라 러시아도 발빨리 대일 통상관계를 수립하기 위하여 1850년에 극동특별위원회를 설치하고 프차친을 위수로하는 사절단을 파견하기로 하였다. 미국의 페리가 함대를 이끌고 우라가(浦賀)에 내항한 한달 후에 프차친은 군함 4척에 486명의 군대를 이끌고 나가사끼에 입항하여 러시아 황제의 친서를 나가사끼 奉行에게 전달하였다. 통상요구와 영토획정에 관한 이 친서는 "러시아 황제는 양국간의 경계지역을 명확하게 하기를 바란다. 양국 사이의 바다에 떠 있는 섬들이 어느 나라에 속하는지 분명하지 않아 이대로 방치할 수 없다. 러시아황제는 이 일을 중시하여 이번에 쌍방이 협의하여 귀국이 영유한 특정한 섬을 북쪽 한계로 정하고 우리가 영유한 특정한 섬을 남단 경계로 정하고 그 외의 사할린 남쪽 해안은 어느 쪽 영유로 할 것인가를 분명하게 결정했으면 좋겠다. 황제는 이미 러시아를 통치하고 있고 예로부터 광대한 국토를 가지고 있기에 우리는 어떠한 영토도 요구할 생각은 없다. 국경을 획정하는 것이 양국의 우호와 평화의 기초가 될 것이다."라는 내용으로 되어있었다. 프차친은 에도(江戶)에서 담판하자고 요구했으나 막부는 끝까지 나가사끼에서 담판해야한다고 주장했고 시간만 질질 끌면서 실질적인 결론을 내려고도 하지 않았다. 이에 맞서 프차친은 "러시아의 제안에 대하여 회답이 없으면 함대를 이끌고 에도로 갈 것이다"고 위협하면서 조속한 통상과 국

있다.

경획정을 강하게 요구하였다.

당시 일로 두 나라의 경계는 쿠릴열도에서 러시아인은 북에서 우룻프(得撫島)까지 남하하였으며 일본인은 남에서 에도로후(擇捉島)까지 북상하여 있었다. 양국은 에도로후의 영유를 서로 주장하다가 결국은 러시아가 양보하여 일본의 영토로 인정하였다. 사할린에 관해서는 양국의 대표가 현지에 가서 실제 상황을 조사하여 보고 신속하게 결정짓지 않으면 러시아는 섬 전체를 식민지화하겠다고 일본에 압력을 가했다. 막부측은 사할린의 아니와에 오래전부터 일본인이 거주하여 왔기에 원래부터 일본의 영토라고 주장하였다. 결국 러시아는 일본측의 요구를 수용하여 "국경문제에는 협의하기 어려운 문제들이 있기에 현지에 관리를 파견하여 조사"하기로 합의하였다.

러시아는 조속히 통상조약을 성사시키려는 목적으로 정부의 기정방침을 양보하여 가면서까지 일본의 요구를 많아 들어 주었다. 러시아 사절단의 주요한 목적은 작은 문제에서는 양보를 하면서도 구미열강들보다 한발 앞서 대일통상에서 우선권을 확보하겠다는 점이었다. 즉 오오사까(大阪)와 하코다데(函館)를 개항하고 러시아의 선박들이 드나들 수 있으며 식양, 연료의 보급, 러시아인의 거류지 확보, 영사주재, 영사재판권 승인, 무역최혜국 대우 등등이었다. 러시아와 토이기 지간의 크림전쟁[60]이 임박한 상황이라 러시아는 일

---

60) 1853~1856년 러시아와 오스만투르크·영국·프랑스·프로이센·사르데냐 연합군 사이에 크림 반도·흑해를 둘러싸고 일어난 전쟁을 말한다. 원래 러시아는 빈회의(1814~1815) 이래로 투르크 영내로의 남하를 그 기본적인 대외정책으로 하고 있었는데 전쟁의 직접적 계기는 프랑스 국내 가톨릭의 인기를 얻으려고 한 나폴레옹 3세가 예루살렘 성지(聖地)에서의 가톨릭교의 특권을 투르크의 술탄에게 요구하자 이 땅의 그리스 정교도(正敎徒)의 비호자임을 자처하는 러시아의 니콜라이 1세가 대립한 데 있었다. 1853년 7월 러시아군은 몰다비아·왈라키아 등에 침입하여 이곳을 점령하였고 서유럽 열강의 지지를 받은 투르크는 10월

본과의 교섭에서 양보하면서까지 서두루지 않을 수가 없었던 것이었다. 1854년11월에 진행된 제1차회담에서 러시아는 미일화친조약의 체결을 거론하면서 만약 일본이 러시아와 통상을 시작한다면 에도로후를 일본의 영토로 인정하고 사할린도 양보할 수 있는데 그 대신에 오오사카와 하꼬다데의 개항을 요구하였다. 그러나 막부는 오오사카항의 개항을 완강하게 거부하였다.

제2차회담에서 푸챠친은 에도로후를 일본영토라고 인정하였지만 사할린에 대해서는 아니와만(灣) 주변 이외에는 러시아령이라고 주장하였다. 일본은 아니와만에서 흑룡강하구 부근까지 일본영토라고 주장하면서 이 섬이 러시아의 영토라는 증거가 없는 이상 현상태를 유지하여야 한고 주장하였다. 러시아는 이미 다른 열강들이 일본과 화친 조약을 체결하였기에 더 이상 미룰 수가 없어 하꼬다데, 시모다, 나가사끼의 개항, 통상개시, 영사주재권, 최혜국 무역대우, 선박의 물자보급 등의 보증을 확보하는 대신에 국경획정문제에 있어서는 일본의 요구를 대체로 수용하였다.

일러지간의 교섭은 곡절을 겪은 끝에 마침내 1885년2월7일에 러시아의 전권대표 푸챠친과 일본대표 츠츠이(筒井政憲), 카와지(川路聖謨)가 일러화친조약을 조인하였다. 그 전문은 아래와 같다.

일본국과 러시아국은 금후 서로 무사하게 지내고저 조약을 체결하는데 러시아국 황제는 아쥬딘트, 제네라르, 후이즈, 아드미라르, 에비뮤즈, 푸챠친을 파견하여 일본의 쇼군(將軍)의 중신(重臣)인 츠츠이(筒井政憲), 카와지(川路聖謨) 사이에 아래와 같은 각 조항을 결정한다.

러시아에 대하여 선전포고를 함으로써 전쟁이 일어나게 되었다.

제1조: 금후 양국은 오래오래 참답게 서로의 영유지에 있어서 호
　　　상간에 보호하고 人命은 물론 모든 것을 손해하지 않는다.

제2조: 금후 일본국과 러시아국의 경계를 〈에도로후〉島와 〈우르
　　　프〉島의 사이로 하는데 에도로후島 전체는 일본에 속하고
　　　우르프島 전체와 그 이북의 쿠릴제도는 러시아에 속한다.
　　　〈사할린〉島에 한해서는 일본국과 러시아국 사이의 경계를
　　　나누지 않고 지금까지의 상태로 유지한다.

제3조: 일본정부는 러시아 선박을 위하여 하꼬다데, 시모다, 나가
　　　사끼 3개 항구를 개항한다. 금후 러시아의 난파선의 수리,
　　　신수식료(薪水食料)의 결핍을 보급하며 석탄이 있는 곳에
　　　서는 그것을 보급받고 금전, 은전으로 대가를 지불하며 돈
　　　이 부족하는 경우에는 실물로 보상한다. 러시아의 선박이
　　　난파되었을 경우에 절대 다른 항구에 들어가지 않으며 또
　　　한 난파선 수리에 드는 모든 비용은 위의 3개 항구에서
　　　지불한다.

제4조: 난파 표류민은 양국이 서로 부조하여 주며 표류민은 서로
　　　허용하는 항구에 보낸다. 또한 체류하는 기간이 오래 걸린
　　　다 할지라도 국법을 지켜야한다.

제5조: 러시아의 선박이 시모다와 하꼬다데에 도래하였을 때 금,
　　　은, 물품으로 필요한 물품을 구입하는 것을 허용한다.

제6조: 만약 부득이한 경우에는 러시아 정부에서 하꼬다데와 시
　　　모다항구의 어느 한곳에 관리를 파견하여 주재한다.

제7조: 만약 평정(評定)을 기다려야 될 일이 있다면 일본정부는
　　　그것을 숙고하여 허가를 해야한다.

제8조: 러시아인이 일본에서, 일본인이 러시아에서 귀국하지 못
하고 오래동안 체류하여도 금고하지 말아야 한다. 그러나
법을 범한 자가 있다면 그것을 잡아 가두고 처치함에 있
어서 각기 제나라의 법을 적용한다.

제9조: 양국은 서로 近隣하는 나라이기에 일본국에서는 향후 타
국에 허용하는 모든 것을 동시에 러시아인에게도 허용하여
야 한다.

막부는 일로화친조약에서 에도로후島 이남을 확보하였으나 사할
린의 영유권을 확보하지 못한지라 금후의 교섭에서 조금이라고 더
유리한 위치를 점하기 위하여 적극적으로 사할린 개발에 착수하였
다. 1856년 막부는 크림전쟁이 종결된 것을 알고 하코다데 奉行인
마츠가와(松川辨乃助)를 관리자 명목으로 등용하여 북위 50도까지
를 목표로하여 사할린 어장개발을 적극적으로 추진하였다.

한편 러시아는 1858년5월에 중국과 애훈(愛琿)조약을 체결하고
아므르강 좌안 지역을 손에 넣는 바람에 연해주가 중국과 러시아가
공유하는 지역이 되었다. 러시아는 일본과도 사할린문제를 해결하
기 위하여 1859년7월20일에 군함 6척을 파견하여 시니가와 앞바다
에 와서 회담을 요구하였다. 이 회담에서 애훈조약이 체결되었기에
아므르강이 러시아령이 되었는데 사할린은 아므르강와 동의어이기
에 사할린도 러시아령이니 소야해협(宗谷)을 경계로 국경을 정하자
고 요구하였다. 이에 대해 일본은 북위50도를 경계로 국경을 정하
자는 주장을 폈다. 러시아는 일러 영국간에 경계를 확정하지 않고
그냥 이대로 방치하여 둔다면 다른 나라들이 영유하려 들것이니 쌍

방에 해가 되기에 하루 빨리 결말을 지여야 한고 일본을 설득하였다.

막부는 러시아의 동시베리아 총독 무리비요프와의 교섭에서 러시아인의 남부 사할린의 출입을 금지한다던 종래의 주장을 포기하고 잡거를 수용하였다. 막부는 러시아의 금후의 남하를 예견하고 남부 사할린에 대한 개발을 다그쳤다.

이 시기에 중국은 "애로호사건"으로 제2차 아편전쟁이 일어나고 전쟁에서 패배하여 북경조약이 체결되었다. 러시아는 1860년 11월 북경조약의 알선 수임으로 우수리 강 동안(東岸)을 양도받았다. 그 해 러시아의 수도 뻬쩨르브르크에서 열린 일로 변계담판에서 일본은 계속하여 북위50도 이남의 사할린영유를 주장하였고 러시아는 48도를 주장하였다. 담판은 실패하였으며 1862년 일로 양국은 사할린 현지를 조사하고 국경을 확정하자는 각서만 체결하는데 그치고 말았다.

러시아는 사할린을 몽땅 손안에 넣으려는 목적으로 1866년 쿠슌나이(久春內)에 상륙하여 일본인 8명을 포로로 잡아갔다. 이듬해에 열린 일로 국경담판에서 일본은 한발 물러나서 북위 48도에서 경계를 정하자고 했으나 러시아는 라페루즈해협[61]을 경계로 해야한다

---

61) 라페루즈 해협(цролнв Лацеруэа)은 홋카이도의 소야 곶과 러시아 사할린 섬사이에 있는 해협이다. 이름의 유래는 1787년 8월 15일에 이 해협을 지나간 배로 세계일주를 시도한 프랑스인 탐험가 라페루즈 백작이다. 일본에서는 소야 해협(宗谷海峽)이라고 부른다. 가장 깊은 곳의 수심은 60~70m로, 비교적 얕은 해협이다. 동물 분포의 경계선의 하나인 동물지리학상의 분포경계선이 통과한다고 여겨진다.

고 주장하여 타협을 이루지 못하고 실패로 끝나고 말았다.

일본 정부는 사할린에 대해서는 러시아의 영유를 인정하지 않을 수 밖에 없으니 사할린을 포기하고 북해도를 확보하는 것이 최선책이라는 인식을 가지게 되었다. 이러한 형국에 1873년에 러시아인들에 의한 사할린 폭행사건이 또 일어나자 일본정부는 사할린의 잡거지를 폐지하고 사할린을 포기하는 조건으로 어업권을 요구하는 방침을 세웠다. 이 방침에 의하여 일본은 1875년에 러시아의 수도에서 "사할린·쿠릴열도 교환조약"을 체결하게 되었다. 이리하여 사할린은 러시아의 영토로 되였고 캄차카반도 이남의 쿠릴열도는 일본의 영토로 되었던 것이다.

"사할린·쿠릴열도 교환조약"은 아래와 같은 조항으로 이루어졌다.

제1관: 대일본황제폐하는 그 후예에 이르기까지 지금의 사할린도의 일부를 영유하는 권리 및 군주에 속하는 일체 권리를 러시아국 황제폐하에게 양보한다. 금후 사할린도는 전부 러시아국에 속하며 〈라페루즈해협〉을 양국의 경계로 한다.

제2관: 러시아 황제폐하는 제1관에서 말하는 사할린의 권리를 수락하며 그 대가로 후예에 이르기까지 지금 영유하고 있는 〈쿠릴군도〉 즉 제1〈슈므스〉島, 제2〈아라이트〉島, 제3〈하라무리〉島, 제4〈마칸르〉島, 제5〈오네코단〉島, 제6〈하리무커단〉島, 제7〈에카르마〉島, 제8〈샤스코단〉島, 제9〈무시르〉島, 제10〈라이코게〉島, 제11〈마츠아〉島, 제12〈라스츠아〉島, 제13〈레스토네오〉島 및 〈우시시르〉島, 제14〈케토이〉

島, 제15〈시므시르〉島, 제16〈부로톤〉島, 제17〈체르포이〉島
및 〈부랏토, 체르푸에브〉島, 제18〈우르프〉島, 합계18島의
권리 및 군주에 속하는 일체 권리를 대일본국 황제 폐하
에게 양보하며 금후 쿠릴全島는 일본국에 속한다. 캄챠카
지방의 〈라팟카〉海岬과 〈슈므스〉島 사이의 해협을 양국의
경계로 한다.

제3관: 위의 조목에서 지적한 각지 및 그 지산(地産)은 본 조약을
비준한 일자를 교환일자로 하며 그 즉시로 신영주에게 속
하는 것으로 한다. 단지 각지의 교환의식은 조약 비준후
쌍방에서 관원 1명 혹은 수명을 파견하여 접수 책임자로
서 현지에 입회하여 집행한다.

제4관: 위의 조목에서 지적한 교환하려는 땅에 있는 공동(公同)의
토지, 아직 사람의 손이 미치지 않은 지역, 일체 공공 건
축물, 그리고 개인에게 속하는 모든 건축물들도 소령하는
권리도 겸존하며 현재 각 정부에 속하는 모든 건축물 및
동산(動産)은 제3관에 기재하는 쌍방의 접수책임자가 조사
한 연후에 그것들을 값을 쳐서 그 땅을 새로이 차지하는
정부측에서 값을 지불한다.

제5관: 교환하는 각지(各地)에 거주하는 각민(各民)은 각 정부에
서 아래와 같은 조건을 보증해 준다.
각민은 자기 본국의 국적을 보존할 수 있다.
본국에 돌아가려는 자는 그 뜻에 따라 돌아갈 수 있다.
혹은 그 교환지에 남아 있기를 원하는 자는 생계를 충분
히 영위할 수 있는 권리 및 그 소유물의 권리 및 종교신

앙의 권리를 전부 보전받아야한다.

그 신영주의 국민과 차이가 없는 완전히 동등한 보호를 받는다. 그러나 보호를 받는 정부의 지배하에 속한다.

제6관: 사할린을 넘겨받는 대가로 전러시아국 황제는 아래의 조건을 준허한다.

제1일본 선박이 〈코르사코흐〉항 즉 〈쿠슌코탄〉에 오는 것을 위하여 본 조약 이 비준되어 교환하는 일자부터 10년간 항만세와 해관세를 면제한다. 이 기한이 만기된 다음에는 세를 면제하는가 혹은 받는가는 전러시아국 황제폐하의 뜻에 맡긴다. 전러시아국 황제폐하는 일본정부에서 〈코르사코흐〉항에 영사관원 혹은 영사업무를 겸임하는 관원을 파견하는 것을 허용한다.

제2일본선박 및 상선의 통상항해를 위하여 〈오호츠크〉해의 모든 항구 및 캄차카의 부두에 기항할 수 있으며 그 바다 혹은 연안에서 어업을 경영함에 있어서 모두 러시아의 국민과 동등한 최혜국 권리와 특전을 향수한다.

제7관: 해군중장 에노키모도(榎本武揚)의 위임장이 아직 도달하지 않았지만 전신(電信)으로 그것을 송치(送致)한다는 뜻이 확정되면 그 도착을 기다리지 않고 이 조약에 서명하여 그것의 도착을 기다려서 각각의 전권위임장을 제시하는 의식을 진행한다.

제8관: 이 조약은 대일본국 황제 폐하 아울러 전러시아국 황제 폐하가 함께 허가하고 비준하여야 한다. 단지 각 황제 폐하의 비준서 교환은 각각의 진권대표가 서명한 날부터 6

개월 사이에 도쿄에서 진행한다.

이 조약에 권력을 부여하고저 각 전권대표가 서명하고 인장을 박
는다.

명치8년5월7일

러시아력1875년4월25일

센트뻬쩨르브르그에서

榎本武揚　　印

고르챠꼬브　　印

4. 일본과 러시아의 식민지 쟁탈

4.1 일러전쟁 및 사할린의 할양

크림전쟁의 패배에서 러시아는 더없이 큰 쇼크를 받았다. 알렉산
드르2세는 쇼크상태에 빠진 러시아를 진흥시키기 위하여 국가적인
차원에서의 대대적인 개혁을 실시하여 농노를 해방하였다. 그 결과
염원과는 반대로 혁명운동이 일어나 혁명운동에 대한 탄압도 감행
하였다. 그러나 1881년 끝내 나로도니키의 흉탄을 맞고 쓰러졌다.
부친을 계승하여 러시아 황제 자리에 오른 알렉산드르 3세는 쎄르
게이 비테를 재정대신으로 기용하여 공업화를 추진함과 동시에 대
외정책에 있어서도 아시아를 중요시하는 방침을 세우고 극동지역에
서 남하정책을 추진하였다. 비테는 알렉산드르의 뜻을 받들어 시베
리아철도를 연장하고 만주철도를 지배하였으며 극동함대를 가강하
였다.

알렉산드르의 황태자 니꼴라이는 1891년 4월부터 5월 사이에 일
본을 방문하였다. 시가현(滋賀県) 오오즈(大津)를 방문하던 도중에
경비를 맡은 순사 쯔다(津田三蔵)의 습격을 받아 부상당하였다.
"오오즈사건"은 황태자 암살 미수사건으로서 대내외에 커다란 충격
을 주었다. 일본정부는 러시아의 보복이 두려워 일본의 황실에 대
한 대역죄로 범인을 처형하려했으나 대심원장(大審院長)은 오히려
일반인에 대한 모살 미수죄로 무기도형에 처하였다. 물론 이로하여
니꼴라이는 일본에 대해 좋은 감정이 없었다. "오오즈사건"이 있은
3년반 이후인 1894년 니꼴라이는 즉위하여 니꼴라이2세로 칭하였
다. 그는 알렉산드르의 적극적이고 침략적인 극동정책을 충실하게
계승하였다.

1894년부터 1895년 사이에 일어난 청일전쟁에서 승리한 일본은
그 대가로 요동반도를 할양받았다. 니꼴라이의 통치하에 있는 러시
아는 일본의 중국에서의 세력 확장을 저지하고 러시아의 이익을 지
키고저 독일과 프랑스를 설득하여 일본에 압력을 가하여 요동반도
를 중국에 반환시켰다. 그리고는 중국에 압력을 넣어 여순과 대련
을 조차하여 러시아 극동함대의 기지로 만들었다. 뿐만 아니라 190
0년에 중국에 "의화단의 란"을 진압하기 위하여 여러 열강들이 출
병한 기회를 잡아 러시아는 만주를 점령하고 그대로 눌러앉았다.
만주뿐만 아니라 조선에까지 세력을 뻗치려하는 러시아에 대하여
일본은 커다란 위기감을 느끼었다. 영국도 물론 러시아의 남하정책
이 자국의 중국대륙에 있어서의 시장과 이권을 크게 위협한다는 위
구감에 일본을 극동에 있어서 러시아의 팽창을 막는 防波堤로 쓰려
고 하였다. 이해관계를 함께하는 두 제국주의 국가는 마침내 1902

년에 일영동맹을 맺었다.

일본과 러시아는 만주점령, 조선문제에서 끝내 평화적인 타협이 이루어지지 않아서 결국에는 일러전쟁이 붙고 말았다. 전 세계가 모두 러시아가 이길 것이라고 예견했던 일러전쟁에서 뜻밖에 일본이 승전하게 되었다. 남공불락을 자랑하던 여순요새 203고지가 함락되었고 봉천대회전에서도 일본이 승전하였으며 영국의 방애로 스웨즈운하를 통과할 수 없어 7개월이나 걸려 희망봉을 에돌아 쓰시마(対馬)해협에 도달한 발찍함대도 일본해해전에서 괴멸되었다.

패전국인 러시아는 물론이고 전승국인 일본도 전쟁에서 국력을 탕진한터이라 강화조약체결을 희망하였다. 이리하여 맺은 것이 이른바 포츠머스조약이었다.

포츠머스조약은 미국의 주선으로 1905년 8월 10일 뉴햄프셔주 포츠머스에서 열린 일러전쟁의 강화조약이다. 미국의 대통령 루즈벨트는 이 일로 인하여 노벨 평화상을 수상하였다. 조약은 9월 5일 일본제국의 고무라 주타로(小村重太郎)와 러시아 제국의 쎄르게이 비테 사이에서 체결되었다.

당시 조선에 대한 지배권은 원래 중국 청나라에게 있었다. 그러나 개항 이후 중국, 러시아, 일본이 그 지배권을 놓고 다투었는데 일본은 1895년 청일전쟁의 승리에 이어 1905년 일러전쟁에서도 승리하면서 조선에 대한 지배권을 확보하게 되었다. 원래 전 세계는 일러전쟁에서 당연히 러시아가 승리할 것으로 보았는데 일러전쟁 중에 러시아 혁명이 발발하는 바람에 결국에는 일본이 승리하게 되었다.

포츠머스 조약 이후에 1906년 미국의 대통령 시어도어 루즈벨트는 필리핀을 미국이 지배하는 대신 일본이 조선을 지배하는데 상호 동의하는 가쯔라-태프트 밀약을 일본과 체결하였다.

포츠머스 강화조약의 내용을 요약하면 다음과 같다.

1. 러시아는 한국에 대한 일본의 지배권을 인정한다.
2. 여순, 대련의 조차권, 장춘 이남의 철도부설권을 일본에게 할 양한다.
3. 북위 50° 이남의 사할린 섬 남쪽을 일본에 할양한다.
5. 일본해, 오호츠크해, 베링해에 있는 러시아 어업권을 일본에 양도한다.

이리하여 일러전쟁에서 이겨 맺은 강화조약에 의하여 에도시대 말기로부터 줄곧 일본이 주장해 오던 북의 50도를 경계로 하는 남부 사힐린의 영유가 실현되었다. 포츠머스 조약에는 영토문제 이외에 또 다른 하나의 중요한 점이 있다. 사할린섬 전체를 비무장지대화하여 소야해협(宗谷海峽)과 마미야해협(間宮海峽)의 자유로운 항행이 보장되었다는 점이다. 사할린의 비무장지대화는 양국에 의해 제2차세계대전이 발발하기 전까지 지켜졌다.

4.2 일본의 시베리아 출병

러시아에서는 1917년 2월과 10월에 일어난 2월혁명과 10월혁명에 의하여 짜리정권이 무너졌으며 쏘련공산당이 영도하는 쏘베트정권이 발족되었다. 구미열강은 지구상에 공산당이 영도하는 홍색정권이 탄생한 것을 대단히 겁나하였으며 극도로 증오하였다. 공산당 정권을 타도하고 자국의 이익을 수호하기 위하여 신생한 쏘련에 대하여 노골적인 간섭을 시작했다. 그리하여 영국, 프랑스, 독일, 이탈리아, 미국, 일본 등 14개국이 쏘련 국내에 군대를 파견하여 전쟁을 도발하였다. 일본정부도 1918년8월에 대쏘련간섭전을 하고 있는 체코군단을 지원한다는 명목과 극동 지역에 거주하는 일본인 거류민을 보호한다는 구실을 달아 울라지보스토크에 군대를 파병하였으며 뒤이어 바이칼호 이동에 군대를 상륙시켰다. 급해 맞은 쏘련은 한때 (1920~1922년) 일본과의 직접적인 군사충돌을 피하려고 "극동공화국"을 세우기도 한 적이 있다.

이러한 판국에 1920년3월에 아므르강 하구에 있는 니꼴라예브스크에서 홍색빨찌산과 일본군 사이에 싸움이 붙었는데 일본이 패배하여 일본군 병사120명이 포로되는 사건이 일어났다. 일본군은 5월에 포로를 구출하려고 싸움을 벌였는데 빨찌산부대는 일본군 포로120명을 살해하고 시내를 불태워 버리고 퇴각하였다. 이번 니꼴라예브스크 사건에서 거류민384명과 군인 351명이 죽었다. 이 사건을 계기로 일본은 사할린 북부를 점령하였고 1925년까지 줄곧 군대를 주둔시켜왔다.

쏘베트정권이 구미렬강들의 간섭과 진공에 시달리고 있을 때 일본도 7만 2천 400명이나 되는 군대를 파병하여 1918년부터 1925년까지 장기간에 걸쳐 군사점령을 했다는 역사가 쏘련에게는 잊혀지지 않는 원한이었음이 틀림없었을 것이다.

탄생한지 얼마 안되는 쏘련은 제국주의 국가들의 포위 속에서 살아남기 위하여 제국주의 열강들 지간의 대외 실력확장을 둘러싸고 생긴 모순과 알력을 이용하기에 이르렀다. 쏘련은 우선 먼저 서부전선에 힘을 경주하여 제1차 세계대전을 계속해 나가려고 시도하는 독일과 단독강화조약을 체결하여 포위망의 서쪽 방면을 타개하였다.

그런 연후에 각개 격파의 전략으로 구미열강과 모순이 있어 티격태격하는 일본과의 관계개선을 계획하였다. 일본군대를 시베리아에서 철수시키고 반혁명적인 백군에 대한 일본의 지원을 차단하고 쏘베트정권에 대한 제국주의 진영의 일원인 일본의 승인을 얻어내려는 타산이었다. 일본 역시 미국과의 대항에서 유리한 위치를 점하기 위해 쏘련과의 관계를 원활하게 하여 배후의 안전을 도모할 필요가 있었다.

그리하여 일본과 쏘련은 마침내 1925년1월25일에 중국 북경에서 "일쏘기본조약62)"을 체결하였다. 이 조약의 제1조는 외교관계의 수립, 제2조는 제정 러시아가 체결한 포츠머스 조약의 법률적인 효과를 쏘련도 인정한다는 내용이다. 그러나 조약에 서명한 카라한 쏘련대사의 성명서에는 쏘련정부가 "포츠머스 조약의 법적 효력을 승인한다"고 하여 일러전쟁을 일으키고 그 전쟁에서 패배한 짜리정부의 "정치상의 책임을 진다는 점에 있어서는 아무런 의미도 가지지 않는다."는 꼬리표를 달아 두었다. 일쏘 양국은 국제정치상에서 제나름으로 자기의 목적을 이루기 위하여 임시방편으로 일시적인 타협을 이루었던 것이었다. 일본을 어루만지기 위하여 쓰딸린은 1925년8월 일본기자를 만난 자리에서 "일본과 쏘련 인민 사이에 맺은 동맹은 동방을 해방하는 임무에 있어서 결정적인 사건이다. 이러한 동맹은 식민주의에 의거하는 여러 열강과 세계 제국주의의 끝장이 시작되었다는 것을 의미하며 무적이다."라고 기름이 번드르한 말까

---

62) 이 조약의 정식명칭은 〈일본과 쏘베트사회주의공화국연방과의 관계를 처리하는 기본적 법칙에 관한 조약〉인데 러시아의 역사학자들은 〈북경조약〉이라 부르고 일본의 역사학자들은 〈일쏘기본조약〉이라 부른다.

지 하였다.

이리하여 일쏘간에는 10여년간 평온한 관계가 지속되었다. 그러나 이 10여년간에 쏘련은 무산계급혁명과 구미열강들과의 간섭전으로 하여 국력이 엄청나게 쇠약해졌으며 정치상에서의 잔혹한 권력투쟁과 공업화에로의 이륙 및 농업집단화 실현에 눈코뜰새가 없어 극동을 돌볼 여력이 거의 없었다. 일본 역시 다이쇼(大正)시대의 데모크라시가 종말을 고하고 군국주의 사조가 팽배하였으며 괴뢰 만주국을 세워 쏘련과의 국경선이 크게 길어졌다. 또한 1936년에 쏘련을 가상의 적국으로 여기는 독일과 일쏘방공협정을 체결하였기에 쏘련과의 마찰과 충돌이 일어날 가능성이 많이 높아졌다.

4.3 만주국 국경에서의 쏘련과의 군사충돌

만주와 몽고를 확고부동한 식민지로 만들어 자원기지로 쓰려는 일본은 은근히 이곳을 넘보고 있는 쏘련과 국경지역에서 모순과 충돌이 생기지 않을 수가 없었다.

1938년 쏘련과 만주국의 동부 국경(현재의 중국 길림성 훈춘현 경신향 방천촌)에서 쏘련군대과 일본군대사이에 군사충돌 사건이 일어났다. 장고봉(長鼓峰)의 귀속문제는 전부터 쏘련과 일본의 현안문제였는데 1938년 7월 쏘련군이 산꼭대기에 진지공사를 시작한 것이 발단이 되어 사건이 발생하였다. 당시 국경지대에 집결해 있던 일본군대의 적극적인 공세로 사건은 점차 확대되어 7월 15일부터 8월 11일까지 전투가 계속되었지만 압도적인 화력과 기동력에 의한 쏘련군의 반격을 받고 일본군은 결국 패배하였고 8월 12일 정전협정을 조인하였으며 장고봉은 쏘련에 귀속되었다.

일본과 독일지간의 동맹문제로 러시아와 한창 껄끄러운 관계였던 때인 1939년 5월 중순 노몽한사건이 발생했다. 이것은 전에 언급한 장고봉 분쟁과 마찬가지로 일본과 쏘련간의 국경분쟁이였으나 장고봉사건보다는 중대성을 띠고 있다. 처음에 이 사건은 내몽고와 외몽고의 주민들 사이에 일어난 분쟁이었다. 그러나 이것은 일본과 쏘련간의 분쟁이 될 수밖에 없었다. 일본은 "일만의정서"(日滿議定書)에 의해 만주국의 국방을 담당하고 있었고 쏘련도 외몽고와 상호원조조약으로 국방을 책임지고 있었기 때문이었다. 노몽한은 만주 북부의 하이라르 남쪽 60km 지점에 있는 작은 마을이다. 1939년 5월 12일 초원지대인 이 마을에서 소규모의 외몽고군이 하르하강을 건너 만주국 경비대와 충돌을 일으킨 것이 사건의 발단이었다. 원래 이 지방은 청나라 때부터 몽고의 유목민들이 목초를 구하기 위해 서로 간에 늘 충돌이 일어나던 지역으로서 뚜렷한 분계선 같은 것은 존재하지 않았다. 괴뢰 만주국 정부는 호론바일 몽고족의 주장을 근거로 하여 일방적으로 근처의 하르하강을 국경선이라 주장하고 있었다. 그러나 쏘련을 배경으로 하는 외몽고군은 하르하강의 훨씬 동쪽에 경계선을 긋고 이것이 종래의 국경선이라 주장하고 있었다. 따라서 이곳 주민들은 목초를 따라 때때로 하르하강을 건너오곤 했던 것이다.

대외확장에 한창 광분하고 있던 관동군은 쏘련군을 예전에 일러전쟁에서 패배시킨 제정 러시아 군대쯤으로 알고 전쟁을 감행했지만 명장 쥬꼬브장군이 지휘하는 쏘몽련군의 강대한 전차부대와 항공기부대의 괴멸적인 타격을 받아 1만8천여명의 사상자를 내는 참패를 당했다. 관동군 건군 이래의 최대의 참패였다.

중국 침략전쟁과 남아시아 진출에 여력이 없는 일본으로서는 미국과의 관계가 날로 험악해지는 판국이여서 쏘련과 전쟁상태에 빠지는 것이 매우 불리하다는 점을 느끼고 쏘련이 중국을 지원하는 것을 방지하기 위하여 쏘련과 더는 군사적 충돌을 원치 않았다. 1940년7월에 쏘련 주재 일본대사 도고(東鄕茂德)는 쏘련 외상 몰로또브에게 1925년에 체결한 "일쏘기본조약"을 확인하고 "일쏘중립조약"을 체결하자는 제안을 하였다. 이미 노몽한전쟁에서 일본의 코대를 여지없이 꺾어놓은 쏘련으로서는 일쏘중립조약 체결의 전제조건으로1925년의 "일쏘기본조약"의 포츠머스조약의 유효성을 규정한 조항을 파기할 것을 조건으로 들고 나왔다. 10월30일 주쏘 신임 일본대사 타데카와(建川美次)는 몰로또브에게 일쏘간에 불가침조약을 체결하자는 제안을 하였다. 몰로또브는 불가침조약을 체결하자면 우선 먼저 영토문제를 해결하는 것이 선결조건인데 만약 일본이 남부 사할린과 쿠릴열도의 북쪽의 몇 개 섬을 쏘련에 반환한다면 체결하겠다는 뜻을 밝혔다.

일본은 사할린을 돈으로 매수하겠다는 의향을 쏘련에 제기하였는데 교섭이 이루어지는가 싶다가 결과적으로 쏘련의 거절을 당했다. 결국에는 1941년4월13일에 크레믈리궁에서 일쏘중립조약이 체결되였는데 아래와 같은 사항을 규정하였다.

1. 양국은 평화, 우호관계를 유지하며 아울러 상호간에 영토보전과 불가침을 존중한다.
2. 양국중의 어느 한 일방이 제3국의 군사행동의 대상이 되였을 경우에 타방은 해당 분쟁에서 중립을 지킬 의무가 있다.
3. 본 조약은 5년간 유효하며 어느 한 일방이 기한 만료 1년전에

조약의 파기를 통고하지 않는 한 자동적으로 다음 5년간으로 연장된다.

5. 제2차대전과 영토반환문제

제2차 세계 대전은1939년 9월 1일부터 1945년 8월 15일까지 유럽, 아시아, 태평양 지역에서 미국, 영국, 프랑스, 쏘련, 중국이 연합한 연합국 진영과 독일, 이탈리아, 일본이 한동아리가 된 군국주의 국가들 사이에 벌어진 세계적 규모의 전쟁이었다. 이 전쟁은 파시즘 대 민주주의, 제국주의 대 민족해방 투쟁이라는 복합적인 성격을 띠고 있었다.

1929년에 발생한 세계적인 규모의 경제위기는 전 세계의 경제를 파국으로 몰고 갔다. 이러한 국면을 타개하기 위하여 미국은 뉴딜정책을 실시하였고, 영국과 프랑스는 관세율을 높이는 등의 방법으로 자기 나라의 경제를 살리려하였다. 이로 말미암아 자본주의 경제기초가 박약했던 독일, 일본, 이탈리아는 심각한 경제난에 빠지게 되었다.

이런 정세에서 이탈리아에서는 무솔리니가 정권을 잡았고, 독일은 경제위기와 사회 혼란을 틈타 히틀러가 정권을 잡아 독일의 재무장을 선언하고 나섰으며 아시아에서는 일본이 대규모적인 대외확장을 감행하여 대륙 침략전쟁을 일으켜 만주를 점령한 다음 중일전쟁을 일으켰다. 이처럼 식민지를 만들지 못한 독일, 이탈리아, 일본이 대외 침략으로 경제적 위기를 모면하려는 국책을 실시하는 바람에 세계대전은 피면하기 어렵게 되었다.

1939년 8월에 독일이 쏘련과 불가침 조약을 맺은 다음 9월에 폴란드를 침공하자 영국과 프랑스가 독일에 선전포고를 하여 전쟁이 시작되었다. 독일은 폴란드를 침공한 연후에 덴마크와 노르웨이를 점령하였고 이어 네덜란드와 벨기에로 쳐들어갔으며 1940년 6월에는 프랑스의 파리를 점령하였다. 제1계단 전략목표를 달성한 히틀러는 1941년에 독쏘불가침조약을 어기고 폴란드 동부와 우크라이나를 침공하여 끝내 독쏘전쟁이 시작되었다.

이 시기에 아시아에서는 일본이 대륙 침략을 시작한 이래로 차차 미국과의 이해관계가 험악해져 1941년 12월 8일에 진주만을 기습함으로써 미국과 태평양 전쟁이 시작되었다. 태평양 전쟁은 동남아시아 각지로 퍼져 가서 1942년 2월에는 일본이 싱가포르를 점령하기도 했다.

그러나 1942년 여름 이후 점차 우세를 점한 연합국 군대는 총반격을 시작하여 1943년에는 스딸린그라드에서 독일군에 치명적인 타격을 가했고 영미 연합군은 이탈리아의 시칠리아섬을 거쳐 본토에 상륙하여 1943년 9월에 이탈리아를 항복시켰다. 그리고 1945년 5월 영국, 미국, 쏘련이 베를린을 점령함으로써 마침내 독일은 무조건 항복하였다. 8월에는 미국이 일본의 히로시마와 나가사키에 원자 폭탄을 투하하였고, 쏘련이 일본에 대해 선전 포고를 함으로써 1945년 8월 15일에 일본은 포츠담 선언을 수락하여 무조건 항복하게 되었다.

5.1 카이로선언

제2차세계대전의 초기에는 파시스진영이 우세였으나 3년간의 혈
전을 걸쳐 연합국측이 점차 수세에서 공세로 넘어갔다. 독일이 이
미 내리막질을 시작했고 일본도 아시아에서 점차 밀리는 추세에 이
르렀다. 이러한 국세에서 일본의 패망을 가속화하고저 미국, 영국,
중국의 수뇌들이 한자리에 모여 일본의 장래에 관한 회의를 열고
아래의 "카이로선언문"을 발표하였다.

　　루즈벨트 美國大統領, 蔣介石 中華民國主席 及 처칠 英國首相은 各軍事
使節 及 外交顧問과 함께 1943年 11月 27日 北阿弗利加埃及國의 수도「카
이로」에 회합하여 일본국에 대한 장래의 군사행동을 협정하고 다음과 같
은 일반적 성명을 발표하였다.
　　各軍事使節團은 일본국에 대한 장래의 군사행동을 협정하였다. 三大同
盟國은 海路, 陸路 及 空路에 의하여 야만적인 敵國에 대하여 가차없는
탄압을 가할 결의를 표명하였다. 이 탄압은 이미 증대하고 있다.
　　三大同盟國은 일본국의 침략을 정지시키며 이를 罰하기 위하여 今次 戰
爭을 續行하고 있는 것이다. 右同盟國은 自國을 위하여 하등의 리득을 요
구하는 것은 아니며 또 영토를 확장할 아무런 의도도 없는 것이다. 右同
盟國의 목적은 일본국으로부터 1914年 第1次 世界大戰 개시 이후에 일본
국이 탈취 또는 점령한 태평양의 島嶼 一切을 박탈할 것과 滿洲, 臺灣 及
膨湖島와 같이 일본국이 淸國으로부터 盜取한 지역 一切을 中華民國에 반
환함에 있다. 또한 일본국은 폭력과 탐욕에 의하여 약탈한 다른 一切의
지역으로부터 驅逐될 것이다. 前記 三大國은 朝鮮人民의 노예상태에 유의
하여 적당한 시기에 맹세코 조선을 자주독립시킬 결의를 갖는 것이다.
　　이와 같은 목적으로써 三大同盟國은 聯合諸國 中 일본국과 교전중인 諸
國과 협조하여 일본국의 무조건항복을 促進齋來함에 필요한 重大且長期한

행동을 績行함.[63]

5.2 얄타회담

얄타회담이란 제2차세계대전이 거의 끝날 무렵인 1945년 2월 4일 ~11일 미국의 루스벨트, 영국의 처칠, 쏘련의 스딸린 등 3개국 수뇌가 크림반도 얄타에서 전후처리의 기본 방침에 대하여 협의한 회담으로서 정식명칭은 크림회담이다. 합의한 사항은 첫째, 3개국 수뇌의 공동성명, 둘째, 크림회담의 의사에 관한 의정서(얄타협정), 셋째, 독일배상에 관한 의정서, 넷째, 쏘련의 대일참전에 관한 협정(얄타비밀협정)이었다.

그중에서 1년 뒤인 46년 2월 11일에 발표된 "얄타비밀협정"의 내용은 다음과 같다.

쏘련, 미국, 영국 세 강대국의 지도자들은 독일이 항복하고 유럽에서 전쟁이 종결된 후 2~3개월 안에 쏘련이 다음과 같은 조건하에서 일본에 대항한 연합국의 편에 서서 참전해야 한다는 점을 동의하였다.
1. 외몽고(몽고인민공화국)의 현상태가 보호되어야 한다.
2. 1904년의 일본의 배반적인 침략으로 침범당한 러시아의 이전의 권리는 회복되어야 한다. 즉, (a)사할린 남부와 그에 인접한 섬은 쏘련에 회복되어야 한다.
   (b) 상업적인 대련(大連)항은 국제화되어야 하며 이 항구에서의 쏘련의 우선권은 보호되어야 하고 USSR의 군항으로서의 항구조차권은 회복되어야 한다.
   (c) 대련(大連)에 산출물을 공급하던 동중국철도와 남만주철도는 중쏘 합작회사에 의해 운영되어야 하며 이는 쏘련의 우선권이 보호되어

---

63) 상기의 번역문은 대한매일신보 1945년 08월 16일에 게재된 역문임.

야 하고 중국이 만주에서 충분히 주권을 유지시킬 수 있어야 한다
는 것을 의미한다.

3. 쿠릴제도는 쏘련에 이양되어야 한다.

위에서 언급된 외몽고와 항구, 철도에 관한 협정은 장개석 총통의 협력
을 요구한다는 점을 뜻한다. 미 대통령은 이러한 협력을 구하기 위하여
스딸린 원수로부터 충고를 구할 수 있을 것이다.

세 강대국의 수뇌는 일본이 패배한 후 쏘련의 요구가 의심할 바 없이
완전히 충족될 것이라는 점에 동의하였다.

이 부분을 위하여 쏘련은 중화민국과의 우호협정을 체결할 준비가 되어
있음을 표명하였고 일본의 속박으로부터 해방시키기 위해 쏘련이 무장한
군대로 중국에 대해 원조한 것을 보답하기 위해 USSR과 중국이 련맹을
체결할 준비가 되어 있음을 표현하였다.

1945년 2월 11일
요세프 스딸린
프랭클린 D.루즈벨트
윈스턴 S. 처칠

미국 대통령은 태평양지역에서의 미군의 희생을 될수록 감소하면
서 하루 빨리 일본을 무조건투항으로 몰고가려는 일념으로 카이로
선언의 이념을 위반하면서 쏘련에 이득을 준다는 조건으로 쓰딸린
을 설득하여 대일본 참전에 나서게 하였다. 쓰딸린은 극동에서의
군사적, 정치적, 경제적인 세력 확장과 극동함대의 튼튼한 기지 확
보를 위하여 대일 참전이라는 절호의 기회를 놓칠 리가 없었다. 19
45년4월5일 쏘련은 마침내 "일쏘중립조약"의 파기를 일본에 통고하
였다.

5.3 포츠담 선언

포츠담 선언은 2차 대전 종전 직전인 1945년 7월 26일 독일의 포츠담에서 열린 미국, 영국, 중국 3개국 수뇌회담의 결과로 발표된 공동선언문이다. 그 당시 이미 5월에 독일이 2차 대전에서 항복한 후였고 이제 전쟁은 유럽이 아닌 태평양전쟁쪽으로 쏠려있었다. 이 선언문은 일본에 대해서 항복을 권고하고 2차 대전 후의 대일 처리방침을 표명한 것이다. 포츠담 선언에는 미국 대통령 트루맨, 영국 총리 처칠, 중국 총통 장개석이 회담에 참가하였다. 얄타회담 때 쏘련이 대일선전포고를 하기로 약속이 되어있었기 때문에 8월에 이 회담에 참가하고 이 선언문에 함께 서명하였다.

이 선언은 모두 13개 항목인데 제1~5항은 전문으로 일본의 무모한 군국주의자들이 세계인류와 일본국민에 지은 죄를 뉘우치고 이 선언을 즉각 수락할 것을 요구하였다. 제6항은 군국주의 배제, 제7항은 일본영토의 보장점령, 제8항은 카이로 선언의 실행과 일본영토의 한정, 제9항은 일본군대의 무장해제, 제10항은 전쟁범죄자의 처벌, 제11항은 군수산업의 금지와 평화산업 유지의 허가, 제12항은 민주주의 정부수립과 동시에 점령군의 철수, 제13항은 일본군대의 무조건 항복올 각각 규정하였다.

1945년 7월 26일에 발표된 포츠담 선언문
일본의 항복조건을 규정한 선언

1. 미국 대통령, 중국 주석 및 영국 수상인 우리는 수많은 국민들을 대표하여 일본이 이 전쟁을 끝낼 기회를 제공하자는 데 동의한다.
2. 자국의 서부 군대와 항공편대에 의해 크게 보강된 미국, 영국 및 중

국의 막강한 육해공군은 일본에게 결정타를 날릴 자세를 갖추고 있다. 이러한 군사력은 일본의 저항이 소멸될 때까지 일본과의 전쟁을 수행하겠다는 모든 연합국들의 결의에 의해 뒷받침되고 고무되고 있다.

3. 감연히 일어선 전 세계 자유 국민들의 힘에 맞선 어리석고 분별없는 독일의 저항의 결과는 일본국민들에게 아주 분명한 본보기가 되고 있다. 이제 일본에게 집중되고 있는 그 힘은 저항하는 나치에게 적용되어 독일 국토와 산업 및 독일 전 국민의 생활방식을 폐허화시켰던 것보다 더 크다. 우리의 결의에 뒷받침된 우리 군사력의 전면적인 적용은 일본군의 피할 수 없는 완전한 파괴를 뜻하며 필연적으로 일본 본토의 완전한 폐허화를 뜻할 것이다.

4. 아집(我執)에 사로잡힌 군국주의자들의 무지한 오산으로 일본제국이 파멸 직전에 빠지게 되었는데도 일본이 계속해서 그들의 손에 좌우될 것인지 아니면 일본이 이성의 길을 따를 것인지를 일본이 스스로 결정해야 할 때가 왔다.

5. 우리의 조건들은 다음과 같다. 우리는 그 조건들로부터 물러서지 않을 것이다. 다른 대안은 없다. 더 이상의 지연은 허용하지 않을 것이다.

6. 국민을 기만하고 오도하여 세계정복의 길로 이끈 자들의 권위와 영향력은 영원히 사라져야 한다. 왜냐하면 무책임한 군국주의가 이 세상에서 없어질 때 비로소 평화, 안보 및 정의의 새로운 질서가 가능할 것이기 때문이다.

7. 그러한 새로운 질서가 확립될 때까지 그리고 전쟁을 일으킨 일본의 힘이 파괴되고 있다는 설득력 있는 증거가 있을 때까지 일본 영토는 우리가 이곳에서 추진하고 있는 기본목표들을 안전하게 달성하기 위해 연합국이 점령하여 관리할 것이다.

8. 카이로 선언의 조건들은 이행될 것이고, 일본의 주권은 혼슈, 홋카이도, 규슈. 시코쿠 그리고 우리가 정하는 소규모 섬들로 제한될 것이다.

9. 일본 군국주의 세력들은 완전히 무장해제 된 뒤 각자의 집으로 돌아

가도록 허용되며 평화적이고 생산적인 삶을 영위할 기회를 가지게 될 것이다.

10. 우리는 일본을 인종적으로 노예로 만들거나 국가적으로 파괴시킬 생각은 없다. 그러나 우리는 포로들에게 잔학행위를 한 자들을 비롯하여 모든 전쟁 범죄자들에게 엄중한 정의의 심판을 내릴 것이다. 일본정부는 일본국민들의 민주화 경향을 부활시키고 강화시키는 것을 가로막는 모든 장애물을 제거할 것이다. 언론의 자유, 종교의 자유 및 사상의 자유는 기본적인 인권존중과 더불어 확립될 것이다.

11. 일본은 자국의 경제를 지탱하고 정당한 물품 배상의 요구를 허용하는 등과 같은 산업을 유지하도록 허용될 것이다. 하지만 일본으로 하여금 전쟁을 위해 재무장할 수 있게 하는 것들은 허용되지 않을 것이다. 이것을 위해 원자재의 관리와는 별개로 원자재에 대한 접근은 허용될 것이다. 그것으로 인해 일어날 수 있는 일본의 세계무역에의 참여는 허용될 것이다.

12. 연합국의 점령군들은 이들 목표들이 완성되는 즉시 일본에서 철수할 것이며 일본국민들의 자유로운 의지에 따라 평화적인 성향의 책임있는 정부가 들어서게 될 것이다.

13. 우리는 이제 모든 일본군대의 무조건적인 항복을 선언하고 그러한 행동에 대한 신뢰를 보증하는 적절하고 온당한 보장들을 제시할 것을 일본정부에 촉구한다.

이 포츠담 선언을 접한 일본은 연합군이 최후통첩을 내릴 때까지 공식적인 항복발표를 미루기로 결정했고 일본내각은 "묵살"[64]이라는 애매한 표현을 함으로써 결국 연합국은 이를 '무시한다', 즉 '일본은 항복할 의사가 없다'는 뜻으로 해석하여 원자폭탄을 투하하기에 이

---

64) 묵살(黙殺)라는 일본어단어는 "당분간 의견 발표를 미룬다." 라는 뜻과 "무시한다."라는 두 가지 뜻으로 해석할 수 있다.

른다.

1945년8월8일 쏘련은 대일 선전포고를 하고 극동전역을 개시하였다. 8월14일 일본정부는 포츠담선언을 수락하고 항복을 선언하였다. 미국 정부는 인차 연합군 최고사영관 맥아드장군에게 일본의 항복을 알리며 "일반사영제1호"를 발표하였다. 쓰딸린은 이 명령을 기본적으로 승인하면서 일본군이 쏘련군에 넘겨야할 지역에는 얄타회담에서 미, 영, 쏘 3국 수뇌가 쏘련의 영유로 하기로 한 쿠릴열도 전부가 포함되어야 한다는 점과 북해도를 루모이(留萌)와 쿠시로(釧路)를 연결하는 선에서 분할하여 북반부를 쏘련령으로 하여야 한다는 수정안을 제안하였다. 트루맨 대통령은 에는 동의하였으나 에 대해서는 단호하게 거절하였다.

쓰딸린은 쏘련 극동군 총사영관 알렉산드르 · 와실레흐스끼에게 쿠릴열도를 점령하라는 명령을 내렸다. 전쟁이 종결되어 3일이 지난 8월18일 쏘련군은 슈무슈도(占守島)에 대한 공격을 개시하였다. 일본군의 저항에 부딪쳐 23일에야 겨우 정전에 조인하였으며 31일에 이르러 우루프도까지 점령하였으며 9월5일에는 하보마이군도까지 완전히 점령하였다.

9월3일 쓰딸린은 대일전승연설에서 이런 유명한 말을 하였다. "일본은 제정 러시아가 1904~1905년 전쟁에서 패배한 틈을 타서 러시아로부터 남사할린을 빼앗았으며 쿠릴열도에 뿌리를 박았다. 이리하여 우리나라의 극동의 바다로 나가는 모든 출구에 자물쇠를 채워 닫아버렸다. 그러나 제2차세계대전에 의해 남사할린과 쿠릴열도는 쏘련의 것이 되어 금후 일본이 쏘련을 바다와 갈라놓는 수단, 우리의 극동을 공격하는 기지로서의 역할을 못하게 되었다. 오히려 쏘련과 바다가 직접 통하는 수단, 그리고 일본이 우리나라에 대한 공격을 방어하는 기지로서의 역할을 놀게 될 것이다."

6년간에 걸친 제2차세계대전에서 약 5천만 명에 이르는 사상자를 냈고, 1조 1,540억 달러의 전비가 들었다. 이 전쟁으로 말미암아 참전국 뿐만 아니라 세계 각국에 미친 피해는 너무나도 엄청났기에 영원한 세계평화를 유지하기 위해 국제연합을 만들기에 이르렀다.

그러나 반파쑈 동맹이었던 미국과 쏘련은 사상이념과 정치체제를 달리하는 데서 빚어진 대립의 골이 날로 깊어 갔고 그로 말미암아 세계는 미국을 중심으로 하는 자유 진영과 쏘련을 중심으로 하는 공산진영으로 갈라지면서 세계는 "냉전"속에 빠지게 되었다. 군사력에 의한 직접적인 전쟁은 아니었지만 모든 영역에서 모든 수단을 다 쓰는 치열한 싸움이었다. 아시아에서 쏘련, 중국, 미국, 일본은 중쏘진영과 미일진영으로 갈라져 대립하였다. 따라서 일쏘관계는 두 나라 지간의 싸움뿐만 아니라 두 진영지간의 싸움이기도 했다. 미국을 맹주로 하는 서방진영에 들어간 일본은 미국의 핵보호산 밑에 몸을 감추고 일미안전보장조약에 의하여 미국과 맺어진 국제사회 속에서 자국의 이익을 도모하게 되였으며 모든 일에서 미국의 눈치를 보았으며 자주적인 외교정책을 거의 펴나갈 수가 없었다.

이러한 국제정치 형국에서 일본정부는 전승국의 쏘련 등 공산진영의 나라들을 포함한 모든 국가와 "전면강화" 대신에 영미 자유진영과의 "단독강화"의 노선을 선택하였다. 쓰딸린의 쏘련은 영미진영에 깊숙이 편입되어 나가는 일본에 영향력을 행사하여 어떻게 해서든지 저지하여 보려고 여러 가지로 시도하였지만 효력이 없었다. 북해도 분할 요구, 대일리사회에서의 발언력의 행사 등등의 시도는 모두 트루맨과 맥아드의 거부를 받아 하나도 성공하지 못했다. 이러한 상황에서 1951년9월에 있은 샌프란시스코 강화회의에 쏘련은 참석은 하였지만 강화조약체결에는 조인하지 않았다.

5.4 샌프란시스코 강화회의

조선전쟁의 발발은 전승국인 미국과 전패국인 일본의 관계가 근본적으로 전환되는 계기가 되었다. 미국은 조속하게 일본과의 전후상태에 휴지부를 찍고 일본을 극동에 있어서의 반공防波堤로 이용하여야겠다고 생각하게 되었다.

대일강화조약의 설계자이기도 하고 미국측 전권대표인 달레스는 아시아에서의 쏘련의 세력확대를 견제하는 동시에 일본도 손아귀에 넣어 미국의 말을 고분고분 듣게 하기 위하여 일본으로 하여금 쿠릴열도를 포기하게 만든 동시에 쿠릴열도가 어느 나라에 귀속되는가 하는 문제를 고의적으로 애매하게 만들어 일쏘지간의 쟁의점으로 만들어 놓았다.

1951년 9월 8일에 일본과 연합국지간에 체결된 (쏘련은 조인하지 않았음) 강화조약에서 일본은 조선, 대만, 사할린, 쿠릴열도에 관한 청구권을 방기하였다. 조약의 제2조는 "일본국은 쿠릴열도 및 일본국이 1905년9월5일 포츠머스조약의 결과로 획득한 사할린의 일부 및 그에 근접한 여러 섬에 대하여 모든 권리와 권원(權原), 그리고 청구권을 방기한다."라는 내용이다.

현재 일본이 샌프란시스코 강화조약을 문제 삼는 것은 두 가지 이유에서인데 첫째는 일본이 청구권을 방기하였는데 그럼 도대체 어느 나라에 귀속되는가? 둘째는 쿠릴열도의 범위가 명확하지 않다

는 점이다. 일본이 방기한 사할린과 쿠릴열도가 어떻게 조약조인국
도 아닌 쏘련에 귀속되어아 하는가, 하보마이군도와 시코단도는 쿠
릴열도에 속하지 않으며 구나시리도와 에도로후도도 일본이 러시아
한테서 빼앗은 것이 아니라 원래부터 일본의 고유영토이기에 쏘련
은 이 4개의 섬, 즉 "북방4島"를 일본에 반환하여야 된다는 것이다.

5.5 일쏘공동선언

샌프란시스코강화조약은 비록 체결되었다고는 하지만 쏘련은 조
인하지 않았기에 전쟁이 종결된 이후에 있어서 쏘련과 일본의 교섭
은 난항에 난항을 거듭하였다. 1956년10월19일 일본의 하토야마(鳩
山一郎)수상이 쏘련을 방문하고 모스크바에서 일쏘공동선언에 조인
하여 두 나라의 국교는 회복하였다. 일본측에서는 하토야마, 코오
노(河野一郎), 마츠모도(松本俊一)가 서명하였고 쏘련측에서는 블가
닝, 쎄비로브가 서명하였다. 물론 공동선언에는 영토문제가 중요사
항으로 취급되었는데 제9항에서 다음과 같이 규정하였다.

"일본국 및 쏘베트사회주의공화국연방은 양국간의 정상적인 외교관계가
회복된 후에 평화조약 체결에 관한 교섭을 계속할 데 대해 동의한다.
쏘베트사회주의공화국연방은 일본국의 요망에 응하며 아울러 일본국의
리익을 고려하여 하보마이군도 및 시코단도를 일본국에 넘기는 것을 동의
한다. 다만 이러한 여러 섬은 일본국과 쏘베트사회주의공화국연방 사이에
평화조약이 체결된 후에 현실적으로 넘겨주는 것으로 한다."

공동성명은 일본국회와 쏘연방최고회의에서 비준되었다. 사실상
일쏘공동선언은 양국관계의 하나의 중요한 이정표였던 셈이다. 전

쟁관계가 끝나고 대사관과 영사관을 개설하여 양국간에 정상적인 외교관계가 시작되었다. 당시 쏘련정부는 이미 하보마이군도와 시코단도의 대일 반환을 기정사실로 인정하고 10여명의 국경경비대원만 남기고 주민들을 전부 내지로 이주시켰다한다.

5.6 일미안보조약의 개정과 그 여파

쏘련과 미국을 위수로 하는 동서방진영간의 냉전이 격화됨에 따라 대일본 영토문제 있어서 쏘련의 태도는 점차 강경노선으로 돌아섰다. 특히 1960년1월19일에 체결된 "일본국과 아메리카합중국간의 상호협력 및 안전보장조약"("일미안보조약"이라 간칭)에 대하여 쏘련은 크게 반발하면서 1월27일 그리믜꼬외상이 일본대사에게 다음과 같은 내용의 각서를 보냈다.

"쏘련정부는 극동에 있어서 평화 기구를 저해하고 쏘일관계의 발전에 대하여 장애로 되는 새로운 군사조약이 일본에 의하여 체결되었다는 조치를 묵과할 수가 물론 없다. 이 조약은 사실상 일본의 독립을 상실시키며 일본이 항복한 결과 일본에 주둔하고 있는 외국군대가 금후 일본영토에 계속하여 주둔하게 됨에 따라 하보마이, 시코단도를 일본에 넘기겠다고 한 쏘련정부의 약속의 실현을 불가능하게 하는 새로운 정세가 조성되었다.……(중략)…… 쏘련정부는 일본정부에 의하여 조인된 새로운 조약이 쏘련과 중화인민공화국에 향해진 것이라는 점을 고려하여 이러한 여러 섬을 일본에 넘김으로 인하여 외국군대에 이용되는 영토가 확대되는 점을 그대로 내버려둘 수가 없다. 따라서 쏘련정부는 일본영토에서의 모든 외국군대의 철퇴 및 쏘일간의 평화조약의 조인을 조건으로 하여서만이 비로서 하보마이 및 시코단도가 1956년10월19일의 쏘일공동선언에 의하여 규정된 것과 마찬가지로 일본에 넘길 수 있다는 성명을 발표할 필요를 느낀다.”

쏘련은 “일쏘간에 평화조약을 체결한 다음”이라는 조건 외에 “일
본영토에서외국군대가전부철퇴하여된다”는 조건을 더 달았다. 쏘
련으로서는 자국과 잇대여 있는 일본이 최대의 적대국인 미국과 동
맹을 맺고 안보조약을 체결하여 일본에 미국군대가 주둔하여 있는
다면 너무나도 큰 위험이기에 절대로 반환하지 않겠다는 이유를 달
았는데 물론 이것은 이유라면 이유이고 트집이라면 트집인 것이었
다.

흐르쇼브는 1961년9월 이께다(池田)일본총리에게 “영토문제는 일
련의 국제협정에 의하여 오래전에 이미 해결이 되었다”는 내용의
서한을 보냈고 그 후 12년간 쏘련은 줄곧 일쏘간에는 해결되지 않
은 영토문제가 존재하지 않는다는 태도로 일관하였다.

1973년3월에 당시의 일본 총리 다나까(田中)는 브레쥬네브에게
친서를 보냈다. 브레쥬네브는 다나까의 쏘연방문을 환영한다는 회
답을 보내왔다. 이리하여 1973년10월7일에 17년만에 양국 총리가
만났으며 10일 일쏘공동성명이 발표되었는데 영토문제에 관하여 다
음과 같이 규정하였다.

“쌍방은 제2차대전때부터 해결하지 못한 제반 문제를 해결하여 평화조
약을 체결하는 것이 양국간의 참다운 친선우호관계의 확립에 기여한다는
것을 인식하며 평화조약의 내용에 관한 제반 문제에 관하여 교섭하였다.
쌍방은 1974년의 적당한 시기에 양국간에 평화조약 체결에 관한 교섭을
계속하자는 것을 합의하였다.”

아무튼간에 일쏘 양국이 외교관계를 회복해서 17년이 지나도록 "영토문제는 이미 존재하지 않는다"는 태도를 일관하여 온 쏘련과의 사이에 양국의 정상지간에 영토문제에 관한 교섭을 해보자는 합의가 이루어진 것이다. 그러나 "미해결문제"에 관한 구체적인 교섭은 1985년에 이르기까지 아무런 구체적인 진전이 없었을 뿐만 아니라 200해리 어업수역권문제와 원북방4島民들의 조상묘지참배시의 비자문제 등등에서는 오히려 원래보다 더 뒷걸음쳤다. 이러한 상태는 고르바쵸브 집정이후에 와서 어느 정도 좀 진전을 보이는가 싶다가 쏘련 국내외 정치형세의 급격한 변동에 의하여 결국에는 흐지부지하고 말았다.

6. 쏘연방의 해체와 금후의 전망

6.1 쏘련의 해체 및 옐친 대통령의 "법과 정의"론

쏘베트공화국연방의 일원이였던 러시아공화국은 1990년6월에 독립국가로서의 주권선언을 하였다. 일본은 러시아를 쏘련을 계승하는 주권국가로 인정한다는 태도를 표명하였다. 옐친 대통령은 1991년9월 당시의 일본 총리 가이후(海部俊樹)에게 "제2차세계대전의 전승국, 전패국이라는 구별을 버리고 양국간의 영토문제를 '법과 정의'에 기초하여 해결하자는 것과 영토문제 해결을 뒤로 미루지 말자"는 취지의 서한을 보내왔다. 1992년1월 일본의 미야자와(宮澤)는 뉴욕에서 옐친 대통령과 회담하였는데 동년 9월에 일본을 방문하리라 약속했다. 이러는 사이에 일본과 러시아 양국의 외교부의 노력에 의해 《일러 간 영토문제의 역사에 관한 공동작성자료》가 완성되었다.

옐친 대통령의 일본 방문은 그 이듬해인 1993년10월에 실현되었으며 동월 13일에 일러관계에 관한 도쿄선언이 서명되었다. 쏘련이 해체되고 새롭게 탄생한 러시아와의 최초로 되는 일로관계에 관한 도쿄선언은 아래와 같이 규정하였다.

"냉전의 종결에 의하여 전지구적 및 지역적 그리고 여러 국가지간의 2국관계에 있어서 세계가 대립적인 구조에서 국제협력 발전에 대하여 새로운 전망을 열고 협력적인 방향으로 향하고 있으며 이러한 형세는 일로양국관계의 완전한 정상화에 있어서 매우 희망찬 전제조건을 창조하고 있다는 인식에 비추어 ······

양국의 전체주의의 유산을 극복하고 새로운 국제 질서를 구축하기 위하여 아울러 2국간 관계의 완전한 정상화를 위하여 국제협력의 정신에 근거하여 협력하여 나가야한다는 것을 결의하여 아래와 같이 선언한다.

1. (략)

2. 일본국 총리 대신 및 러시아연방 대통령은 양국관계에 있어서 곤란한 과거의 유산은 극복하지 않으면 안된다는 인식을 공유하며 에도로로후, 구나시리, 시코단 및 하보마이군도의 귀속에 관한 문제에 대하여 참다운 교섭을 진행하였다. 쌍방은 이 문제를 역사적, 법적인 사실에 입각하여 양국간에 합의에 의해 작성된 제반 문서 및 법과 정의의 원칙을 기초로하여 해결한다는 것에 의해 평화조약을 조기에 체결하자는 교섭을 계속하며 따라서 양국간의 관계를 완전히 정상화하여야 한다는 점을 합의하였다. 이런 관련으로 일본정부 및 러시아연방정부는 러시아연방이 쏘련과 국가로서의 계속성을 가지는 동일한 국가이며 일본국과 쏘련 사이의 모든 조약, 기타의 국제 약속은 일본국과 러시아연방 사이에 계속 적용된다는 것

을 확인한다." (이하 략)

옐친 대통령의 일본방문 이후에 양국의 외무대신 및 정계요인들의 방문이 여러 차례 있었으나 별로 눈에 띄는 진전은 없었다. 1998년4월에 이르러 양국의 수뇌는 시즈오까현 카와나(川奈)에서 아무런 격식도 없이 솔직하게 속심을 이야기 한다는 이른바 "논넥타이회담"을 진행하였다. 이 회담에서 일본측은 "카와나제안"이라는 제안을 내놓았다. 이 제안의 내용은 오늘까지 정식으로 발표되지는 않았는데 메스컴의 보도에 의하면 아래와 같다.

1. 4島의 북쪽에 국경선을 긋는 것을 조약에 명기하여 일본의 주권을 확인한다.
2. 연후에 일정한 이행기간을 설정하여 이 기간 내의 러시아의 施政權을 인정하는데 내왕은 자유롭게 한다.
3. 이행기간의 폭은 러시아측과 교섭하여 조약을 체결할 때에 확인한다.
4. 이 기간 사이에 러시아측과 공동으로 4島의 개발을 진행하여 기초건설 정비 등등을 본토수준으로 함과 동시에 시정권을 일본에 넘기는 준비를 한다.

이 제안은 옐친 대통령이 일찍 쏘련 시절에 내놓은 "5단계제안"과 맞아떨어지는 점이 있었다. 이른바 "5단계제안"의 내용은 아래와 같다.

1단계: 쏘련이 일로지간에 미해결 영토문제가 존재한다는 것을 인정한다.
2단계: 북방4島를 일본기업의 입지가 용이한 '自由興業地帶'로 한다.

3단계: 4島를 비군사화한다.
4단계: 평화조약을 체결한다.
5단계: 영토문제의 해결은 정치문화가 성숙되고 국가간의 상호교류와 상
　　　호리해가 깊어지고 국민여론도 호전이 될 다음 세대에 맡긴다.

상기의 일본의 제안에 대하여 옐친 대통령은 회담에서 "매우 흥
미가 있다"고 응하였으며 기자회견에서는 "지금 인차 제안에 대답
할 수는 없지만 나는 낙관적인 생각을 가지고 있다"고 표명하였다.
　그 후 일본의 하시모도(橋本)총리가 퇴진하였고 후임인 오부찌(小
渕惠三)총리가 1998년11월에 러시아를 공식 방문하여 "일로간의
창조적인 파트너십 구축에 관한 모스크바선언"에 서명하였다. 이
선언은 다분야에 걸쳐 일로간의 협력을 일층 강화하였는데 평화조
약문제에 관해서는 카와나제안에 대한 러시아측의 회답이 제시되었
으며 "도쿄선언", "크라스노야르스크합의", "카와나합의"에 기초하여
교섭을 재우칠 것을 양정부에 지시하엿으며 국경확정위원회와 공도
쿄제활동위원회의 설치를 지시하였고 아울러 舊島民들의 자유방문
도 지시하였다. 그러나 1999년도말에 옐친 대통령이 갑자기 사임하
여 러시아는 푸틴이 대통령대리로 되면서 러시아의 정치는 급격히
푸틴시대에 들어섰다.
　옐친 대통령이 돌연히 정치무대에서 물러나는 바람에 한껏 부풀
어 올랐던 일본의 희망은 사그러졌다. 푸틴은 2000년3월에 있게되
는 선거를 준비하느라고 다른 일에는 눈길을 돌릴새도 없었으며 선
거가 끝난 뒤에도 일로관계의 전반적인 인식의 재구축이 필요하였
다. 이 시기에 일본도 오부찌(小渕惠三)총리가 갑자기 퇴진하고 새
로 출범한 모리(森喜朗)정권이 푸틴과의 교섭을 계속하였다. 2000

년9월 푸틴대통령의 일본 공식방문이 있었고 이듬해인 2001년3월
에 모리 총리가 이르크츠크를 방문하여 수뇌회담을 거행하였으며
"이르크츠크성명"에 조인하였다.

6.2 일러지간의 영토 교섭의 흐름과 금후의 전망

현재 일본측은 양국간의 교섭의 흐름을 다음과 같이 인식한다.

§ 제2차세계대전에 의하여 남부 사할린, 쿠릴열도, 하보마이, 시
  코단이 쏘련에 점령되었다.

§ 그 전후처리로 우선 샌프란시스코조약이 있었으며 이 조약 체
  결에 참가하지 않은 쏘련과의 사이에 평화조약교섭이 시작된
  다.

§ 샌프란시스코 평화조약에는 "쿠릴열도"에 관한 정의가 내려지지
  않았다.

§ 영토교섭에서 후르쑈브는 하보마이와 시코단은 인도하겠지만
  구나시리와 에도로후는 절대 안된다고 주장하였으며 일본은 구
  나시리와 에도로후를 반환하라고 주장하여 양측의 주장은 평행
  선을 그으면서 평화조약이 체결되지 못하고 결국에는 1956년도
  의 공동선언으로 되었다.

§ 이후로는 일본측은 구나시리와 에도로후는 교섭대상이라고 줄
  곧 주장하고 쏘련측은 "영토문제는 이미 해결되었다"는 주장을
  견지하는 시대가 지속되었다. 이 시기에 있어서 일본은 꾸준히
  "일쏘간의 미해결문제에는 북방4島문제가 있다"는 점을 쏘련측
  에 확인시키려는 노력을 하여왔다.

§ 1973년도에 이르러 "다나까·브르쥬네브" 회담에서 영토문제가

존재한다는 점을 구두상에서는 확인을 받았으나 문서화하는 데
는 끝내 성공하지 못했다.

§ 냉전이 끝나고 1991년도에 이르러 고르바쵸브의 일본방문시에
드디어 문서화되었다.

§ 쏘련이 해체되고 러시아가 탄생한 이후인 1993년도에 이르러
"도쿄선언"이 조인되었는데 명확하게 "북방4島문제를 해결하여
평화조약을 체결하자"는 것이 문서화되었다. 그 후 "가와나 제
안"이 있었으나 푸틴이 대통령이 되고나서 원래대로 되돌아갔
으며 다시 새롭게 교섭하자는 "이르크츠크성명"이 발표되었다.

요컨대 일본은 "에도로후, 구나시리, 시코단 및 하보마이군도로
이룩된 '북방4島'는 우리민족의 조상들로부터 이어받은 영토로서 오
늘날에 이르기까지 단 한 번도 외국의 영토로 되어 본적이 없는
고유의 영토"라고 주장하면서 '북방4島'를 반환하라는 요구를 줄곧
제기하여왔다.

이에 대하여 쏘련(현재는 러시아)은 "얄타협정, 포츠담선언, 그리
고 일본의 무조건투항문서에 의하여 영토문제는 이미 해결되었으며
그 후에 있은 대일평화조약, 일쏘공동선언도 이 사실을 확인한다고
주장한다.

이르크츠크회담 직후에 러시아의 외무차관은 인터뷰에서 "2島+2
島"가 일본측의 극단이며 러시아측의 극단은 "4島 전부가 러시아령
이다"라는 점을 지적하였다.

푸틴대통령은 NHK기자와의 인터뷰에서 "1956년도 선언에 관해서
나는 이 선언이 아래와 같은 점을 지적한다고 인식한다. 당시 쏘련

측은 평화조약에 서명하는 것을 전제조건으로 2島를 일본측에 인도하는 것에 동의하였다. 이 선언은 쏘련최고회의에서 비준되었는데 다시 말해서 이 선언은 우리한테 있어서는 의무적인 것입니다." 푸틴대통령의 이 발언의 眞意는 2島를 반환하는 것은 우리의 의무이지만 일본이 계속해서 4島반환을 주장하면서 평화조약을 체결하지 않는 바람에 인도할 수가 없었다는 말을 하자는 것이라고 보여진다.

아무튼간에 냉전시대가 종결되었고 신생 러시아가 탄생하였으니 일본은 그 후 10여년간의 정세의 흐름을 잘 인식하여야 한다고 보여진다. 1993년의 도쿄선언에서 "냉전의 종결에 의하여 전지구적 및 지역적인 차원에서 그리고 나라와 나라 지간에 있어서 세계가 상호 대립적인 구조에서 국제협력의 발전에 대하여 새로운 전망을 열기 위하여 협력적인 방향으로 나가고 있는데 이러한 점은 일본과 러시아 양국관계의 완전한 정상화에 있어서 희망적인 전제를 만들어냈다고 인식한다"는 점과 "양국이 전체주의의 유산을 극복하고 새로운 국제질서의 구축을 위하여 또한 양국관계의 완전한 정상화를 위하여 국제협력의 정신에 따라 협력하여야한다"는 점이 중요하며 "법과 정의"의 원칙에 따라 해결하여야 된다고 보여진다.

쓰딸린의 냉전시대에서 흐르쇼브의 평화공존시대에로의 전환은 "일쏘공동선언"을 초래하였다. 그러나 기본적으로는 동서냉전이라는 국제정치관계하에 있었기에 냉전이 종결된 옐친, 푸틴시대와는 그 양상이 다르다. 냉전종결까지의 미일동맹을 기본 축으로 하는 일본 외교는 이른바 미쏘관계라는 큰 틀 안에서 수시로 미국과 쏘련의 관계에 따라 좌우지되어 왔거나 혹은 매몰되었었다. 이런 시각에서

문제를 볼 때 일쏘 양국의 영토교섭은 한계를 가지고 있다고 보여
진다. 그러나 오늘날에 이르러 일본은 민주주의화와 시장경제화를
진행시키고 있는 러시아와 기본적 가치를 공유하고 있다. 일본은
이러한 이웃나라와의 전반적인 관계 속에서 영토문제를 해결하는
것이 바람직스럽다고 보아진다.

역사적인 긴 안목으로 돌이켜 볼 때 이미 포기한 "쿠릴열도"의
범위에 관한 의론은 일본의 입장에서 볼 때에 원통한 점이 있을
수도 있겠지만 일로 양국관계의 안정에는 결코 도움이 된다고는 볼
수 없다. 왜냐하면 그것은 일찍이 샌프란시스코평화회의가 개최되
기 이틀 전에 당시의 요시다(吉田茂)총리가 아치슨 국무장관과 달
레스특사와의 회담에서 평화조약안은 절대로 재심의가 있을 수 없
다는 미국측과의 약속이 있었으며 샌프란시스코평화조약을 수락한
다는 요시다총리의 연설에서도 4島문제에 관하여 주의를 환기시킨
다는 정도로 밖에 언급하지 못한 점, 쏘련이 포츠담선언에 참가하
여 영토불확대원칙을 인정한 외에 강화회의에서도 쏘련 대표가 오
끼나와 등에 대한 신탁통치안에 대하여 영토불확대원칙을 위반했다
고 미국을 비난하였으며 연합국에서 창도하는 영토불확대원칙에 입
각하여 볼 때 평화적인 일로외교교섭에서 확정한 "쿠릴열도"는 카
이로선언의 "폭력 및 탐욕에 의하여 빼앗은 지역"이 아니기 때문에
남부 사할린은 그렇다치고 쿠릴열도까지 포기하겠다는 약속을 받은
것으로는 되지 않는다. 아무튼간에 양국 관계의 안정화라는 관점으
로부터 볼 때 자주적으로 결정된 1855년도의 일로통상우호조약에서
확정한 국경선보다 더 나은 것은 없을 것이다. 왜냐하면 확실히 일
로통상우호협정 이후에 평화적으로 맺은 1875년도의 쿠릴·사할린

교환조약이 있었으나 이 조약에 대한 당시의 일본국민의 불만이 끝내 일러전쟁과 1905년도의 포츠머스조약에 의한 남부 사할린의 할양이라고 하는 러시아인들에게 강력한 배신감을 준 결과를 초래하게 되었던 것이다. 그로 말미암아 러시아는 와신상담 끝에 2차세계대전에 의하여 남부 사할린을 되찾아갔다고 볼 수 있기 때문이다. 이러한 불행한 지나간 일은 깨끗이 씻어버려야한다. 일본과 러시아에 있어서 2차대전 이후의 60년이라는 묵직한 기성사실이 있지만 "법과 정의"의 관점으로부터 볼때 안정적이고 쌍방에 원한과 고통이 없는 일로통상조약의 선에 후퇴하여 냉정하게 영토교섭을 진행하는 것이 바람직하고 보여진다.

6.3 해결을 위한 금후의 방책

일로양국간의 이른바 "북방영토"에 관한 분쟁은 아이누인의 지역을 둘러싼 두 제국주의 국가의 분할 경쟁에 의하여 발생되었고 샌프란시스코강화조약에서 공산주의진영과 자유진영이 대립하는 상황속에서 미국과 영국을 중심으로 하는 연합국이 공산주의 진영을 배제하고 일방적으로 추진하여 쏘련의 이권을 인정하지 않은데서 초래되었다. 미영 양국이 얄타비밀협정의 당사국인 쏘련과 중국을 대일평화조약의 체결당사국에서 제외시켜 쏘련의 이권을 부정했던 것이다. 물론 대일평화조약에서 일찍 얄타협정에서 쏘련에 양보하기로 했던 쿠릴열도4島를 일본주권에서 배제시키기는 했지만 일본은 동서 대립의 냉전체제를 교묘하게 이용하여 "북방영토"에 대한 영유권을 주장하여 왔던 것이다. 1981년 일본 내각회의에서 2월 7일을 "북방영토의 날"로 결정한 이래 "4島일괄반환"이 일본국민들의 의식 속에 정착한 것으로 사료된다.

그러나 "4島일괄반환론"주장이 실현 가능성이 전혀 보이지 않자 그 후 점차 "공동통치론", "3島반환론" 등의 해결 방책이 거론되어 왔지만 근년에 와서는 이러한 목소리마저 거의 들리지 않는다.

"북방영토"문제에 대하여 현재 일본 국내에는 이른바 "국가주권" 문제에서 절대로 한발도 물러서서는 안된다고 주장하는 강경파와 현실을 직시하고 실리적으로 해결해야 된다는 온건파가 있다.

강경파의 주장을 요약하면 아래와 같다.

1. 하보마이군도와 시코탄은 북해도의 일부분이다. 지리적으로나 행정적으로나 북해도의 일부분으로서 종래로 줄곧 일본의 영토였으며 제2차대전 종결 후에 쏘련군에 의하여 강제적으로 점령당했으며 그 상태가 현재까지 계속되고 있다.

2. 쿠릴열도 남부의 에도로후와 구나시리는 역사적으로 러시아의 영토로 된 적이 없는 일본 고유의 영토이다. 제2차대전 이후 쏘련군의 강제 점령의 근거를 얄타협정에서 찾는 것은 터무니없다. 얄타협정 당시에 중립국였던 쏘련이 일본 영토의 할양을 결정하는 것은 국제법상에서 위법이다.

3. 중부와 남부 쿠릴열도(우루프島부터 슘슈島까지)는 사할린의 권리와 교환한 일본의 영토이지 절대로 침략해서 얻은 영토가 아니다. 제2차대전 이후에 쏘련군에 의하여 점령되였는데 샌프란시스코 강화조약에서 일본은 이 지역에 대한 권리, 권원, 청구권을 포기하였지만 어느 나라에 귀속되는가에 관해서는 말하지 않았다.

4. 사할린에는 원래 러시아인 살지 않았었다. 그러다가 러시아인이 진출하는 바람에 일본인과 러시아인이 잡거하는 지역으로 변했

다. 일러전쟁에서 일본이 군사적으로 점령하였으며 미국의 중재로 제정 러시아와의 포스머스조약에 의해 그 남반부가 일본령으로 되었다. 이 조약의 효과 존속에 관해서는 10월혁명 이후에 새롭게 탄생한 쏘련 정부도 1925년의 조약에서 승인하였다. 제2차 대전 이후에 쏘련군이 점령한 지역이다.

5. 상술한 역사적인 원인으로 불법적으로 점령한 하보마이와 시코탄은 일본에 인도하여야 한다. 구나시리와 에도로후는 일본에 반환하여야 하며 비무장지대로 한다. 중부와 남부 쿠릴열도(우루프島부터 슘슈島까지)는 일본과 러시아가 공동으로 관리하여야 하며 비무장지대로 한다. 남부 사할린도 일로 양국이 공동관리 하여야 하며 비무장지대로 한다.

일본의 우익 세력이 주도하는 상기의 극단적인 나쇼나리즘적인 주장은 너무나도 일방적이여서 진정으로 일로 양국 간의 영토문제를 해결하자는 주장이 아니라고 보여진다. 일본이 진심으로 북방영토를 반환 받기를 원하지 않고 내심 속으로는 영토 문제를 빌미로 러시아와 긴장 상태를 계속하여 유지하려는 속셈이 아닐까. 긴장 관계를 조성함으로서 일본 자민당과 우익들이 염원하는 평화 헌법 개정 (일본이 전쟁을 영구히 포기하고 무력을 분쟁 해결 수단으로 삼지 않는다는 일본 헌법 9조 개정)을 실현시키기 위한 준비가 아닌가 하는 의심이 들 지경이다.

그러나 2001년8월 북방4島일괄반환운동을 추진하여 오던 북해도 네무로(根室)시에서 "2島를 우선 반환"하는 쪽으로 선회하는 "북방영토반환촉진 네무로시민회의"가 설립되었다. 이 조직의 규약 제2조에는 다음과 같이 규정하였다. "본시민회의는 일쏘공동선언에 기

초하여 하보마이, 시코단의 조기 반환 방법의 추진과 구나시리, 에
도로후의 주권을 확인하는 교섭을 추진시키면서 현실적으로 가능성
이 있는 북방영토의 반환운동의 효율적인 추진과 세론의 계발을 목
적으로 한다" 네무로의 시민들이 이처럼 북방영토에 대한 관점과
태도가 전변된 배경에는 대구를 어획할 수 있는 해역의 대폭적인
감소와 연어와 송어와 같은 어종의 포획양이 급감하는 등등의 영토
미해결 때문에 당지의 어업이 피폐하는 현 상황을 "단계적 반환"으
로 타개해 보자는 염원이 반영된 것으로 보인다.

  "2島선행반환론"에는 두 가지 주장이 있는데 하나는 일본 정부가
주장하는 것처럼 4島가 전부 일본에 귀속된다는 것을 러시아측에
인정하게 만든 다음에 하보마이와 시코탄의 반환을 우선 실현한다
는 주장이고 다른 하나는 하보마이와 시코탄의 반환을 우선 실현한
다음에 구나시리와 에도로후의 문제를 계속하여 심의한다는 주장이
다. 하보마이와 시코탄 2島만의 반환이 아니라면 여러 가지 주장이
나올 수 있지만 냉전이 종결된 이후의 영토문제 교섭의 흐름이 막
혀서는 안된다고 보인다. 이러한 견지에서 볼 때 어쨌든 간에 에도
로후와 우루프 사이에 국경선을 긋고 예전의 오끼나와문제와 마찬
가지로 시정권을 잠시 러시아에 넘긴다는 제안은 일본인들의 왕래,
거주, 영업 등등의 자유가 보장받는다면 미래의 세대들에게 시정권
반환교섭을 맡긴다는 해결방법도 하나의 비교적 좋은 제안이라고
여겨진다.

색인

◆著者略曆◆

이동철(李東哲)

1956년 중국 지린성 연변 출생

중국 길림대학일본어학과 졸업

일본 橫濱國立大學 대학원 석사과정 졸업

현 연변대학일본학연구소 소장, 교수

著書 · 論文

《인천향토자료 조사사항》 상,하(공역) 2007년 인천학연구원

《일본언어 문화연구》상,하(편저)2012년 연변대학출판사

他 論文多數

김정웅(金正雄)

1963년 중국 지린성 연길시 출생

일본 愛媛大学 종합법정책 석사과정 졸업

현 중국 延邊大學외국어학원 일본어학과 전임강사

著書 · 論文

"東北工程"과 중한의 高句麗 역사논쟁『愛媛法学会雑誌』(2005)등 論
文多數

임성호(林成虎)

1950년 중국 지린성 용정시 출생

중국 연변대학어문학부 현대한어과 졸업

김일성종합대학 대학원 박사과정 졸업

현 저쟝성월수(越秀)외국어학원 일본어학과 교수

著書 · 論文

《조선어와 일본어의 한자문제 비교연구》 2005년 중국민족출판사

《어휘차용에 반영된 문화전파의 흐름》 2011년 흑룡강민족출판사

他 論文多數

오동호(吳東鎬)

1971년 중국 지린성 왕청현 출생

중국 연변대학 법학 석사과정 졸업

일본 慶應大學 대학원 박사과정 졸업

현 중국 연변대학 법학원 부원장, 교수

著書 · 論文

《중한 국가배상제도 비교연구》 2008년 법률출판사

《일본 행정법》 2011년 중국정법대학출판사

他 論文多數

일본과 주변 국가들간의 영토분쟁

초 판 인 쇄 ǀ 2022년 5월 26일
초 판 발 행 ǀ 2022년 5월 26일

지 은 이 이동철, 임성호, 오동호, 김정웅

책 임 편 집 윤수경

발 행 처 도서출판 지식과교양
등 록 번 호 제2010-19호
주   소 서울시 강북구 우이동108-13 힐파크103호
전   화 (02) 900-4520 (대표) / 편집부 (02) 996-0041
팩   스 (02) 996-0043
전 자 우 편 kncbook@hanmail.net

ISBN 978-89-6764-184-9   93910   **정가** 20,000원